一帶一路研究叢刊

中國和印度

的·故·事

鄭瑞祥 主編

序　將中印友好的接力棒傳下去

值此中印建交六十五週年、兩國關係實現大發展之際，欣聞「我們和你們」系列叢書之《中國和印度的故事》一書即將付梓，深受鼓舞。本人有幸先睹為快，深感此書內容豐富，思想深刻，感情真摯，充分反映了中印之間千年傳統友好的歷史淵源和潛力無限的發展前景，值得每一位從事和關注中印關係的人士閱讀和珍藏。

中印關係取得今天的大發展、大躍升來之不易，凝聚了一代代老前輩們的心血和智慧。翻閱前輩們的回憶與思考，彷彿看到了他們當年為中印友好出謀劃策的英姿、奔波勞碌的身影、心滿意足的神情。這本書講述了許許多多中印友好的感人故事，而這些故事的背後反映的是幾代人的辛勤努力與奮鬥。正是有了他們的悉心澆灌和培育，中印友好之樹才得以根深葉茂、生機盎然。

擔任中國駐印度大使一年多來，我有幸見證和親歷了中印關係日新月異的新變化。兩國領導人的關心、推動和引領為雙邊關係發展注入了強勁動力。兩國社會正在掀起「中國熱」和「印度熱」。雙方各領域合作全面發展，活力四射，尤其是人文交流方興未艾，很多感人的故事每天都在發生。前不久，一名中國志願者為印度白血病患者捐獻幹細胞的事蹟感動了無數人。一個十一歲的孟買小女孩在報紙上讀到有關報導後，給我來信，呼籲中印應超越過去，面向未來，並表示願做中印友好

的使者。我邀請她和家人參加使館國慶招待會，鼓勵她好好學習，將來做中印友好事業的接班人。這些鮮活的例子只是中印友好長河中的幾滴水珠、中印交往樂章中的幾個音符，但我們能從中看到兩國關係的美好前景，聽到兩國人民的共同心聲。那就是：中印要做實實在在的好鄰居、好夥伴、好朋友，中印千年友誼要世代相傳，永續不斷。

當前，中印都處在民族復興的關鍵時期，面臨巨大的發展機遇。兩國理念相通、資源互補，完全可以也應該實現發展戰略對接，建立更緊密的發展夥伴關係，共同做好發展這篇大文章，讓發展更多更好地惠及兩國人民，讓更多人支持參與中印友好事業，為中印關係創造更加光明的前景。作為從事中印友好事業的新生代，我將不辱使命，積極進取，繼承發揚老前輩的優良傳統，將中印友好的接力棒接過來、傳下去，把中印友好事業不斷做大做強，造福兩國和兩國人民。

樂玉成

中國駐印度大使

二〇一五年十一月十八日

序 當前，在中印兩國關係全方位推進之際，《中國和印度的故事》一書的出版恰逢其時。這本書講述了知名人士為促進中印雙邊關係所作的貢獻。

不久前我在北京大學作了個演講，回憶了我一九八二年第一次去該校的情形。當時，大約只有十幾個印度學生在中國學習——這個數字今天已經超過了一萬四千，但是，學生和老師們一致認為，這個數字對於中印這兩個鄰居又是亞洲人口大國來說仍然太小了。這一事例表明了兩國之間的距離和雙邊關係進一步發展的潛力。

通過古往今來兩國學者、僧侶和商人之間的聯繫以及今天兩國領導人對兩國關係發展的願景、魄力和承諾，我們這兩個文明古國正加速發展。在這個歷史新時期，印中兩國在全球、區域和雙邊領域加強了新的合作。在新興的全球架構中，這兩個大國同時再度崛起，進入了一個新的、更緊密的合作夥伴關係時期。

習近平主席於二○一四年九月成功訪問印度，僅僅八個月後，納倫德拉·莫迪總理也對中國進行了具有里程碑意義的訪問。兩國領導人的互訪把雙邊合作夥伴關係發展推向了新的高峰。兩國政治、經濟和防務關係日益緊密，人文交流進一步增加，經貿合作正在迅速進入新的領域，航天、海洋研究、城鎮化等已列入雙邊合作日程。儘管兩國之間存在分歧，但這些並未影響我們雙邊關係的發展。我們不斷尋求積極的因素來發展雙邊關係，即便在我們努力解決懸而未決的問題時仍然如此。

包括政治領袖、專家、學者、商人在內的許多人在復興雙

邊關係中發揮了作用。通過彙集這些經驗，《中國和印度的故事》一書可作為未來兩國關係發展的指路標。我相信此書在進一步加強中印雙邊關係方面有很高的價值。

阿肖克・康特

印度駐華大使

二〇一五年十二月

記憶篇

印度總統納拉亞南對踐行和平共處五項原則和推動中印友好關係發展的貢獻

周　剛

（中國前駐印度大使）

　　二〇一五年是中國和印度建立外交關係六十五週年。六十五年來，中印關係走著一條不同尋常之路，既有共同倡導和平共處五項原則的輝煌篇章和「中印人民是兄弟」的五〇年代，也有曲折和坎坷。但是，作為世界文明發祥地的中國和印度，有著兩千年友好交往的歷史。兩國山水相連，是世界上人口最多的國家，是新興的發展中大國。睦鄰友好、合作共贏、共同發展是兩國人民的真誠期盼和兩國的共同利益所在。因此，建交以來，中印關係的主流是友好和合作。進入二十一世紀之後，中印關係全面改善和快速發展。兩國不但確立了戰略合作夥伴關係，而且不斷充實其內容、提升其水平。中印關係的重要性已超出雙邊範疇，具有戰略意義和全球影響，為國際社會所關注和重視。當前，雙方正抓緊落實習近平主席二〇一四年九月訪印和二〇一五年五月印度總理莫迪訪華的成果，攜手合作構建更加緊密的發展夥伴關係，不斷深化互信，積

極拓展務實合作，推動中印戰略合作夥伴關係不斷邁上新台階。

喝水不忘掘井人

在紀念中印建交六十五週年之際，我們不能忘記那些為發展中印關係作出貢獻的兩國領導人和各界人士。這裡我想特別提起印度前總統納拉亞南。從上世紀六〇年代起，我在外交部亞洲司先後主管印度工作二十多年，因此早聞納拉亞南先生的大名。他的全名是科奇里爾‧拉曼‧納拉亞南，一九二〇年十月二十七日生於印度南部喀拉拉邦一個貧苦家庭。他的家族屬於「達利特」，意為「受壓迫的人」，即中國人所熟知的「賤民」或「不可接觸的人」，處於社會的最底層。他的祖父和父親都是鄉村醫生。由於家境貧寒，他曾因交不起學費遭到老師斥責和同學取笑。他刻苦學習，成績優秀，全家支持他攻讀大學。畢業後，他先後在兩家報紙擔任記者，以後赴英國倫敦經濟學院深造。學院院長十分欣賞這位品學兼優的印度學生。一九四九年他畢業時，院長給印度總理兼外長尼赫魯寫信，推薦他到印度總理身邊工作。他從此踏進印度外交部。一九五〇年，他到印度駐緬甸大使館工作。在仰光，他愛上一位名叫瑪婷婷的緬甸少女。當時，印度外交官不准與外國人結婚。於是，他直接給尼赫魯總理寫信，請求批准他們的婚姻。尼赫魯總理覆

信時風趣地說：「她或許能夠在國外代表印度。」這樣，一對異國情侶終成眷屬。

在印度外交部，納拉亞南充分展現了自己的外交天分，從初級外交官一步步升為司長、聯秘和輔秘，先後出任印度駐泰國、土耳其和美國大使。一九七六年七月，他奉命出任駐華大使，成為兩國一九六一到一九六二年先後撤回大使後，印度派出的第一位駐中國大使。到一九七八年十一月離任，他和夫人烏莎·納拉亞南在中國度過了兩年零四個月的時光，在任上為改善和發展中印關係做了許多工作。一九八四年，他從駐美國大使崗位上退休。之後，他加入印度國大黨，開始步入政界，三次當選印度人民院議員，先後擔任科技部國務部長和外交國務部長。一九九二至一九九七年任副總統兼聯邦院議長。一九九七年七月，他眾望所歸，當選為印度第十一屆總統。

我見到納拉亞南和當面了解他，是在任駐印度大使期間，那時他是印度共和國總統。

向印度總統遞交國書的特殊安排

一九九八年二月二十日，我從駐印度尼西亞大使任上奉調回國，外交部決定我出任駐印度大使。這時距一九八八年我出使馬來西亞已有十年，其間印度的內外形勢和中印關係都發生了很大變化。四月十七日，唐家璇部長約我談話。他強調，印度是

中國的重要鄰國，是南亞大國，在地區和國際事務中有相當影響，在新形勢下要轉變觀念，加強對印工作，認真做好調查研究，積極結交朋友，進一步推動中印關係的發展。

我和夫人鄧俊秉參贊於四月二十二日抵達印度首都新德里履新。按照國際慣例，新任大使在向駐在國國家元首遞交國書前是「候任大使」，一般不能以大使身分開展外交活動。但是，印度外交部同意我參加中國中央軍委委員、中國人民解放軍總參謀長傅全有上將四月二十六日至三十日訪問印度的接待工作，並陪同傅總長拜會印度總理瓦傑帕伊和國防部長。就在中印關係看來一切正常的情況下，印度國防部長費爾南德斯突然於五月初發表談話，聲稱「中國是印度的頭號威脅」。接著，印度於五月十一日和十三日先後進行了五次核試驗。不僅如此，印度總理於五月十一日致函美國總統克林頓等九個國家的領導人，聲稱印度進行核試驗的主要原

因是，印度對不斷惡化的安全環境、特別是核安全
環境深感不安。他雖然沒有點中國的名，但明眼人
一看即知。

印度無視國際社會反對核擴散的願望，無端指
責中國對印度的威脅是印度進行核試驗的主要原
因，極大地傷害了中國，毒化了中印關係氣氛，惡
化了兩國關係。中國不能不強烈譴責印度的核試
驗，駁斥對中國的惡意攻擊，要求印度對毒化兩國
關係承擔責任。印方的言行使中印關係嚴重受挫，
雙方副部長級以上的訪問和雙邊軍事領域的交往暫
停。

我向印度總統遞交國書的安排也受到影響。按
印方慣例，一般一次安排三位新任駐印大使向印度
總統遞交國書。在我到任之前，白俄羅斯新任駐印
度大使已經抵達新德里。印方決定等待第三位新大
使到任後，統一安排遞交國書事宜。不巧的是，在
我抵印後的一個多月裡，竟然沒有其他國家駐印度

的新大使上任。在中印關係明顯惡化，雙方不斷就印度核試驗進行外交交涉的情況下，中國新任駐印度大使能否儘快向印度總統遞交國書，不僅是時間安排的技術問題，也是對印度一再聲稱願意改善中印關係的表態是否真誠的考驗。印方一時頗費斟酌。五月十四日，印度外交部聯合秘書朗加恰利會見我，隨後印度外交部禮賓司長加威同我商談遞交國書事宜。五月二十二日，朗加恰利聯秘和印度駐華大使南威哲同我會見，表示印方願同中方對話，改善對華關係。這段時間，印度輿論和外國駐印使館都在關注中國新任駐印大使何時遞交國書。

在此情況下，印方作了變通安排，即先安排白俄羅斯大使和我於六月一日向印度總統納拉亞南遞交國書，不再等待第三位新大使到任。

納拉亞南總統向中國新任大使表示：相信印中關係將在和平共處五項原則基礎上穩定發展

一九九八年六月一日上午十時三十分，印度外交部禮賓司官員來到中國駐印度大使館，請我登上印方禮賓車。抵達總統府門前廣場時，受到總統軍事秘書迎接。我換乘馬車，檢閱儀仗隊。之後，總統軍事秘書陪同我進入總統府禮賓大廳。印度外秘在廳口歡迎，並引見已在大廳中央等候的納拉亞南總統。我向總統遞交國書。雙方握手後，總統和夫

人烏莎女士同我和夫人鄧俊秉教授會見，並同在場的中國大使館的參贊和武官握手。

入座後，納拉亞南總統同我進行了半個小時的談話。烏莎女士則同鄧俊秉交談。總統的談話友好誠摯。他首先歡迎我出使印度。他說，印中有幾千年的友好交往史，兩國人民相互學習，為人類文明和進步作出過貢獻。在近代，兩國並肩戰鬥，共同反抗殖民主義和帝國主義侵略。印中分別獲得獨立和解放後，兩國共同提出和平共處五項原則，這些原則已成為處理國家之間關係的基石。他回憶了在七〇年代中期兩國恢復互派大使時出使中國的愉快日子。他對近年來中國在經濟、科技和文化領域取得的顯著進步感到高興。他說，印中加強經濟技術合作，促進兩國人民交往，將有助於本地區和世界的和平、安全與合作。印中兩個人口大國可對世界作出應有的貢獻。

他還表示，周大使學的是印度專業，具有多年從事印度和南亞地區外交工作的經驗，在兩國關係重要和關鍵的時刻，被任命為偉大中國的駐印度大使，一定能發揮重要作用。他強調，印中之間的共同點大於分歧點，分歧可以對話來消除。他相信，印中友好合作和睦鄰關係將在和平共處五項原則的基礎上穩步發展。

總統夫人烏莎女士同鄧俊秉的談話十分親切。她特別回顧了隨丈夫在中國工作及以後訪華的情景，流露出希望舊地重遊的願望。

在同我和鄧俊秉談話中，納拉亞南總統和夫人留在嘴邊沒有說出的訪華希望是完全可以理解的。我在離京赴印前，唐家璇外長曾指示我，向印度總統遞交國書時，可代表我國領導人邀請他在方便時訪華。但由於印度核試驗後中印關係的突然變化，經請示國內後，我在同納拉亞南總統談話時沒有發出邀請。

告別時，總統有力地久久同我握手。

納拉亞南：我批評了「中國威脅論」，我贊成鄧小平先生的觀點，中印互不構成威脅

一九九九年一月二十六日，納拉亞南總統在總統府大草坪上舉行盛大的國慶（印度共和日）招待會。印度政府各部部長、兩院議員、社會名流和外國駐印使節夫婦出席。當時在新德里參加中印學者對話的中方團長、前駐印度大使程瑞聲也應邀參加，當面向老朋友納拉亞南總統祝賀節日。當天晚上，我接到總統秘書的電話稱，總統將於二十七日晚上接見程瑞聲先生。我當即表示感謝並允轉告，同時希望作為大使陪同程瑞聲前往。不多久，總統府來電話答覆，同意我的要求。

二十七日晚六時十五分，我陪程瑞聲同志抵達總統府。總統私人秘書將我們引到書房，先由總統夫人烏莎女士會見我們，進行了十五分鐘親切友好的談話。接著，納拉亞南總統和夫人在客廳會見我

們。會見氣氛友好，談話輕鬆愉快。

　　納拉亞南總統說，他讀了江澤民主席和朱鎔基總理分別給他和印度總理的國慶賀電，感到十分高興。他說，當前國際形勢正經歷重大變化，出現了多元化趨勢。超級大國憑藉軍事、經濟和科技優勢，企圖將其意志強加於其他國家。印中作為兩個最大的發展中國家的友好合作具有重大意義。印、中、俄三國友好雖不是對抗美國，但是可以平衡美國這個世界警察。他說：去年印中關係出現了波折。印度有人稱中國是印度的主要潛在威脅，我不同意這種看法。這種說法是錯誤的，我批評了這個人。現政府執政時間不長，政治上不成熟，缺乏經驗，考慮不周。我認為，近年來中國經濟發展速度超過印度。一個經濟繁榮、力量強大並在國際上發揮重大作用的中國，無論對印度或其他發展中國家都是有力的支持。早在五〇年代，印度就充分感受到新中國的成立改變了世界力量的對比，對於印度維護獨立和主權具有重大的意義。目前，印中都在集中力量進行建設。我完全贊同鄧小平先生的觀點，中國對印度不構成威脅，印度也不構成對中國的威脅。對當前兩國關係中出現的事情，希望雙方以大局為重，恰當處理，重新恢復兩國的友好關係。明年是印中建交五十週年，相信兩國將隆重慶祝。總統說：「我現在手中仍有江澤民主席對我的邀請，希望在時機成熟時訪華，同江主席重敘舊誼。」

　　納拉亞南總統的講話高瞻遠矚，擲地有聲，充分表現了他作為政治家的智慧和勇氣，以及對中印

關係發展的遠見卓識。這對中印關係重新回到健康發展的道路發揮了十分積極的作用。

納拉亞南總統訪華 —— 中印關係回到正常發展軌道之旅

在他談話後不久，中印外交部司局級官員於一九九九年二月在北京進行會晤。印方確認，印度總統關於中印互不構成威脅的談話以及中印關係應在雙方倡議的和平共處五項原則的基礎上穩步發展的建議代表印度政府的對華政策和態度。這成為中印關係恢復和改善的政治基礎。同年六月，印度外長賈斯旺特・辛格訪華。兩國外長會見中，唐家璇外長強調，中印關係的基礎是和平共處五項原則，前提是互不視對方為威脅；中印之間不存在根本的利害衝突，也不存在任何不能解決的問題。辛格表示，印中互不構成威脅，兩國需要穩定發展雙邊關係，需要對話，而不是對抗。這次訪問使中印關係正常化邁進了一步。

二〇〇〇年四月一日是中印建交五十週年紀念日，雙方舉辦了一系列慶祝活動。在友好的氛圍中，納拉亞南總統應江澤民主席的邀請，於五月二十八日至六月三日對中國進行國事訪問。兩國元首就中印雙邊關係和共同關心的國際問題廣泛而深入地交換了意見，重申兩國在和平共處五項原則的基礎上建設面向二十一世紀的建設性夥伴關係。江澤

民主席對未來中印關係的發展提出了四點意見，即：
增加人員往來，增進彼此了解和信任；擴大經貿合
作；加強在國際事務中的協調與配合；登高望遠，求
同存異，妥善處理歷史遺留問題。納拉亞南總統表
示，印中在各個領域都有廣泛的共同利益，在國際
事務中也有廣泛和良好的合作。雙方都堅定地維護
和平共處五項原則，反對以任何藉口乾涉別國的內
部事務。因此，印中之間不僅沒有任何理由不能解
決歷史遺留問題，而且應該永遠成為好朋友和好合
作夥伴。

我和鄧俊秉有幸全程陪同納拉亞南總統和烏莎
女士訪問，同他們朝夕相處，從近距離了解了這對
對中國人民充滿友情的印度領導人伉儷。納拉亞南
總統對這次訪問成果非常滿意。他和夫人烏莎女士

周剛大使夫人鄧俊秉
參贊和印度總統納拉
亞南夫人烏莎

一再向我和鄧俊秉表示，中國領導人高瞻遠矚，中國人民熱情友好，中國發展一日千里。

納拉亞南總統這次國事訪問標誌著因受印度核試驗影響的中印關係重新回到正常的軌道。在此之後，從二十一世紀開始，中印關係沿著正確方向不斷開拓新局面，邁上新台階。

納拉亞南：很高興看到為恢復和發展印中關係的努力取得成功

二○○一年六月，我結束了在印度三年零兩個月的任期，奉調回國。六月七日，我和夫人鄧俊秉向納拉亞南總統和夫人烏莎女士拜會辭行。總統夫婦熱情地接待了我們。總統說：很高興看到印中關係在周大使任期內得到進一步發展。我一直關注周大使在德里關於印中關係的各種講話，這些話講得很得體，有利於兩國關係的恢復和發展。我一向認為，印中兩個世界上人口最多的國家發展睦鄰友好合作關係，是維護世界和平、促進共同發展的需要。我歷來強調印中友好的意義，主張加強印中合作。兩年半前，我在會見程瑞聲前大使和周大使時曾有意識地表示，中國不是印度的潛在威脅，而是印度的朋友，中國的發展符合印度的利益。我希望借這番話推動兩國關係的恢復和發展，如今很高興看到這一努力取得了成功。

總統深情地回顧了二○○○年五至六月對中國

的訪問。他說：我對中國領導人的熱情款待難以忘懷，對江澤民主席和其他中國領導人的智慧非常讚賞。我對中國懷有深厚感情，對中國人民懷有良好祝福，為自己能對促進印中了解和友誼作出貢獻感到欣慰。

　　作為離任大使，我回顧了在印度三年多富有挑戰性的時光，為兩國關係克服了暫時困難回到健康正常的軌道而高興。我特別讚揚納拉亞南總統為恢復和發展中印關係作出的寶貴貢獻，以及他和夫人烏莎女士對中國人民的友好情誼，衷心感謝總統和夫人對我和鄧俊秉工作的關心與支持，祝願年屆八十高齡的總統夫婦健康幸福。談話中，烏莎女士一直拉著鄧俊秉的手。在我們起身告辭時，總統夫婦同我和鄧俊秉緊緊握手擁抱。他們破例從客廳經過走廊把我們送到主樓大門口，看我們登上汽車，並揮手送別。這一幕一直留在我們的腦海裡，成為永恆的記憶。

德里重逢話友誼：兩國應力證西方的「印中衝突論」是錯誤的

　　二〇〇三年二月，「中印名人論壇」第三次會議在新德里舉行。這個論壇是納拉亞南總統在訪華時同江澤民主席共同倡議成立的。納拉亞南總統已於二〇〇二年七月任滿退休。我作為參加這次會議的中方代表團成員，提出希望拜會納拉亞南前總

統。二月十五日，納拉亞南前總統和夫人烏莎女士在家中親切地接見了我。老朋友談話無拘無束。納拉亞南對我說，很高興看到印中關係近年來有很大發展。不久前中國共產黨第十六次全國代表大會召開，實現了領導班子的平穩交替，特別難能可貴的是大政方針得以延續。這不僅對中國的未來發展十分重要，也有利於繼續推動印中關係。當前，世界上問題很多，印中在眾多領域有共同利益，兩國應當相互支持、加強合作。西方有人預言「印中必有衝突」。我認為，印中友好是印度全國人民的共識。印中兩國將共同努力，證明西方的上述預言是錯誤的。

納拉亞南前總統來京出席和平共處五項原則五十週年國際研討會

二〇〇四年六月十三至十五日，中國人民外交

學會在北京舉辦「和平共處五項原則五十週年國際研討會」。印度前總統納拉亞南作為主賓應邀出席，夫人烏莎女士同行。外交學會請我和鄧俊秉全程陪同前總統夫婦。六月十三日，我代表外交學會專程去上海，迎接從德里經上海轉機來北京的納拉亞南前總統夫婦。他一下飛機就看到了我，對我說：「你來接我們，我十分高興。有你和鄧俊秉教授全程陪同，我就沒有任何困難了。」

六月十四日，「和平共處五項原則五十週年國際研討會」開幕。應邀出席研討會的外賓除印度前總統納拉亞南外，還有德國前總理科爾、澳大利亞前總理霍克、美國前國務卿基辛格和舒爾茨、巴基斯坦前外長夏希、緬甸前部長埃博爾、印度前外交國務部長帕蒂亞等。中方出席的領導人有全國人大常委會副委員長王兆國、全國政協副主席阿不都熱西提和前國務院副總理錢其琛。

納拉亞南前總統作主旨發言。他首先回顧了和平共處五項原則誕生的經過。他說：「中國革命勝利後，中國人民政治協商會議第一屆全會通過了一項《共同綱領》，該綱領包含了和平共處五項原則中的核心原則，新中國提議在這些原則的基礎上發展同世界各國的關係。」他強調，和平共處五項原則由周恩來總理最先向印方提出，是古老的亞洲大陸對國際關係理論與實踐的新穎而富有創造性的貢獻。一九五四年六月，尼赫魯總理邀請周恩來總理訪問印度，這是亞洲歷史上關鍵時刻的一次重要事

件。兩位總理得出的結論是，只能通過中印兩國簽署的和平共處五項原則，才能在亞洲建立共同安全和集體和平。

　　他介紹了和平共處五項原則逐步被國際社會所公認的演變進程。他說，五項原則幾乎被全世界普遍接受並最終被聯合國接納，這在國際關係史上是很罕見的。在萬隆召開的亞非會議接受了和平共處五項原則，並在《萬隆十項原則》中進行了詳細闡述。在貝爾格萊德舉行的不結盟會議則將和平共處五項基本原則作為不結盟運動的核心原則加以接納。聯合國將和平共處五項原則看作國際關係的行為準則。一九五七年十二月十一日，南斯拉夫、瑞典和印度三個國家在聯合國發起了一份包含五項原則的和平共處決議，並被這一世界性組織全票通過。

　　他闡述了五項原則在當今世界的重大現實意義。他說，在冷戰已經終結的今天，世界仍不太

二〇〇四年六月十四日，「和平共處五項原則國際研討會」在北京開幕。圖為中國前國務院副總理錢其琛與印度前總統納拉亞南（右）互致問候。（供圖：中新社）

平，霸權勢力的主導依然給世界籠罩著濃重的陰影。在這種新形勢下，和平共處五項原則對於國際關係行為來說變得愈加重要，事實上已經成為建立正義和平的世界秩序之支柱。他尖銳批評發達國家的政治理論家鼓吹主權終結甚至是國家終結，有的學說主張建立一個單極世界，由某個或某些擁有強大經濟和軍事實力的國家稱霸。他強調，單極和干預性理論與實踐是不可能持續的，同時也與民主多元的世界秩序背道而馳。中國和印度信仰多極世界，全球化世界的適當行為準則應該是和平共處五項原則，而不是一個超級大國或某幾個國家稱王稱霸。他說，我希望引用偉大的中國領導人鄧小平先生一九八八年十二月所說的話：「中印兩國不發展起來，就不是亞洲世紀。」鄧小平的話在今天顯得更加正確了。

他展望印中攜手進一步發揚光大和平共處五項原則的必要性。他說：亞洲的命運不是孤立的，而是世界命運的一部分。我認為，新世紀亞洲乃至全世界兩個最大國家之間的合作是歷史的必然。有了中國和印度，新世紀將會穩步地朝著亞洲命運邁進。我們必須通力合作，讓和平共處五項基本原則像周恩來總理說的那樣「在全世界永放光芒」！今天我們相聚北京，和平共處的古老思想以一種現代形式在這裡獲得新生。因此，我相信，它對於已經經歷巨大變革而且仍在經歷變革的今天和明天的世界將繼續具有重大意義。

從納拉亞南的主旨發言中，我們可以看到這位政治家對當代形勢的深刻剖析，以及他對未來印中合作弘揚和平共處五項原則的高度重視。

六月二十二日，我們在浦東機場為老總統夫婦送行。他同我和鄧俊秉緊緊握手，熱情擁抱，相約後會有期。

二〇〇五年二月，我和鄧俊秉到孟買參加「印中改革研討會」。在經停德里的時候，納拉亞南前總統夫婦於二十一日應邀到中國大使館參加孫玉璽大使為我們舉行的晚宴。二十二日，他在家中又設午宴款待我們。時隔半年老朋友再次相見，暢敘友情。老總統特別為中印關係的全面改善和發展感到欣慰。告別時，我們同老總統夫婦親切擁抱，衷心祝願他們多多保重。

沒有想到，這竟是我們同老總統的最後一次見面。二〇〇五年十一月九日，納拉亞南前總統因急性肺炎引發併發症在新德里病逝，終年八十五歲。十日從網上看到這一噩耗，我和鄧俊秉十分悲痛。第二天，我們前往印度駐華大使館弔唁。在老總統遺像前，我們鞠躬默哀。這時，納拉亞南總統三十年來為發展中印關係和增進中印人民友誼的一幕幕情景又浮現在我的腦海中。我們在留言簿上寫道：「印度人民偉大的兒子、中國人民親密的朋友納拉亞南總統永垂不朽！」

中印兩國總理時隔三十餘年重啟互訪

曾序勇

（中國前駐印度使館公使銜參贊，前駐尼泊
爾、科威特大使）

從上世紀八〇年代中期至九〇年代後半期，我先後在中國駐印度使館工作八年，並在外交部亞洲司擔任主管印度事務的處長多年，在此期間經歷了兩國關係由冷變暖到明顯改善的過程。高層領導人重啟互訪，無疑是兩國關係恢復和改善的重要標誌。拉吉夫·甘地和李鵬總理實現互訪，文卡塔拉曼總統和江澤民主席先後進行國事訪問，就是中印關係恢復友好和取得明顯改善的歷史性事件。在此，我願將當時工作中所涉及和了解的這些重大事件與讀者分享。

印度是我國的重要鄰邦，具有悠久的歷史與燦爛的文化。中印兩國人民的友好交往源遠流長。早在一千多年前，佛教自印度傳入中國。唐玄奘去西天（古稱「天竺」，即印度）取經的故事在中國家喻戶曉。到了現代，又有柯棣華大夫的援華醫療隊同中國人民共同抗擊日本侵略，留下一段感人的友誼佳話。一九五〇年四月一日，印度與中華人民共

和國建立外交關係，成為第一個與新中國建交的非社會主義國家。五〇年代，中印兩國友好交往密切，兩國領導人共同倡導了和平共處五項原則。不幸的是，一九六二年中印邊境發生大規模武裝衝突，致使兩國關係跌入低谷。直到一九七六年雙方互派大使後，兩國關係才逐步恢復。一九八一年，中國外長黃華訪問印度，雙方同意進行邊界談判。但是一九八五年以前的六輪邊界會談沒有取得實際進展，而一九八六年，中印邊界局部地區又出現新的緊張。同時，兩國在經濟、貿易、文化等方面的交流也不多。這就是直到上世紀八〇年代中期中印兩國關係的大致狀況。我也正是在這時候被派到中國駐印度大使館工作。

拉·甘地總理的歷史性訪華

我一九八五年初來到印度時，正值英迪拉·甘地被刺身亡、拉吉夫·甘地繼任總理不久。長期以來，印度政府的對華政策堅持兩條原則：一是在邊界問題上堅持印度單方面的領土主張，要求中國單方面讓步，不接受按互諒互讓原則解決邊界問題；二是在邊界問題按印方主張得到解決之前，限制同中國發展經貿、文化等其他方面的交往與合作。拉·甘地上台後的頭幾年，堅持奉行這種政策，兩國關係仍沒有明顯改善和發展。但他逐漸認識到，這種政策並不符合印度的國家利益。

拉‧甘地作為印度新一代年輕領導人，有改革經濟、加快發展、振興印度的抱負和施政目標，為此，印度需要一個良好的國際環境。但是，周邊環境嚴重制約了印度實現這一目標。印度同巴基斯坦關係長期緊張。從一九八九年下半年起，印度又捲入斯里蘭卡內戰。多年來，印度同中國的邊界會談毫無進展，雙邊關係沒有改善，一九八六年以來又製造所謂中國「入侵」桑多洛河谷事件、強化同中國在邊境的軍事對抗以及成立「阿魯納恰爾邦」，嚴重加劇了中印邊境的緊張局勢，惡化了兩國關係。

　　印度周邊環境的惡化特別是中印關係緊張，令拉‧甘地感到壓力和不安，他擔心如此發展下去，反對黨在下次大選中會利用這些問題，威脅到他繼續執政。因此，他開始考慮調整對華政策。一九八九年四月，拉‧甘地單獨約見李連慶大使，他的一席談話向中方傳達了這一信息。他說，印度非常重視印中兩國關係的發展，印中都是大國，在世界上都很有分量和地位，印度希望改善和發展兩國關係，積極爭取早日解決邊界問題。他說，印中邊界衝突時，他還年輕，他本人沒有歷史包袱；但是不久印度就要大選，解決得不好，會被人利用。請中方相信他是決心要在平等協商、互諒互讓的基礎上解決邊界問題的；在邊界問題未解決之前，希望維持邊界現狀，彼此都不要前進，千萬不要發生衝突。

當時我在使館政治處任一秘，看到李大使報給國內的這次談話，明顯感到拉‧甘地迫於內外壓力，不想同中國繼續搞對抗衝突，確實想緩和邊境緊張局勢，改善印中關係。我也十分敏感地注意到印度領導人第一次表示願意在平等協商、互諒互讓的基礎上解決邊界問題。但這畢竟是一次非正式的內部談話，印方是否會真正同意「互諒互讓」、調整對華政策，還需拭目以待。不久，在新德里舉行的中印邊界問題第八輪談判期間，拉‧甘地在議會接見劉述卿副外長率領的代表團時，明確表示同意互諒互讓、友好協商解決邊界問題的原則。

　　一九八八年十二月十九至二十三日，拉‧甘地總理應李鵬總理的邀請對中國進行了正式訪問。訪問前，我和使館政治處同事為國內準備了大量資料，包括對拉‧甘地訪華的看法、會談建議、中印雙邊關係、中印邊界問題、達賴問題、印度國內政局、印度外交政策、印度同巴基斯坦等南亞鄰國關係、南亞地區局勢和南亞區域合作聯盟，以及拉‧甘地和夫人索尼婭、外長拉奧等主要隨行人員簡介等。這是時隔三十四年印度總理首次訪華，其重要性不言而喻。

　　兩國總理就雙邊關係和邊界問題進行了正式會談。李鵬在會談中說，中印兩國作為和平共處五項原則的倡導者，應成為執行和平共處五項原則的典範。五〇年代時，中印關係曾非常友好。以後由於眾所周知的原因，中印關係惡化，甚至發生衝突，

這是不幸的。我們希望這種事今後不再發生。和平與發展是當代世界潮流，我們應順應這個潮流。中印改善關係不僅對兩國有利，也有利於亞洲和平。中印兩國有許多地方可以相互借鑑，相互學習。關於雙邊關係，李總理說，妨礙兩國關係改善的問題是中印邊界問題，只要雙方有誠意，本著互諒互讓的原則尋求解決邊界問題的途徑，經過不懈努力，這一問題是可以解決的。李總理還說，中國政府注意到歷屆印度政府的原則立場是：西藏是中國的一部分；印度不干涉中國的內政；印度不允許西藏的分裂主義分子在印度進行分裂中國的政治活動。我們讚賞印度政府這一原則立場。

拉·甘地總理在會談時說，當前國際形勢確實發生了很大變化，最基本的問題是要消除緊張的根本因素。因此，他同意李鵬總理所說的要在世界上建立國際政治新秩序和國際經濟新秩序的主張，要用和平共處來取代遏制的概念。他說，中印之間最困難的一個問題是邊界問題，我們應以和平友好協商的方式來解決這個問題。印度方面有決心通過互利互惠來解決這個問題。在解決這個問題前，在維持邊界的和平與安全的同時，兩國可在雙邊關係中的其他領域增加來往與合作。在會談中，拉·甘地重申，印度政府關於西藏問題的政策沒有變。西藏是中國的一個自治區，印度政府不允許任何政治勢力在印度進行有害於中國、被視為干涉中國內政的政治活動。

中央軍委主席鄧小平會見拉・甘地時說，中印兩國人口加在一起超過十八億，占世界人口三分之一還多，我們兩國對人類負有共同的責任，我們應該利用現在和平的國際環境發展自己。人們都在議論說下一個世紀是「亞太世紀」，好像這個世紀已經來到，其實，真正的「亞太世紀」要等中國、印度和這個地區其他發展中國家發展起來後才能到來。鄧小平說，（50 年代）那個時候我們兩國之間的關係非常好，「中間相當一段時間的情況是彼此不愉快的，忘掉它！一切著眼於未來」。拉・甘地對此表示同意。他說，希望兩國關係能夠恢復到以前那樣。

訪問期間，兩國政府簽署了科學技術合作協定、民用航空運輸協定和文化合作協定。訪問結束後，雙方發表了聯合新聞公報。在公報中，雙方強調了和平共處五項原則的重要性，並一致同意在五項原則的基礎上恢復、改善和發展中印兩國睦鄰友好關係。雙方重申將為進一步發展兩國友好關係努力。關於邊界問題，公報稱，兩國領導人同意通過和平友好方式協商解決這一問題。在尋求雙方都能接受的邊界問題解決辦法的同時，積極發展其他方面的關係，努力創造有利於合情合理解決邊界問題的氣氛和條件。為此，將採取一些具體措施，如建立關於邊界問題的聯合工作小組和經貿、科技聯合小組。關於西藏問題，公報說，中國對一些西藏人在印度進行反對祖國的活動表示關切；印方重申印度政府長期和一貫的政策，即西藏是中國的一個自

治區，印方不允許這些西藏人在印度進行反對中國的政治活動。

拉·甘地這次訪華，在中印關係史上具有里程碑式的意義。第一，印度總理時隔三十四年再次訪華，恢復了兩國之間的高層訪問，這是兩國關係正常化的重要標誌。第二，雙方一致同意在五項原則的基礎上恢復、改善和發展兩國睦鄰友好關係，並重申為進一步發展兩國友好關係作出努力。第三，兩國領導人同意在邊界問題解決之前，積極發展其他方面的關係。這表明印方調整了對華政策，放棄了長期堅持邊界問題不解決，限制發展其他方面關係的消極態度。第四，雙方同意通過和平友好方式協商解決邊界問題，尋求雙方都能接受的解決辦法。拉·甘地在會談中表示印方有決心通過互利互惠來解決邊界問題，這接近中方一貫堅持的「互諒互讓」原則。但在聯合公報中仍未同意「互諒互讓」原則。第五，關於西藏問題，印方第一次公開聲明「西藏是中國的一個自治區，印方不允許這些西藏人在印度進行反對中國的政治活動」。

總的來說，拉·甘地訪華是一次「破冰之旅」，對中印友好關係的恢復和發展具有重要作用。可惜在一年後的大選中，國大黨因捲入博福斯軍火購買賄賂醜聞等原因而遭到慘敗，拉·甘地也被迫下台。但拉·甘地訪華後，印度政府對改善和發展中印雙邊關係的態度比過去要積極，中印邊境地區局勢也有所緩和，中印關係回到了正常發展的軌道。

隨吳特使赴印出席拉‧甘地葬禮

　　一九九一年五月二十一日，拉‧甘地在印度南部泰米爾納德邦首府馬德拉斯附近不幸遇刺身亡。當時，拉‧甘地乘汽車到那裡參加競選集會。當他下車走向主席台時，周圍擠滿了歡呼的人群，向他獻花束、為他戴花環的人接連不斷。其中一名婦女身上捆著炸彈，當她彎下腰來似乎要行觸腳禮歡迎拉‧甘地時，炸彈被引爆。隨著一聲巨響，濃煙衝天，拉‧甘地和其他十二人一起倒在血泊中，當即身亡。據報導，刺殺拉‧甘地是反對他出兵斯里蘭卡的泰米爾武裝組織所為。

　　這時，我在外交部亞洲司擔任主管印度事務的處長。第二天早上一上班，我就從駐印度使館發回的特急電報和新華社編譯的《參考資料》中得悉了拉‧甘地遇刺身亡，印政府擬於次日為他舉行國葬，邀請各國領導人出席的消息。我正準備去司長辦公室請示處理意見，王英凡司長卻直接來到我處，經過幾分鐘商議，決定建議由主管外事的吳學謙副總理以中國政府特使身分乘專機赴印度參加拉‧甘地的葬禮。我立即起草了一份標為「特特急」的請示報告，王司長口頭請示錢部長同意後，迅速簽批了我處起草的報告送部領導和中央審批。緊接著，同民航總局聯繫調派專機、確定起飛時間、制定隨行人員名單、電示我駐印使館告知印方我決定派特使參加葬禮、發去專機入境技術資料，等等，

我們整整忙碌了一天，總算完成了所有準備工作。

當天，我們還起草了李鵬總理就拉·甘地前總理不幸遇刺身亡致印度總理錢德拉·謝卡爾的唁電。唁電對拉·甘地不幸遇難表示深感悲痛和深切哀悼，並稱拉·甘地是印度傑出的政治家，也是中國人民熟知的朋友，生前為改善和發展中印關係作出了積極貢獻。唁電稿用電話請示總理辦公室後即由外交部領導簽發，交電視、廣播、報刊發表，並由我駐印使館轉交印方。

第二天一早，王司長和我作為工作人員隨吳學謙副總理乘專機離開北京，除機組外，隨行的還有秘書、翻譯和警衛等五六個人。專機起飛後向西飛至新疆，經巴基斯坦領空向南進入印度，全程六七個小時。抵達新德里時，印度外交部官員和屠國維大使到機場迎接。這時新德里天氣十分炎熱，氣溫在攝氏四十度左右，葬禮又在露天舉行，印方特別告知著裝從簡，可以只穿襯衫。考慮到印度政府忙於安排葬禮，各國來印出席葬禮的領導人和代表很多，可能照顧不過來，不如住在使館方便，所以按預定安排，吳特使和我們工作人員都住在我駐印度使館。

依照印方安排，當天只有吳特使帶一名翻譯和屠大使到現場參加葬禮，他們在戶外高溫下待了好幾個小時，全身汗濕，十分辛苦。我和其他人在使館觀看了電視直播的送葬和葬禮全過程：拉·甘地的遺體安放在一輛鋪滿鮮花的靈車上，由武裝軍警

作前導，儀仗隊、軍樂隊隨行。拉‧甘地遺孀索尼婭‧甘地和子女們、高級軍政官員、各界人士組成浩浩蕩蕩的送葬隊伍，從停放遺體的尼赫魯紀念館啟程，前往新德里西南郊聖雄甘地墓附近的火葬場。沿途，成千上萬的民眾佇立路旁為這位年輕的領袖送行。火葬依照印度教習俗進行，由拉‧甘地的長子拉胡爾親自點火。印度總統、總理、議長、內閣部長等高級官員及數十個國家的領導人、特使或代表出席了葬禮。

吳特使出席葬禮，表明了中方對中印關係的高度重視和對拉‧甘地生前為改善兩國關係作出積極貢獻的充分肯定。

隨同李鵬總理訪問印度

一九九一年十二月，李鵬總理訪問印度。這是繼一九六〇年周恩來總理訪印後，三十一年來中國總理首次訪印，也是對拉‧甘地總理一九八八年訪華的回訪。這次訪問對中印雙邊關係的進一步改善和發展具有重要意義。我作為外交部亞洲司主管處長參與了訪前準備和訪問的全過程。

出訪前的準備工作

李鵬總理應印度總理德維‧高達邀請，原定一九九〇年年底訪印，後因印政府更迭而推遲。一九九一年七月印度大選後，新任總理拉奧重申對李總理的邀請。在中央內定李總理擬於年底前訪印之

後，我們從九月就開始了準備工作。

首先是上呈李總理出訪的請示報告、出訪方針及會談方案，由我起草上報亞洲司和部領導審批後報國務院。與此同時，由處裡分管印度工作的五位同志分別準備供總理訪印參考的背景資料，包括「印度簡況」「拉奧政府內外政策動向」「印度領導人簡介」「中印關係簡況」「中印邊界問題概況」，以及訪問期間用的「會談參考要點」（包括雙邊關係、邊界問題、國際和地區問題）、「會見談話要點」（包括會見印度總統、副總統、索尼婭·甘地等人）、「記者招待會表態參考口徑」、抵達新德里機場的書面講話稿、印度總理歡迎宴會講話稿、在尼赫魯紀念館的講演稿、拜謁聖雄甘地墓的題詞等。此外，還為錢外長同印度外長會談準備了「對口會談參考要點」，為徐敦信副外長準備了出訪前對媒體的談話稿。所有這些材料由我一一審改定稿後上報司、部領導審批，我本人還負責起草了李總理訪印後由雙方發表的「中印聯合公報」稿。

此外，為使訪問取得一些具體成果，爭取在訪問期間簽訂幾項協定，我們作為總理出訪的主管和協調單位，還促請有關單位加緊準備，爭取在出訪前同印方達成協議。吸取前車之鑒，在此期間我們密切跟蹤印度新政府上台後的政局動向，以防印政局變化影響李總理出訪。為防止達賴分子干擾破壞這次訪問，外交部還電示駐印大使就近期達賴分子在印的反華活動事向印方提出交涉，要求印方嚴格

禁止達賴分子的反華活動，在李總理訪印期間採取一切必要的安保措施，確保訪問順利進行。

李總理出訪前，在人民大會堂主持召開會議，亞洲司張成禮副司長和我參加了這次會議。李總理聽取了外交、安全等部門就出訪準備工作的匯報。考慮到印度的安全形勢，特別是達賴分子蠢蠢欲動，會議決定取消原定訪問孟買和參觀世界聞名的泰姬陵的日程。總理五天的訪問僅侷限於首都，這在我國領導人出訪的歷史上恐怕是極為罕見的。李總理最後講話說，這次訪問是在蘇歐巨變、國際局勢更加動盪不安的形勢下進行的，是中國總理三十一年來首次訪印，也是對一九八八年拉·甘地訪華的回訪，其本身意義重大。我們執行睦鄰友好的對外政策，目標是創造一個有利的安全環境。這次訪問就是繼續改善中印關係的一個重大行動，希望通過訪問增進了解，推動中印關係進一步發展。同時，李總理也指出，邊界問題不可能突破，但雙方應努力保持邊境和平安寧，減少軍事對峙。錢部長也在會上講話，指出這次訪問旨在繼續保持中印關係改善的勢頭，並創造條件進一步發展兩國關係。印度是一個影響較大的國家，蘇聯倒台後，美國極力拉攏印度。改善中印關係，有利於南亞地區穩定和我外交全局。雙方在國際問題上有共同語言。

總理會談、會見和演講

一九九一年十二月十一日，李鵬總理乘專機離

開北京，對印度進行正式友好訪問。隨同總理出訪的有總理夫人朱琳、國務委員兼外交部長錢其琛夫婦、對外經貿部部長李嵐清等陪同人員，還有外交、經貿、安全等部門的官員和工作人員。我們外交部亞洲司隨訪的有張成禮副司長和我。

我們乘坐的李鵬總理專機於上午十時三十分從北京機場起飛，經新疆紅其拉甫山口進入巴基斯坦領空，於下午三點（印度時間）抵達新德里帕拉姆空軍機場。

印度外長夫婦到機場迎接並分別陪車至總統府。印度總理拉奧在總統府廣場迎接李鵬總理夫婦並舉行歡迎儀式。李總理由印禮賓官員引導登上檢閱台，儀仗隊行持槍禮，樂隊奏中、印兩國國歌。之後，李總理走下檢閱台檢閱三軍儀仗隊，與印方參加歡迎儀式的人員見面。儀式畢，拉奧總理陪同李總理前往總統府下榻。

訪印期間，兩國總理分別於十二日下午和十三日上午舉行了兩輪會談，每輪會談都分為大組會談和單獨會談。在首腦外交中，單獨會談是一種重要的方式，雙方可以說得更深入、更推心置腹，更容易溝通，也更利於保密，從而更利於領導人之間建立和加深個人關係。印方比較偏愛這種方式，單獨會談就是印方建議的，原定舉行一次，第二天又臨時增加一次。兩個小時的會談中，單獨會談占了一小時四十分鐘，兩國之間重要和敏感的問題主要是在單獨會談中說的。

在大組會談中，李鵬詳細闡述了中方對國際形勢尤其是對蘇聯、東歐局勢的看法及中美關係等。關於雙邊關係，李鵬表示，雙方應在同拉·甘地總理達成的原則和諒解的基礎上進一步發展中印關係；採取措施使兩國邊界成為和平安寧的邊界。關於西藏問題，李鵬介紹了西藏歷來是中國的一部分，歷代達賴喇嘛均由中央政府冊封批准，希望印度政府理解中方立場並重申不允許達賴集團在印度從事反對中國的政治活動。關於印巴之間的矛盾，他表示，中國不介入印巴爭端，希望通過和平協商，公平合理地解決兩國之間的問題。拉奧介紹了印方對蘇聯政局變化、世界多極化等國際問題的看法，然後提議舉行單獨會談。

兩次單獨會談（按：翻譯是馬雪松，張成禮和我以「記錄」身分參加）中，雙方主要談及：（一）關於邊界問題。拉奧說，首先，我要重申一九八八年拉·甘地總理訪華時同你就解決邊界問題的有關原則達成的諒解，本政府將恪守一九八八年雙方確定的各項原則。第二，（中印）聯合工作小組近幾年深入討論了邊界問題的解決辦法，增進了對相互立場的了解，希望他們的工作繼續下去。第三，我們成功地保持了邊境地區的和平安寧，希望雙方進一步深入討論，取得突破，根據我們達成的原則找到解決辦法。鑒於邊界問題非常重要和敏感，建議我們兩人親自考慮，給下次邊界會談以新的指示，開闢新的途徑。李鵬說，非常讚賞拉奧總理表示遵

一九九一年十二月十二日，李鵬總理在新德里拜謁聖雄甘地墓。（供圖：中新社）

守一九八八年兩國總理達成的諒解，雙方都應嚴格遵守「互諒互讓、相互調整」的原則。他詢問對方是否公布這一原則。拉奧稱，「我判斷時機還不成熟。」李鵬建議，雙方同意制定保持邊境地區和平安寧的措施並對外公布；為防止邊境發生不愉快事情，雙方邊防人員可進行定期會晤。雙方同意必要時可通過派遣特使等不公開的渠道交換意見。（二）關於西藏問題。拉奧重申印方認為達賴是宗教領袖，不允許其在印度搞任何政治活動，明確承認西藏是中國一個自治區。他說，印度不少藏人不服管教，印方將繼續努力控制。（三）關於印巴關係。拉奧稱，印旁遮普邦的恐怖活動都是巴煽動的。雙方多次會晤，越境恐怖活動仍不斷增加。（四）關於印美關係。拉奧說，印希望同美保持良好關係，

一九九一年十二月十二日，李鵬總理向甘地墓獻花圈後，在陵墓東側外國首腦通常植樹的地方種下了一棵玉蘭樹苗。（供圖：中新社）

美國是印度最大貿易國。但印度是不結盟國家，美國是超級大國，印度不會屈服於美國的壓力，印在發展印美關係時，將保持獨立的立場。中印在這一點上相似。李鵬表示，中、印同美國的關係有共同之處。美對中、印在技術轉讓、知識產權和市場准入方面施加壓力，雙方應協調立場。李鵬還闡述了中國在人權問題上的立場，表示反對西方把其人權價值觀強加於我的做法。（五）關於雙邊貿易。李鵬說，中印貿易近年來有些發展，但處於低水平，雙方應推動貿易進一步發展。雙方貿易官員和企業家應更多互訪。中方準備從印度進口礦石和煙葉。拉奧表示印方希望增加邊境貿易點，李鵬表示原則上同意。（六）關於高層互訪。李鵬正式邀請拉奧訪華，拉奧愉快地接受了邀請。

李鵬總理還分別會見了印度總統文卡塔拉曼、副總統夏爾馬以及外交、國防和財政部長，就雙邊關係和共同關心的國際、地區問題交換意見，雙方在許多問題上取得了共識。李鵬總理還同兩位前總理德維·高達和錢德拉·謝卡爾、各主要政黨領導人進行了會晤，與各界人士進行了廣泛接觸，介紹我國內形勢和對外政策，闡明在當前形勢下發展中印睦鄰友好的重要意義，對增進印度各界對我的了解起到了積極作用。

　　李鵬總理在尼赫魯紀念館對印度各界人士發表的演講，引起了廣泛而積極的反響。在這次演講中，李鵬總理談到中印傳統友誼和中印共同倡導和平共處五項原則的歷史性貢獻，強調中印兩國應該成為踐行五項原則的典範。關於邊界問題，他說，兩國領導人一致認為邊界問題不應成為改善和發展中印關係的障礙，雙方同意努力尋求邊界問題的解決。相信經過共同努力，一定能夠找到一個雙方都能接受的解決辦法。陪同訪問的國務委員兼外交部長錢其琛和外經貿部部長李嵐清分別同印度外長和商業部長進行了對口會談。雙方簽署了恢復互設總領館協定、領事條約、恢復邊境貿易備忘錄、年度貿易議定書和和平利用外空科技合作諒解備忘錄等五項協定，並發表了《中印聯合公報》。

　　印方對李鵬總理的訪問非常重視，給予了高規格的禮遇和熱情、周到的接待。為防止達賴分子破壞訪問，印方事先預防性拘留了數十名「藏獨」分

子，採取了最嚴格的安保措施，在李總理到達和離開時調派上萬名軍警，從機場到總統府三步一崗、五步一哨實施戒嚴。印方還特別安排了懸掛中印國旗的模擬國賓車隊提前十分鐘出發，以防範於萬一。印方在我代表團下榻的旅館派駐了一個連的警衛人員，在我駐印使館外增派了五百名警察。訪問期間，達賴分子多次舉行集會示威，焚燒模擬像，呼喊反華口號，還有三名西藏喇嘛企圖自焚抗議。但由於印方採取了嚴密的安保措施，確保了訪問的順利進行。

通過訪問，我們感到印度各政黨之間雖存在政見分歧，但在發展對華關係上基本是一致的，都贊成積極推動兩國睦鄰友好合作關係的發展。兩國總理在會談中一致同意繼續保持兩國的高層互訪，認為這對促進相互了解、推動兩國友好合作關係的發展具有重要意義。雙方希望進一步開拓和深化兩國在經濟、貿易、科技、文化等各個領域的關係，認真探討了合作的領域和途徑。雙方一致認為兩國在邊界問題上的分歧不應成為發展關係的障礙，表示將通過友好協商爭取早日達成雙方都能接受的解決辦法。雙方還同意在邊界問題最終解決前，保持實際控制線地區的和平與安寧，並把邊防人員的不定期會晤改為定期會晤。在西藏問題上，印方重申承認西藏是中國的一個自治區、不允許西藏人在印度進行反華政治活動的政策。

在國際問題上，中印雙方有許多共同點。雙方

對當前國際形勢的看法基本一致，認為發展中國家
應相互支持，積極推動南北對話，不斷加強南南合
作，共同應對面臨的嚴峻挑戰。雙方強調中印共同
倡導的和平共處五項原則應成為建立國際政治經濟
新秩序的基礎，並確認國際關係中應嚴格遵守不干
涉內政的原則等。雙方還在人權問題上達成共識，
強調對廣大發展中國家來說，生存權和發展權是基
本的人權。中印作為兩個人口最多的發展中國家，
就上述重大問題達成共識並載入聯合公報，反映了
中印兩國人民的意願，對維護發展中國家的權益，
對地區乃至世界的和平、穩定與發展無疑都會起到
積極作用。此外，雙方還同意加強在國際事務中的
合作。在南亞地區問題上，李鵬總理重申了我國同
該地區所有國家發展睦鄰友好的一貫政策，雙方贊
同中印發展關係不針對第三國，也不影響各自同其
他友好國家的關係。

一九九一年十二月十
六日，李鵬總理圓滿
結束對印度的正式友
好訪問，離開新德里
回國。圖為在印度總
統府舉行歡送儀式
前，李鵬在拉奧總理
陪同下走向檢閱台。
（供圖：中新社）

寫簡報、談公報——令人難忘的經歷

這次隨同李鵬總理訪印，對於我們亞洲司幾位工作人員來說，是一次十分辛苦、令人難忘的經歷。我們的主要工作是作記錄、寫簡報。而這次李鵬總理訪印五天的日程沒有參觀項目，幾乎全部都是會談、會見，一場接著一場，一共二十多場。我們白天要參加每一場活動，全力以赴、聚精會神地做好記錄。晚上活動結束後，立即前往駐印度使館整理會談或會見記錄，寫出「李鵬總理訪問印度簡報」，連夜報回國內，以便中央和有關部門及時了解。寫簡報並非簡單地按照現場記錄寫出雙方談話內容，而是要按談話內容的重要性，有重點、分專題地加以歸納整理，不是全盤照抄，但重要的關鍵性的表態絕不能漏掉，而且要反覆核對，十分準確。所以，寫訪印簡報是一件相當費時費力的工作。整個訪問期間，每天晚上我們至少要寫到凌晨兩三點鐘，甚至四五點鐘才能寫完。儘管大家都十分睏倦，回到代表團下榻的奧布羅伊飯店，稍事休息，又按時起來，精神飽滿地投入第二天的工作。

訪問期間，我參與的另一項工作是協助張成禮副司長同印度外交部主管中國事務的聯秘拉奧夫人商談《中印聯合公報》。雙方同意發表聯合公報，是為體現訪問成果和雙方達成的共識，但出訪前雙方只交換了各自起草的公報稿，沒來得及談。到德里後，雙方以兩份聯合公報稿為基礎進行商談。我們白天要參加總理訪印的活動，常常是晚上活動結

束後才開始談。由於雙方在若干問題上的分歧，談判進行得非常艱難。雙方的主要分歧包括：（1）在邊界問題上是否要明確寫上「互諒互讓、互相調整」的原則；（2）在西藏問題上，印方不願支持我方進一步闡明原則立場；（3）印方不同意我方公報稿中反對霸權主義和不謀求霸權的內容，我也不同意印方公報稿中關於反對「暴力」和「恐怖主義」的內容（因有影射巴基斯坦之嫌）；（4）關於邊界問題，我方不同意印方公報稿中「不訴諸武力或以武力相威脅」（有影射我方之嫌）的內容；（5）關於人權問題的一些提法等。在談判中，雙方外交官都表現了維護各自國家利益和原則立場的堅定信念，因此就公報稿的一句話甚至一個詞，雙方都會反覆闡述各自立場，決不妥協退讓，有時爭論一晚上仍無結果。同時，雙方也表現了外交官的耐心和素養，爭論中沒有使用過分和激烈的言辭。最後，雙方還是本著求同存異的精神，經反覆商談對方仍不同意的就不寫入公報，在李鵬總理訪印結束前一天晚上最終就《中印聯合公報》內容達成一致。

總之，李鵬總理這次訪問推動了中印關係的全面改善和發展，達到了進一步增進了解和友誼的預期目的，取得了圓滿成功。印度新聞媒體對訪問作了大量報導，積極評價李鵬總理的訪問是兩國關係發展的「重要里程碑」。

中印國家元首的首次互訪

曾序勇

（中國前駐印度使館公使銜參贊，

前駐尼泊爾、科威特大使）

印度總統首次訪華

　　一九九二年五月十八日，印度總統文卡塔拉曼應楊尚昆主席邀請對中國進行國事訪問。這是自一九五〇年中印建交以來印度總統首次訪華，受到中方的熱情接待，表明雙方都希望恢復和重建兩大鄰國的密切友好關係。

　　文卡塔拉曼・拉馬斯瓦米是印度資深政治家。他生於一九一〇年，一九三五年開始從事政治活動，曾因參加印度獨立運動被捕入獄兩年。印度獨立後，先後任人民院議員、邦政府工業和勞工部長等職。一九八〇年後，先後任印度政府財政、工業部長和國防部長。一九八四年任副總統兼聯邦院議長。一九八九年七月當選總統。

　　訪問期間，楊尚昆主席同文卡塔拉曼總統舉行了正式會談。楊尚昆主席首先說：閣下這次訪華是中印兩國建交以來印度總統首次訪問中國，這是兩國關係史上的一件大事。閣下就任以來，很重視中

印友好關係，為促進中印友好合作作出了很大努力，我們表示讚賞和感謝。文卡塔拉曼總統熱情地回應說：我非常感謝主席閣下對我的盛情邀請和熱忱接待。我作為第一位訪華的印度總統，感到十分榮幸。多年來我一直期待有機會訪華，這個願望終於實現了。五〇年代，我們兩國關係曾經歷過最好的時期，喊過「印中人民是兄弟」（的口號）。我衷心希望兩國關係恢復到五〇年代的水平。他接著說，印中兩國都是文明古國，先後於一九四七年和一九四九年獲得獨立和解放，印度是發展中國家第一個同新中國建交的國家。我們對新中國在農業、工業、基礎設施建設方面取得的成就表示欽佩。中印共同倡導了和平共處五項原則，只有這五項原則才能保證世界和平。他詳細介紹了印度的政治、經濟狀況和獨立以來在各方面取得的重大成就，表示印中兩國可以在實現現代化方面進行合作，以促進兩國和本地區的經濟發展。希望這次訪問為兩國全面合作奠定堅實的基礎。楊尚昆主席回顧了中印古老文明和兩國在宗教、文化交流方面的悠久歷史，表示：在近代「印中人民是兄弟」的口號曾經深入人心，兩國共同提出的和平共處五項原則現已成為國際社會公認的準則。中國政府和人民希望兩國關係恢復到並超越過去的高度。兩國人口眾多，資源豐富，都在致力於發展經濟，兩國關係的發展有很大的互補性。兩國可在農業、工業、科學、文化等各方面開展廣泛的合作。楊主席還向客人介紹了中

方進一步深化改革開放、加快經濟發展的政策，表示兩國高層應經常交換意見和交流經驗，以利於兩國經濟更好地發展，也有利於亞洲的和平與穩定。文卡塔拉曼總統邀請楊尚昆主席方便時訪印，並說不要夏天來，印度夏天太熱，陽光下雞蛋都熟了。

五月十九日下午，江澤民總書記在釣魚台國賓館會見了文卡塔拉曼總統。文卡塔拉曼首先談到中印兩國的古老文明和傳統友誼，五〇年代兩國建立了非常親密友好的關係，這次訪問的主要目的就是要恢復那樣的關係。他讚賞鄧小平倡導的經濟改革和對外開放，稱印度也在推行經濟放開政策，但遇到許多問題，希望了解中國的經驗。他說，印中在經濟上有互補性，在貿易、工業方面的合作有很大潛力，可取長補短，相互提供技術。江澤民總書記向印度總統詳細介紹了中國城市和農村的經濟改革情況以及對國際形勢的看法。他說，我們始終致力於建立國際政治經濟新秩序，基礎應該是中印共同創建的和平共處五項原則，特別是互不干涉內政。我們堅決反對霸權主義和強權政治。中印應共同努力，利用和平的國際環境把經濟搞上去。中印保持睦鄰友好，對兩國的發展有很大好處。文卡塔拉曼表示讚賞江總書記對世界局勢的分析。談到中印邊界問題，他說，邊界問題是個複雜的問題，不能指望一夜之間得到解決。印方希望通過和平談判解決邊界問題，除聯合小組會談外，還可以另外採取一些步驟。為加強相互信任措施，可考慮裁減雙方軍

隊，從近距離接觸地區相互撤軍，雙方相互通報軍事調動。江總書記表示，我堅決主張同鄰國和平解決邊界問題，只要雙方本著和平討論的方針，邊界問題總是能解決的。他感謝印方的邀請，表示在適當的時候願意訪問印度。

同日，李鵬總理在釣魚台養源齋會見了文卡塔拉曼總統。李鵬首先代表中國政府對印總統訪華表示熱烈歡迎。他回顧了去年十二月訪印時受到的熱情友好接待，並稱那次訪問後，兩國在聯合國等許多國際場合密切合作，對印度在人權會議上支持中國表示讚賞。文卡塔拉曼稱李鵬對印度的歷史性訪問為兩國關係的改善奠定了堅實的基礎。他說，他這次訪華同中國領導人深入討論了經濟改革中的問題，雙方在此領域可加強對話、交流信息。兩國貿易增加，在工業和技術設備方面合作有很大潛力；在發展農村工業、解決就業問題方面雙方可交流信息和經驗。

接著，文卡塔拉曼談到中印邊界、西藏和印巴關係等三個問題。他說：（一）邊界問題是兩國關係中最敏感的問題。邊界問題應該通過討論和平解決，永遠不應在解決中使用武力。我贊成總的來說應互諒互讓，相互調整。我建議雙方審議相互裁軍的可能性，以創造相互信任。近距離對峙問題，可由聯合工作小組審議解決。如發生這種情況，雙方應後撤，避免衝突。雙方聯合工作小組和邊防人員應定期會晤，使雙方相互理解，增加信任，消除猜

疑。印度國防部長將於下半年訪華，屆時雙方將詳細討論此問題。（二）關於西藏問題，我們明確講過西藏是中國的一個自治區，西藏問題是中國內政，外國不得干涉。我尊重達賴喇嘛只是作為宗教領袖，不是作為政治領袖尊敬。印度政府拒絕達賴喇嘛反對中國的活動。（三）關於印巴關係，印度希望同巴基斯坦等所有鄰國發展友好關係。現在印巴之間有西姆拉協定，雙方同意所有問題通過討論解決。

李鵬表示，中印在許多問題上看法是相似的。中印差不多同時取得獨立解放，在經濟建設方面都取得了可觀的成就。中國高度評價印度在科技方面的成就，雙方可進行合作，也有許多經驗可以交流。關於邊界問題，李鵬說：邊界問題是歷史遺留下來的，我們堅決主張用和平談判而非武力方式解決。只要雙方有誠意，問題終究可以解決。中國以經濟建設為中心，執行獨立自主的外交政策，這是我們長期不變的政策。中印都是發展中國家，人口眾多，精力應放在經濟建設上，而不是浪費在軍事競賽上。近年來中國特別重視發展同周邊國家的關係。中國的政策是謀求和平友好的邊界。兩國政府首腦就解決邊界問題的原則達成一致，即你提到的「互諒互讓，相互調整」。在談判的同時，應採取措施創造和平友好的氣氛，這是至關重要的。你提到相互裁減軍力、減少近距離對峙、邊防人員定期會晤，希望能達成協議。同時我們也歡迎（印度）

國防部長訪華。關於西藏問題，李鵬表示非常讚賞總統重申印政府的政策，並說：達賴在世界上到處活動，到處搞分裂，破壞中國的統一，這種行為是很不合適的。西方利用宗教問題和西藏「人權」「獨立」問題來向中國施加壓力。達賴「流亡政府」的基地在印度，希望貴國政府規勸達賴喇嘛，對他施加影響，使之不要妨礙中印關係。關於印巴關係，李鵬說，我們知道印巴關係緊張。印巴都是我們的朋友，希望雙方和平談判解決。過去印巴就克什米爾和兩國關係達成過協議，還有聯合國有關決議，希望雙方在此基礎上繼續談。我們希望印巴化干戈為玉帛，和為貴，集中精力於經濟發展。關於人權問題，我們主張人權應得到普遍尊重，但不能幹涉內政。

對於中方安排三位主要領導人會見和給予盛情接待，文卡塔拉曼總統本人和陪同官員都表示十分高興和滿意。陪同訪華的印度外秘迪克西特對徐敦信副外長說，兩國領導人交換意見，內容和實質都比預料的更積極和深入。他們作為中印邊界聯合工作組的負責官員和兩國外交部主管雙邊關係的高級官員，還就中印邊界建立信任措施、脫離近距離對峙的建議、就簽訂保持邊境地區和平安寧的原則協議交換草案以及雙方儘早在上海和孟買開設總領館等事宜進行了具體而深入的討論並達成了共識。此外，徐敦信還就台灣問題重申了我原則立場，要求印方將印台經貿往來限制在民間水平上，不要同台

灣發生官方或變相的官方關係。迪克西特重申印執行一個中國政策，不同台灣發生任何政治關係，無論是公開的或是變相的都不允許。他還介紹了印度不會簽署歧視性的核不擴散條約的立場，希望中方理解。雙方同意向媒體公布，中印聯合工作組十月份將提交關於在邊境地區建立信任措施、保持和平安寧的協議草案，作為印度總統訪華的具體成果之一。應該說，在總統訪華期間，兩國外交部主管官員舉行會談達成許多共識，極大地豐富了印度總統訪華的內容。文卡塔拉曼在訪華結束的聲明中強調要進一步加強印中合作，並指出：印度和中國要實現現代化的目標，需要在本地區和國際上有一個持久和平和穩定的環境。印度《國民先驅報》稱：文卡塔拉曼訪問中國「是加強印中這兩個亞洲大國之間關係的一個重要里程碑」。

文卡塔拉曼總統一行在北京期間還參觀了八達嶺長城，離開北京後先後訪問了古都西安、杭州和上海，參觀了秦始皇陵兵馬俑、西湖等名勝古蹟。訪問期間，由建設部部長侯捷擔任陪同團團長，駐印度大使程瑞聲全程陪同，徐敦信副部長、張成禮副司長是外交部負責接待的主要官員。我作為主管處長參與了訪問前所有接待準備工作，訪問期間參加了歡迎儀式、晚宴、會談、會見、參觀訪問等全部活動。由於對印度情況和接待工作已經相當熟悉，無論是訪前為中央領導準備會談和會見的一系列材料，還是訪問中作記錄寫簡報，都比較得心應

手、輕車熟路，圓滿地完成了這次接待工作。

中國國家主席首次訪問印度

一九九六年十一月江澤民主席訪印，是中印建交四十六年來中國國家元首對印度的首次訪問，是中印關係明顯改善的重要標誌，在兩國關係史上具有重大意義。我們既興奮和高興，同時深知使館接待高訪責任重大，不能出任何差錯。使館接待工作既繁雜又具體瑣碎，必須全館動員，統一指揮，通力合作。裴遠穎大使是館長、第一責任人，但他作為代表團陪同人員要參加全部訪問活動，所以全館接待工作的具體策劃、安排、組織、協調工作，就主要落在我這個使館二把手、公使銜參贊肩上了。

全力以赴做好接待準備工作

使館為江主席訪印的準備工作提前兩個月就開始了。首先是向國內報送印度最新的國內政局、經濟形勢、對外關係、中印關係和印度領導人資料。由我起草了關於江主席訪問印度的建議，主要包括會見印方領導人名單、會談會見和講演內容、接受記者採訪、參觀項目、簽署協議、發表聯合公報及主要內容等，這些建議基本上被國內採納。

第二是成立接待班子，由大使總負責，由我具體協調落實；下面分六個組，包括禮賓聯絡組、政治組、新聞組、後勤組、安全組、專機組，我兼任

禮賓組組長，其他組長主要由幾位參贊和武官擔任。第三是立即為代表團大部分工作人員、隨團記者和專機機組分別預訂下榻旅館，因為按對等原則印方只接待三十人，其餘均由中方自理。十一月是印度旅遊旺季，要在交通方便的五星級飯店預訂百十間房間，必須及早落實。

過了國慶節，我外交部先後發給我館有關江主席訪印的初步日程以及中方對禮賓安排、住房乘車、安全工作等方面的要求，指示我館同印方商談。裴大使和我即正式約見印度外交部主管官員進行口頭交涉並面交書面照會，以免有任何遺漏並記錄在案。這些事項主要有：（1）確定日程，首先是抵離日期。（2）禮賓安排：機場迎送、歡迎儀式程序和示意圖；各場會談、會見、宴請的時間、地點、形式、程序、人數限額、對方主要官員、我方出席人數、是否發表正式講話、翻譯安排、服裝要求及有關注意事項等細節。（3）參觀遊覽：參觀項目、城市的介紹材料、參觀程序、對方陪同人員及是否需題詞、簽名、贈禮等。（4）住房：為便於聯繫和活動安排，爭取全團人員住同一飯店，樓層盡量集中。（5）行李：請印方安排專車、專人負責運送江主席行李，該車抵離時均隨車隊行進。使館派專人分別負責江主席和代表團的行李，確保運輸、裝卸、停放和分送過程中安全無誤。（6）乘車：江主席主車及譯員、警衛、醫護人員、雙方禮賓官員、代表團成員和所有工作人員的乘車順序和安

排。（7）用餐：除江主席外，其他人均用自助餐。與飯店商定一固定餐廳供代表團使用。（8）禮遇：要求印方給代表團提供免檢、免驗禮遇。（9）聯絡員：由使館安排多名人員擔任，負責江主席及隨行部長的聯絡，隨時協助工作。（10）同印方商定招待人數及費用等。

關於江主席訪印的安全工作，我們也向印方提出了一些具體要求，包括中方警衛人員和車輛安排、專機看護辦法、確保食品安全等。

印方對我方提出的有關訪問日程、禮賓、住房、乘車安排等要求，總的來說態度積極，盡量予以滿足。在接待準備和訪問過程中，雙方合作愉快。

為做好接待工作，使館多次召開接待班子會議和全館會，動員、布置、落實接待準備工作。我在會上強調江主席訪印的重大政治意義，要求全體同志務必高度重視，全力以赴，精心準備，保證訪問圓滿成功；要求各接待組制訂出工作計劃和行動細則，抓緊、抓細，逐項落實。

使館以江主席訪印為契機，開展了多項外宣工作，如向印度主要新聞媒體散發並提供大量背景和宣傳材料，裴大使在訪問開始前三天舉行記者招待會介紹江主席訪印的目的、意義和我國經濟發展、內外政策等。這些舉措對印度媒體充分、正面、客觀地報導江主席訪印和中國情況起到了積極作用。

在此期間，使館還接待了國內多個訪印代表

團，其中外交部亞洲司司長王毅率團訪印是直接為江主席訪印作準備，主要就雙方會談內容和在邊境地區建立軍事信任措施等同印方交換意見。

隨著訪問臨近，裴大使和我再次約見印度外交部官員，詳細商談落實涉及訪問的各項事宜並遞交了十餘份照會，內容包括：確認江主席訪印日程、代表團人員名單（共 67 人，另有 22 名記者和 26 名機組人員）、住房乘車安排、中方參加各場活動（包括機場迎送）人員名單、確認雙方分擔經費、看護專機人員及車輛名單、中方安全人員攜帶特殊器材清單、專機入出境申請資料等。印方根據我館要求，向我館參加接待的人員和車輛頒發了訪問期間進入機場停機坪和其他活動現場的許可證，還發給了我出席印度總統在總統府歡迎江主席正式晚宴和印度總理在海德拉巴宮為江主席舉行午宴的請帖。

為了把接待工做作好、做細，確保嚴謹、有序，各接待組都研究制定了各組的工作職責、分工與實施細則，做到每個人都明確自己的職責和具體任務。除了訪前要完成的準備工作外，還包括訪問期間每天各場活動要做的工作，全都落實到每個人。這樣，儘管大多數同志此前從來沒有接待過國家元首級的高訪團，但由於大家思想上高度重視，事前組織準備工作充分、細緻、具體，既統一指揮，又分工負責，每個人都明確自己的工作任務，整個接待工做作得有條不紊、緊張有序。

後勤接待任務也十分繁重。訪前兩天，我和後勤組負責人一起去總統府查看了江主席一行十人的住房和廚房，重點檢查臥室、浴衛、烹調設施，配備了一些必要的生活用品。江主席住在二樓，臥室、客廳、餐廳面積很大，空間很高，是很氣派的宮殿式建築。印方安排外國元首住總統府，是一種高規格的禮遇，同時也很安全。

代表團大多數人員住在泰姬宮飯店。事前，我和聯絡員約見了飯店經理，確定我代表團人員在飯店用餐的餐廳，並劃定專門的用餐區包括幾個包廂，商定了自助餐的菜譜，要求飯店絕對保證食品衛生安全。飯店經理非常配合。

機場迎接是江主席訪印的第一場活動。使館除了要組織歡迎、安排好車輛、協助代表團辦理入境手續外，最重要的任務是把江主席及住總統府隨行人員的行李、代表團住泰姬宮飯店人員的行李、住孔雀飯店記者的行李以及代表團所帶禮品（直運使館）共二百餘件準確無誤、快速、安全地裝車並分別押送到各處。為此，我們事先同印度外交部官員商談好了運送行李的人員、車輛安排，認真做好接機和轉送禮品等準備工作。

我們使館全館動員，忙乎了一兩個月，一切準備就緒，終於迎來了江主席的訪問。江主席專機預定於十一月二十八日下午三時三十分準時到達。使館十餘名聯絡員和工作人員提前三個小時分別進駐總統府和泰姬宮等三個飯店作準備。使館三十餘人

提前二小時到達新德里帕拉姆空軍機場。使館負責押運行李和協助辦理入境手續的工作人員同印方人員取得了聯繫，確認行李車到達指定位置，並在專機後舷梯附近等待。我同禮賓組人員檢查了代表團乘坐的車隊停放位置和排列順序，確認同雙方商定的一致，並貼上車號。三點多，使館參加歡迎的人員在停機坪按禮賓順序列隊：前面安排一位使館女同志獻花，後面依次是大使夫人、我和夫人、其他參贊、武官等。

緊張的國事訪問日程

三時三十分，江主席乘坐的波音 747 專機準時降落在機場。裴大使和印度禮賓司長德賽登機請江主席下專機。江主席走下專機後，同前來迎接的印度外長古傑拉爾和計委國務部長阿格拉等印方官員握手，然後走到我館歡迎隊伍前接過使館女同志獻的花遞給警衛，再同我們一一握手，裴大使在旁作了介紹。之後，我和兩名聯絡員按事先分工，趕緊去引導陸續從前舷梯下專機的錢其琛副總理、曾慶紅特別助理、多吉才讓民政部長、吳儀外經貿部長、王維澄特別助理、江村羅布（西藏自治區）主席、唐家璇副外長等主要陪同人員上車。由於整個車隊有近三十輛車，如不加引導，他們很難在車隊中迅速找到自己乘坐的車，及時跟上主車出發。其餘幾十名工作人員和警衛人員等事先已被告知車隊排列情況和各自的乘車號，專機停下之後，他們迅

速從後舷梯下飛機上車。機場歡迎是訪問的第一場，也是容易出現差錯和混亂的活動。還好，在我們精心準備和周密安排下，整個活動包括行李裝車、押運都按預定計劃緊張而有條不紊地順利完成。

　　印度總統夏爾馬在總統府前舉行歡迎江主席的儀式。江主席走進總統府正門後，鳴禮炮二十一響。江主席下車後，夏爾馬總統和高達總理迎接。江主席由印禮賓司長引導致檢閱台上，樂隊奏中印兩國國歌。儀仗隊指揮官上前敬禮，請江主席檢閱。江主席在指揮官引導下檢閱儀仗隊。檢閱後，江主席向夏爾馬總統介紹中方主要陪同人員。二十分鐘的歡迎儀式結束後，夏爾馬總統陪同江主席上車進入總統府下榻，代表團住飯店人員前往泰姬宮飯店。我和住飯店聯絡員在飯店前廳迎接引導錢副總理和陪同部長上樓進房間，向他們的秘書介紹了

一九九六年十一月二十八日，印度總統夏爾馬在總統府親切會見江澤民主席。

電燈、電視、空調、熱水器等各種開關如何使用，並催促將行李儘快送入房間。之後，我們同代表團禮賓官員取得聯繫，協助代表團有關人員去總統府活動。下午，江主席稍事休息後即在總統府南客廳分別會見印度人民院議長桑格馬和副總統納拉亞南，時間約半小時，參加人員只有曾慶紅、多吉才讓、裴大使等五人。

當晚，印度總統夏爾馬在總統府北客廳會見江主席，錢副總理等六名中方人員參加。隨後在宴會廳舉行歡迎晚宴。此前，我和聯絡員先指引代表團不參加宴會的人員去中餐廳用餐，並及時調度車輛，協助錢副總理等參加會見和宴會的人員去總統府。晚上八點，夏爾馬總統陪同江主席抵達大客廳，樂隊奏兩國國歌。夏爾馬總統頭戴白帽，身穿黑色印度式長衫，同江主席分別向對方介紹了出席宴會的主要官員，然後進入宴會廳入席（翻譯坐後面，不入席）。此前，我同代表團其他十餘人先進入宴會廳，已在自己座位後站好，待雙方領導人入席後才坐下。宴會桌是大長桌，印總統和江主席對面坐長桌中間，中印雙方官員按禮賓順序交叉坐在長桌兩邊。菜餚以印餐為主，由眾多服務員一道一道端上來，從主人和主賓上起，上一道菜換一次盤子。吃完甜點後，上咖啡之前，夏爾馬總統致歡迎辭，然後江主席致答辭。講話沒有口譯，而是由禮賓官給每人發一份講話的中、英文稿（印總統講話的中文稿是由我館事先翻譯打印的）。宴會持續了

一個多小時，十點前結束，我回到泰姬宮飯店。十一時，我召集住飯店聯絡員在我的房間開了個碰頭會，檢查布置工作。我說，今天是訪問第一天，開局順利，沒出什麼紕漏，希望大家再接再厲，全力以赴圓滿完成今後的接待工作。

第二天（十一月二十九日），江主席上午的活動日程是拜謁甘地墓、會見印度外長古傑拉爾、會見高達總理並出席簽字儀式、出席印總理午宴，下午會見印度國大黨主席凱薩裡，晚上去科學宮會見工商界人士並出席招待會。早上八點半，我同聯絡員孫彥、王錦峰帶著花圈和緞帶驅車去往位於新德里東郊的甘地墓。花圈是前一天預定好的，白色緞帶上寫好了悼詞。印方在甘地墓附近採取了嚴密的安全措施，各處都有軍警值守戒備，據說事前軍警還用鋼叉刺掃甘地墓內外雜樹草叢，以防有人藏身其中圖謀不軌。九點三十分，江主席抵達甘地墓，在印禮賓司長和甘地墓負責人陪同下進入大門，步行數十米至墓地入口處換上拖鞋（按印方習俗不能穿鞋入內）。江主席和陪同人員一行進入甘地墓，按順時針方向繞行一週至墓前。我們事先已將花圈擺放在黑色大理石墓台邊，江主席上前給緞帶稍加整理，略退後一步，面向甘地墓默哀約半分鐘。江主席仔細閱讀了一塊石碑上鐫刻的「七大社會罪惡」，它出自甘地一九二五年所著的《年輕的印度》一書：

搞政治而不講原則；

積財富而不付出辛勞；

求享樂而沒有良知；

有學識而沒有人格；

做生意而不講道德；

搞科學而不講人性；

敬神靈而不作奉獻。

　　江主席在出口處換鞋後，在留言簿上題詞：「民族英靈，世人敬仰，印度獨立運動先驅和領袖聖雄甘地永垂不朽！」之後在印方禮賓司長引導下步行前往墓地植樹，種了一棵玉蘭樹作為留念。

　　中午，江主席前往海德拉巴宮會客廳，由高達總理前來拜會。中方參加人員僅有錢其琛、裴遠穎、唐家璇等六人。之後在海宮會議室舉行會談，中方全體陪同人員參加，我列席旁聽了會談。會談持續了一個多小時，然後，在江主席和高達總理見證下舉行了簽字儀式。接著，高達總理在海宮宴會

廳舉行歡迎江主席的午宴，中方陪同人員和工作人員約二十人參加了宴會。高達總理是印度南方人，身材高大偏胖，面色紅黑，兩眼炯炯有神。他和江主席與雙方參加宴會的人員（事先站成兩列）握手後進入宴會廳。印方邀請我作為使館官員參加。宴會結束後，我同代表團人員回到泰姬宮飯店。

下午，錢副總理兼外長與印度外長古傑拉爾舉行對口會談，唐家璇、王毅等四人參加。我陪同他們前往印度外交部並列席了會談，還作了記錄。

晚上，江主席在科學宮會見印度工商界人士並出席工商界人士舉行的招待會。印度工商聯主席迎接、獻花並致歡迎辭，江主席發表了講話。代表團成員和使館主要官員都出席了招待會。

江主席訪印第三天，上午是乘印方波音 737 總統專機前往阿格拉參觀世界聞名的泰姬陵。參加人員有全體陪同人員（除唐家璇外）和少數工作人員。唐副部長作為中印聯合工作組中方首席代表過去率團訪印時早已去過泰姬陵。我陪同他從下榻飯店回到使館，閱看國內近日發來的重要文電。其他不去阿格拉的代表團工作人員，則由我館派車，由聯絡員按預先安排，帶他們遊覽德里市區的印度門、庫杜布高塔等名勝古蹟。使館還派車陪代表團部分人員去工藝品商店購物。

江主席一行中午返回德里，下午參觀了印度國家博物館，然後到使館看望我館人員、駐印機構代表和留學生代表。這場活動我們事先也作了周密準

備，包括確定參加人員名單、事先排練照相位置、在使館大廳布置照相和開會場地、準備麥克風和錄音機等。江主席下午五時來到使館，大家在樓前列隊歡迎並獻花。進入大廳後，我們請江主席和錢副總理等陪同人員坐前排，使館人員等按事先確定的位置迅速站在後面，分批照相，之後請江主席給大家講話。江主席首先對駐外人員在國外辛勤工作表示慰問，對使館周到細緻的接待工作表示讚賞和滿意，接著即興談了國內形勢、外交方針和訪印觀感等。其中有一段很風趣的話我印象很深，他說：「來之前，我就想看看印度神牛是什麼樣的。印方清場，連神牛也看不到了。……不管是在新德里還是在阿格拉（都沒看見），應該說是非常寧靜。」其實，江主席到訪前，達賴集團放風要在訪問期間製造事端。但江主席所到之處，印方都採取了嚴密的防範措施，達賴集團的圖謀未能得逞。江主席的這段話也是對印方安保措施的肯定。晚上，夏爾馬總統與江主席在總統府客廳話別後，訪問日程就基本結束了。

次日（十二月一日）上午，印度國務部長等官員和我館人員到機場為江主席送行。江主席專機於十時起飛離開德里前往伊斯蘭堡，圓滿結束了對印度的訪問。

就確立建設性合作夥伴關係達成共識

從一九九一年李鵬總理訪印、一九九二至一九

九三年印度總統和總理相繼訪華，到一九九三至一九九五年李瑞環、錢其琛、喬石又接連訪印，中印兩國開啟了前所未有的高層互訪。而江澤民主席作為中國第一位訪印的國家元首，則將這一進程推向了高潮。這次訪問的主要目的是增加互信，推動雙邊關係進一步改善和發展。首先，江主席在會見夏爾馬總統時就強調，中國和印度互不構成威脅，兩國的共同點大於分歧。這實際上是為中印關係提出了最重要的定位。他說，發展中印長期穩定的睦鄰友好和互利合作關係是中國政府的既定方針。中印之間沒有什麼解決不了的問題，正像中國改革開放的總設計師鄧小平先生所說的那樣，既不存在中國對印度的威脅，也不存在印度對中國的威脅。江主席表示，中印都是發展中國家，目前都在致力於建設自己的國家，都在為爭取建立國際政治經濟新秩序而努力。兩國之間共同利益遠大於分歧。只要雙方遵循和平共處五項原則，以長遠眼光看待和處理相互關係，就一定能夠將一個建設性的合作夥伴關係帶入二十一世紀。

夏爾馬回應說，當今世界處於新的十字路口，正在形成的世界新秩序充滿希望和機遇，也面臨新的矛盾和難題。歷史的邏輯和時代的需要決定印中兩國必然友好。他表示，印中擁有二十多億人口，有著巨大的市場，兩國經濟合作前景廣闊。印中建立面向新世紀的建設性合作夥伴關係，不僅對兩國的發展，而且對世界的發展都至關重要。

兩國元首就確立中印建設性合作夥伴關係達成共識，突出了兩國是夥伴而不是對手、合作大於分歧，體現了兩國致力於發展友好的真誠願望和務實態度。

簽署建立邊境信任措施的重要協定

　　江主席訪印取得的另一個重要成果是，雙方達成並簽署了《關於在中印邊境實際控制線地區軍事領域建立信任措施的協定》。協定規定雙方不進行威脅對方或損害邊境地區和平、安寧與穩定的任何軍事活動，尋求公正合理和相互都能接受的方案解決兩國邊界問題。在邊界問題最終解決之前，雙方將嚴格尊重和遵守中印邊境地區的實際控制線，任何一方的活動都不得越過實際控制線。雙方還將在中印邊境實際控制線地區就裁減或限制各自的軍事力量採取各種措施。

　　經過雙方多年協商談判達成的這項協定，是兩國尋求擱置爭議、和平相處、共謀發展的重大舉措，對於增進互信、保持邊境地區的和平穩定具有重大的政治意義和實際效果。印度輿論稱這項協定實際上是兩國簽署的「不戰宣言」。協定簽署後，中印兩軍互信和交往不斷發展。兩國邊防部隊建立了定期會晤制度，開通了邊防熱線，使中印邊境地區總體上保持了和平和穩定。

　　江主席訪印還有一個令人矚目之處是，隨行的九名陪同人員中有兩名是藏族高官：時任民政部長

的多吉才讓和西藏自治區主席江村羅布。中國國家主席首次訪印，專門安排兩位藏族高官隨行，自然有特殊的考慮和含義，那就是中方對西藏問題的重視。江主席在同印度總理會談中介紹了西藏自治區的發展狀況，重申了中方在達賴問題和西藏問題上的原則立場。在參觀泰姬陵時，江主席還同多吉才讓和江村羅布在泰姬陵前的一張大理石椅上照了合影。印度記者非常敏感，抓住了這個鏡頭。第二天，印度主要報紙上刊登了這張照片。據說達賴集團的人看到這張照片後非常沮喪，感覺印度對西藏的政策變了，不再支持「西藏流亡政府」。的確，印方在會談中向江主席表示，印方認識到西藏問題對中國的敏感性，完全尊重中方的立場，將恪守有關承諾。印方也採取了一些有效措施，防範達賴集團對訪問的陰謀破壞。

江主席訪印結束後，印度媒體對訪問普遍給予了積極評價，其中一篇題為「歷史性訪問」的社論稱，這次訪問突出了中印關係的三大特點：一是不再為邊界問題所困擾，二是第三方不再是決定性因素，三是雙方互利合作不再受到限制，認為中印關係進入了一個新的發展階段。

中印友好新篇章

程瑞聲

（中國前駐印度大使）

一九九一年九月十二日，我和夫人李路到達新德里，開始了出使印度的生涯。

我到任後的首要任務，就是全力以赴地為李鵬總理訪問印度作準備。一位使節到任後能很快實現本國政府首腦的訪問，這是很難得的。李鵬總理訪印又是在周恩來總理一九六〇年訪印後時隔三十一年我國總理再次訪印，具有重大的歷史意義。因此，當我拜會印度外交部官員時，他們都友好地稱我為「幸運的大使」，而我也欣然地接受了這一稱呼。

八〇年代初，我在駐印度使館任參贊時，中國政府曾不止一次地表示願邀請時任印度總理英迪拉·甘地訪華。但是英迪拉·甘地認為中印邊界問題的解決是她訪華的前提，因此一直未能成行。

一九八四年十月，英迪拉·甘地不幸遇刺身亡後，其長子拉吉夫·甘地繼任總理。拉吉夫雖然缺乏從政經驗，但具有新的思想，在外交上更加靈活和務實。一九八八年十二月，他不顧印度國內某些人的反對，以非凡的勇氣和膽略，毅然決定對中國進行正式友好訪問。他的意大利血統的夫人索尼婭

也陪同他來華訪問。訪問期間，李鵬總理同拉吉夫進行了會談。中央軍委主席鄧小平在會見拉吉夫時表示，過去我們兩國的關係非常好，後來經歷了一段不愉快，忘掉它！一切著眼於未來。拉吉夫也在歡迎宴會上鄭重宣布：現在是把目光轉向未來的時候了；現在是恢復我們兩國關係的時候了。在拉吉夫訪華期間，雙方同意通過和平友好方式解決中印邊界問題，建立關於邊界問題的聯合工作小組；在尋求邊界問題解決辦法的同時，積極發展其他方面的關係，努力創造有利於合情合理解決中印邊界問題的氣氛和條件。拉吉夫訪華確實是一次歷史性的訪問，恢復了中印兩國領導人的互訪，成為中印關係的重大轉折點。

一九九一年十二月十三日，中印兩國在印度總統府簽訂領事協定等五項條約。圖為李鵬總理與拉奧總理步入印度總統府阿育王大廳出席簽字儀式。（供圖：中新社）

　　然而不幸的是，一九九一年五月印度舉行大選時，拉吉夫作為印度國民大會黨的領導人於五月二

十一日在泰米爾納德邦進行競選時，被斯里蘭卡泰米爾「猛虎」組織恐怖分子炸死，在印度全國和國際上引起極大震動。當時，我正在緬甸準備離任，已得知我將擔任駐印度大使的消息。有一天，我在電視上看到拉吉夫和索尼婭在投票站投票的鏡頭，想到不久將同中國的這兩位老朋友見面，心中十分高興。然而沒過幾天，BBC電台廣播了拉吉夫被害的消息。我不敢相信，當即打電話給印度駐緬大使，他證實了這一消息，使我大為震驚和悲痛。在接到印度駐緬大使設靈堂弔唁的通知後，我成為第一個前往弔唁的使節。

拉吉夫被害在印度各地激起一股同情國大黨的浪潮，使國大黨在大選中多得了一些選票，成為議會第一大黨，但其議席沒有超過半數，加上其盟友也只是微弱多數。國大黨代主席納拉西姆哈‧拉奧出任總理。由於拉奧政府是「少數政府」，有評論認為它隨時可能倒台。拉奧政府能否穩定，直接關係到李鵬總理的訪問，因此需要研究並作出判斷。我組織使館有關同志反覆進行了認真研究，認為拉奧政府雖然面臨不少困難，但由於採取了一些與反對黨緩和矛盾的措施，得以在議會幾次渡過難關。據此我們估計，拉奧政府能夠繼續執政下去，建議李鵬總理可以如期訪印。

一九九一年十二月十一日，李鵬總理一行乘專機到達新德里，對印度進行正式友好訪問。陪同訪問的有李鵬夫人朱琳、國務委員兼外交部長錢其

琛、對外經濟貿易部部長李嵐清等。由於拉吉夫一九八八年訪華是專訪，李鵬這次訪問也是專訪印度，不去其他國家，在印度又不去外地訪問，因此在新德里逗留的時間有五天之久。這使李鵬有充分的時間同拉奧總理和其他領導人會談，並同印度各主要政黨、工商界、文化界、友好組織、記者等廣泛進行接觸。

已故總理拉吉夫對中印關係作出過重大貢獻，中國人民也深切地懷念他。十二月十二日上午，李鵬夫婦在我和李路的陪同下到拉吉夫的遺孀索尼婭的家中看望她。李鵬對拉吉夫不幸遇難表示沉痛悼念，對索尼婭親切慰問。朱琳表示，歡迎索尼婭在方便的時候再次訪問中國。當索尼婭談到她正在從事拉吉夫・甘地基金會工作時，李鵬表示願做些捐獻。會見後，我當即同陪同來訪的外交部領導同志研究捐款的數額。我們參考了印度報紙報導的索尼婭本人和其他人士捐款的數額，建議李鵬捐獻二萬美元，經李鵬同意後，由我辦理了手續。印度報紙對此進行了報導，效果很好。

在李鵬總理訪問印度的前後，國際上發生了蘇聯解體這一第二次世界大戰結束以來最重大的歷史事件。中印兩個大國面對冷戰結束後新的國際形勢，採取何種對策，不僅關係到這兩個國家的前途，對世界和平也有深遠的影響。在我參加兩位總理的會談時，使我感到鼓舞的是，李鵬和拉奧的觀點十分一致。雙方都反對國際事務由少數國家壟

斷，主張以和平共處五項原則作為建立國際新秩序的基礎，同意中印兩國加強合作來迎接國際形勢的挑戰。雙方在人權問題上的觀點也基本相同，強調生存權和發展權對發展中國家的重要性，反對以人權為藉口乾涉別國的內政。關於中印雙邊關係，李鵬和拉奧也達成共識，即中印邊界問題不應成為發展兩國關係的障礙，在邊界問題解決前，維持邊境地區的和平與安寧，採取信任措施。雙方並邀請對方的領導人訪問，增加高層來往。可以說，會談是富有成果的。十二月十六日，李鵬總理圓滿結束訪問回國。這次訪問不僅成為中印關係發展的重要里程碑，而且為我這位剛到任的大使進一步開展工作創造了非常有利的條件，使我對以後的工作充滿了信心。

就在李鵬總理訪問後不到半年，印度總統文卡塔拉曼於一九九二年五月到中國進行國事訪問。這是歷史上印度總統首次訪華，也有重要的意義。印度總統訪問的隨行人員較多，印方並挑選一些著名記者陪同。訪問期間，文卡塔拉曼和他的隨行人員對中國改革開放後取得的巨大成就十分驚訝，熱烈讚揚。到上海後，陪同訪問的文卡塔拉曼兩個女兒聽說中國的卡拉 OK 歌廳很多，希望能看一看。印度駐華使館武官辛格上校自告奮勇進行安排。當晚歡迎宴會後，由我和李路、印度駐華大使海達爾夫婦、辛格上校等陪同總統的兩個女兒到附近的一個卡拉 OK 廳參觀。她們兩位十分活躍，和大家一起

唱歌，直到凌晨 1 時才盡興而歸。

　　一九九三年九月六日至九日，拉奧總理對中國進行正式友好訪問。九月七日，拉奧在一天內會見了中共中央政治局七位常委中的五位：江澤民、李鵬、喬石、李瑞環、胡錦濤。江澤民主席在會見拉奧時表示，中印都是發展中國家，加強合作十分重要；強調必須反對霸權主義，並介紹了中國國內情況。拉奧表示，不能再用老一套辦法來對付世界巨大的變化，印中兩國人口占世界人口的百分之四十，應緊密合作。拉奧表示，希望江主席儘早訪印，江主席表示將在適當的時候訪印。

　　拉奧在同李鵬總理會談時說：「自一九八八年前總理拉吉夫‧甘地訪華以來，印中兩國走上了睦鄰友好的道路。可以說，現在印中關係成熟了，雙方沒有讓一些分歧妨礙兩國互利合作的發展。」他對中印關係的評價是十分中肯的。

　　在拉奧訪華期間，中印兩國政府簽訂了關於在中印邊境實際控制線地區保持和平與安寧的協定。根據協定，中印邊界問題應該通過和平友好方式協商解決，雙方互不使用武力或以武力相威脅；在兩國邊界問題最終解決之前，雙方嚴格尊重和遵守雙方之間的實際控制線；協定所提及的實際控制線不損及各自對邊界問題的立場。協定並規定了在實際控制線地區的一些信任措施。總的來看，協定體現了互諒互讓的精神，為中印邊界問題的最終解決創造了良好的條件。協定所規定的各項信任措施將保

證中印邊境地區的長期和平與安寧，大大減少在這些地區發生偶發事件的可能。因此，這一協定的簽訂是我任期內中印關係取得的最重大的成果之一。

在協定簽訂後，也有一些印度記者和學者問我，現在中印關係很好，中印邊界問題為什麼不能最終解決？我說，中印雙方在邊界問題上的爭議面積確實很大，最終解決這一問題將涉及一系列政治上和法律上的問題，目前看來時機還不成熟，但只要雙方抱有誠意和耐心，邊界問題最終是會得到妥善解決的。

拉奧總理訪華後，中印友好關係明顯加強，各方面的交往進一步增加，有時甚至出現我需要同時接待來自國內的兩個高級代表團的情況。

就在拉奧訪華後不久，中國人民政治協商會議全國委員會主席李瑞環於一九九三年十一月二十九日至十二月四日訪問了印度。根據印度領導人的日程安排，如先訪問新德里，印度總統和總理都不在，因此雙方商定李瑞環主席先訪問孟買，後訪問新德里。十一月二十八日，我飛駐孟買，於二十九日上午到孟買機場迎接李瑞環主席一行。當晚六時半，李瑞環在下榻的奧布羅伊飯店會見了柯棣華大夫的親屬。

一九九四年一月，以中共中央政治局候補委員、書記處書記溫家寶同志為首的中國共產黨代表團應印度國大黨的邀請訪問了印度。我和使館負責黨際關係的一秘徐綠平同志全程陪同。一月八日，

印度副總統納拉亞南在會見溫家寶時表示，過去見到的中國領導人最年輕的也有七十歲，現在見到五十多歲的中國領導人，感到很高興。他表示，印度密切注視中國十五年來改革開放所取得的重大成就，並為此感到高興；中國的巨大變化對世界力量的對比產生重大影響。溫家寶介紹了中國國內形勢和外交政策。

當天下午，溫家寶一行到果阿訪問。當晚，果阿邦首席部長威爾佛裡德·德索紮在一艘遊艇上為溫家寶一行舉行宴會。果阿除因美麗的海灘聞名於世外，還有很多小河可供遊覽。我們所乘的遊船於晚八時半沿一條小河緩緩而行，涼風拂面，十分舒適。船上裝有綵燈，和岸上燈光遙遙相映，給人一種神祕感。遊船的歌舞隊演出了果阿民間歌舞。晚九時半在船上用餐，飯後繼續觀看歌舞。最後，演員邀請溫家寶、德索扎和我們陪同人員一起共舞，氣氛更加熱烈。溫家寶笑著說，這是他有生以來第二次跳舞。晚十時半，才登岸返回飯店。

中印兩國軍隊友好往來的恢復是中印關係新的重大發展。一九九四年九月七日至十二日，國務委員兼國防部長遲浩田上將訪問了印度。這是中印兩國建交以來中國國防部長首次訪問印度。在這之前，印度國防部長沙拉德·帕瓦爾於一九九二年七月訪問了中國。

九月十二日，拉奧總理會見了遲浩田一行。拉奧表示，遲浩田是第一位訪問印度的中國國防部

長，訪問有特別的意義。他表示，在發展兩軍關係方面有很多事情可做，兩國在國際領域內也可加強合作。遲浩田表示，中國軍方將竭盡全力來落實兩國總理達成的協議，使雙方的邊境變成長期睦鄰友好和平的邊境；兩軍合作可以更寬一些。

一九九三年十一月，中國海軍「鄭和」號訓練艦訪問了孟買。我到孟買參加了有關活動。

在我擔任大使期間，中印兩國貿易增長較快，從一九九一年的 2.64 億美元增至一九九四年的 8.95 億美元。一九九四年六月，中國對外貿易經濟合作部部長吳儀訪問了印度。六月十七日中午，我陪同吳儀一行參加印度工業聯合會舉行的午餐會。該聯合會主席在歡迎詞中說：「中國是龍，印度是大象，龍和大象應很好合作。」吳儀在致答詞時首先表示：「龍和大象是不可戰勝的！」這時全場熱烈鼓掌。

在印度工作期間，我深深體會到，只要中印雙方堅持和平共處五項原則，繼續開展友好合作，增進相互信任，兩國的友好關係必將進一步鞏固和發展。

超越過去，面向未來

——樂玉成大使與印度小女孩的互動

潘正秀

（中國駐印度使館前外交官）

二〇一五年七月十四日，中國駐印度大使樂玉成在印度《經濟時報》（Economic Times）發表署名文章《All Izz Well》（祝福你，不知名字的印度少年），讚揚了一位中國報社編輯為不知名的印度少年捐獻造血幹細胞的義舉。該文在印度國內引起巨大反響，印度、美國多家新聞網站轉載和報導了此事。九月八日，一位孟買的十一歲小女孩讀到這篇文章後，非常感動，給中國大使寫了一封信。信中稱：「中印兩國應告別過去，面向未來，因為我們生活在一個合作而非對抗的時代，我們還有很多事情可以做。」

樂玉成大使立即給小女孩回信，並邀請她全家赴新德里參加九月二十四日舉行的中國國慶招待會。印度《經濟時報》報導了這個故事，並刊登了小女孩的來信及樂大使回信的全文。

以下是樂大使給印度小女孩回信的全文譯文：

親愛的 Tanushree：

來信收到，你作為一名十一歲的女學生如此關心中印友好合作，令我感動和欽佩。我完全同意你的觀點，中印兩國應該「告別過去，面向未來」，因為「我們生活在一個合作而非對抗的時代，我們還有很多事情可以做」。

我比你大四十歲，相比我小的時候，現在的印度和中國，孩子們上學的環境好很多，並且有更多的中國小女孩和印度小女孩在學校接受與男孩子一樣的平等教育。你擁有富有遠見的爸爸媽媽，像許多年輕的印度父母和中國父母一樣，他們給了你開放與自由的心靈。這讓我感動，而這正折射出過去的幾十年中你的祖國和我的祖國的巨大進步。

收到你的信以後，我一直在思考你提出的那個問題——在未來，我們可以一起做些什麼呢？在我和你一樣大的那一年，是一九七四年。那一年，世界上發生了很多事情，但在我看來，那一年最重要的事情也許是，一位叫魯比克·厄爾諾（Rubik Ern）的建築學教授為幫助學生理解空間結構，發明了神奇的魔方。四十年來，正是這個小小的方塊，激發了無數孩子的夢想，綻放出他們的無限想像力。

讓我們想像一下，我們可以做什麼：我們要增加相互認知。作為鄰居，我們彼此的了解還太少，我們可以去了解對方，發現對方，學習對

方；我們要擴大合作，全球化時代，我們都在一條船上，面臨共同的問題與挑戰，需要齊心協力，共同划槳，才能到達勝利的彼岸；我們要彌合分歧，化解矛盾，學會做減法，消除影響雙方互信與合作的障礙，實現互利共贏；我們要擴大多邊合作，造福地區和世界，創造更好的物質和精神產品，提出更好的治理方案和理念；我們要著眼未來，保持可持續發展，努力讓所有人喝上潔淨的水，呼吸清新的空氣，讓子孫後代生活在和平安寧的陽光下、風景如畫的青山綠水中。

　　我想，也許我的想像力遠遠不如你的，因為你和你的同齡人生活在一個充滿奇蹟的時代。這是我們共同的時代，但更是你們的時代。這個時代有時速超過一千公里的噴氣式客機，有時速達到三百六十公里的高速鐵路，這意味著借用今天的交通技術，我們可以走得更近；這個時代有手機，有互聯網，有 Wi-Fi（無線寬帶），這意味著憑藉今天的通信技術，我們可以更好地溝通。在這樣的時代，那些物理的元素不再成為我們彼此交往的障礙，我們所要做的，是敞開彼此的心靈，放飛我們的想像力，那就沒有辦不成的事情。

　　真摯地邀請你和你的爸爸媽媽參加中國駐印度大使館的國慶招待會。隨信附上邀請函。

你真誠的朋友

中國駐印度大使　樂玉成

九月二十四日，中國大使館舉辦國慶六十六週年招待會，印度小女孩及家人應邀出席，發表了簡短的講話，還表演了印度民族舞蹈，氣氛十分歡快與溫馨。樂大使在招待會致辭最後深情地說：

　　前兩天，我收到一位十一歲的印度小女孩 Tanushree Priyadarshi 的來信，她告訴我現在是印中要協作不要對抗的時代，印度和中國應該超越過去，面向未來。她認為少年兒童可以成為兩國友好的使者，建議我安排一個印度少年兒童代表團訪問中國，推動兩國下一代致力於促進中印世代友好。我深深被這封來信所感動，決定接受她的建議，邀請她和她的同學們近期訪問中國。今天，Tanushree Priyadarshi 也來到了招待會的現場，讓我們歡迎她的到來，為中印友好的未來熱烈鼓掌！

　　國之交在於民相親。當前，中印兩國都處在民族振興的重要時期，兩國關係都已經進入互相提供重要發展機遇、互為合作夥伴的新階段。我們堅信，只要中國人民和印度人民特別是兩國青少年一代攜起手來，我們兩國和兩國關係的未來一定會更加美好，亞洲與世界和平發展的未來一定會更加美好。

難忘「印中人民是兄弟」的歲月

成幼殊

（中國外交部離休幹部）

　　從事外交工作，是我原本沒有想到過的。一九五三年初，我離開了一九四九年從香港回來參與創建的廣州《南方日報》，同先期到京的丈夫陳魯直一起在外交部工作。

　　在我的外交生涯中，緣分最深的也許是印度。因為，中印關係迄今為止經歷的三個階段——友好、抗爭、恢復和發展，我都曾經參與其中。人生幾何，從上世紀五〇年代以來，我個人和印度的關係斷而又續。而中國和印度這兩個亞洲大國互相為鄰，即使滄海桑田，這種情況又怎麼會改變？

新相知

　　經過整整六十年的國際風雲，一件依舊赫然在目的大事，就是一九五四年十月印度總理尼赫魯對中國的訪問。作為亞洲司主管科裡的一名成員，我曾隨同有關同志一起參加臨時組建的接待尼赫魯總理辦公室的工作。

　　辦公室設於外交部（指外交部街原址）東樓二

層的部辦公廳，廳主任是王炳南。會客室和宴請大廳在樓下，當時兼任外交部長的周恩來總理有時在這裡舉行宴會，招待外賓。對外接觸最多的交際處（後改稱禮賓司）、領事司等單位也在樓下。東樓因為向來對外，氣派和我們地區司等所在的西樓很不一樣。單說東樓那兩扇鑴有雙龍的高大玻璃門，還是清廷的遺物。秋季，總有兩大盆金桂陳放在這玻璃門兩側，散發著清醇的香氣。而培養它們的玻璃花房，就搭在我們西樓前的小院子裡。所以我們雖在西樓，卻是可以先聞其香的。

對於我來說，在接待尼赫魯總理過程中，最動人心魄的一幕，莫過於毛澤東主席、朱德副主席等國家領導人與主持宴會的周恩來總理一起步入北京飯店宴會廳的一瞬間了。當年的北京飯店是為貴賓舉行國宴的最輝煌的場所。紅柱彩頂，光照璀璨，樂隊鳴奏，偉人蒞臨，那滿面春風、滿面紅光，氣魄直逼四座而又暖人肺腑。我這時只是呆呆地凝望，把自己融於全場的歡樂之中。

新中國正如日昇於東方，不論是敵是友都為之震動了。

尼赫魯總理總是那一身白色民族裝束，戴一頂白色的國大黨船形帽，胸前別一朵紅玫瑰。與他同行的女兒英迪拉・甘地夫人正值青春年少，籠罩在一襲印度紗麗之中。不論是主人方面的陪客，還是應邀前來的各國使節等外國來賓，都欣悅於一睹尼赫魯這位和聖雄甘地一起為自己的國家贏得獨立的

傳奇領導人的風采。

　　毛主席會見了來訪的尼赫魯總理，所贈禮品有摺扇一把，並親手題寫了兩句楚辭：「悲莫悲兮生別離，樂莫樂兮新相知。」贈以屈原《九歌》中這深情而悱惻的詩句，可以看出，無論在領導人個人之間還是在兩個國家之間，那友誼是不一般的。中印兩國有著共同的苦難和奮鬥的經歷，而印度又是早在一九五〇年四月一日就和新中國建立外交關係的第一個非社會主義國家，尼赫魯很自然地也是最早來訪的非社會主義國家領導人。在國際講壇上，印度主張恢復中國在聯合國的合法席位，台灣應歸還中國，不贊成當時的聯合國誣中國抗美援朝為「侵略者」的決議，友誼確非偶然。

　　同時，毛主席在和尼赫魯總理的晤談中也說過這樣的話：「朋友之間有時也有分歧，有時也吵架，甚至吵到面紅耳赤。但是這種吵架同我們和杜勒斯的吵架，是有性質上的不同的。」那麼，中印之間曾進行過怎樣的「吵架」呢？

　　原來，印度雖然長期遭受殖民主義的侵略占領，但是，一九四七年獨立時還在中國的西藏享有英國遺留下來的一些特權。這是在中印之間首先突出起來並亟待解決的問題。在中國解放西藏的時候，印度就曾表示「驚異和遺憾」。西藏和平解放以後，印度向中國提出了關於在西藏特權的備忘錄，這就導致了兩國在一九五三年底開始進行的談判。一九五四年四月二十九日，兩國達成協議，簽

署了《中印關於中國西藏地方和印度之間的通商和交通協定》，雙方還互換了有關文書。對於當時解決條件還不成熟的邊界問題，中國方面的原則是留到以後再談，以便上述協議易於達成。

作為談判後方的一個新兵，我當然十分高興於眼見通過談判得以明確清除過去英國侵略西藏的痕跡。那主要是：文件規定印度全部撤出它駐在亞東和江孜的武裝衛隊，而印方本來是要求換防的。文件又規定印度在西藏地方經營的郵電企業及其設備和印度的十二個驛站都移交給中國。這些驛站，印方本來是要求去「視察」的。同時，令人欣慰的是，文件確定了促進中國西藏地方和印度之間的通商貿易以及便利兩國人民互相朝聖和往來的各項辦法。僅以西藏的岡底斯山和瑪法木錯湖（又名瑪旁雍錯）而言，就是印度教和佛教信徒心嚮往之而要跋涉前往的朝拜聖地。

應該說，尤其重要的是協定序言中對和平共處五項原則的確定。一九五三年十二月三十一日，周恩來總理在接見印度政府代表團成員時就告訴他們：「新中國成立後就確立了處理中印兩國關係的原則，那就是，互相尊重領土主權、互不侵犯、互不干涉內政、平等互惠和和平共處的原則。」印度方面當時就同意以這五條為指導談判的原則。

談判的中方首席代表章漢夫副部長作風沉穩嚴謹。當時，他就住在外交部對面的小宅院裡，可說是日夜都守著外交部。印方首席代表是身材瘦長的

資深外交官賴嘉文大使。談判過程中的所有方案、文件都要上報中央，經中央政治局常委和毛主席圈閱批准。而周總理讀到哪裡就圈點到哪裡的墨跡，更使人感到一字千鈞的分量。

當協定內容於四月二十九日晚在中央人民廣播電台播出時，我們七八個有關同志聚集在亞洲司辦公室的收音機旁靜靜聆聽。當時我們這些做具體工作的人都還年輕，連司長陳家康也不過四十一歲，卻被人半開玩笑地尊為「家老」。他風趣而機敏，只是喜歡把兩手像清朝「遺老」似的互插在袖筒裡。副司長何英才三十九歲。那晚和我們一起在辦公室聽廣播的還有當時任中央人民政府駐西藏代表外事幫辦的楊公素。他那背靠小沙發，因辦完這件大事而顯露出如釋重負神情的形象至今仍會浮現在我的眼前。他是專程從西藏提前趕來的。當他把一些從西藏帶來的古老地圖攤開在地毯上，大家關注的目光曾從那如同中國傳統水墨畫般的一座山移向另一座山，一條河移向另一條河。現在，從廣播中我們終於聽到了中國外交新天地的晨曲。我們共同的憂思和困頓都在那清亮凝重的嗓音中滌去。和平共處五項原則自此向全世界公布。

周恩來總理三訪印度

一九五四年中印協定簽訂還不滿兩個月，周總理就首次訪問了印度，並隨即訪問緬甸。在六月二

十八日和二十九日周總理先後與印度總理尼赫魯和緬甸總理吳努分別簽署的聯合聲明中，和平共處五項原則進一步展現光輝，被倡議為國際關係的準則。在新德里，周總理受到印度朝野熱烈而隆重的歡迎。那時，先我赴印度的陳魯直在使館文化處忙於起草新聞公報並與記者等各界人士打交道。「印地秦尼帕伊帕伊」（印中人民是兄弟）的歡呼聲中又加上了「潘查希拉金德巴」（五項原則萬歲），越過山山水水傳到中國，傳向全世界。

一九五五年春，我奉調到中國駐印度大使館工作，來到了既遙遠又鄰近、既陌生又知悉的印度。當時使館的「金廈」館舍，是租自一位印度土王的宅院。那座老式平房，地面本來只是用水泥抹上的。人們告訴我，周總理一九五四年來訪時，曾對首任中國駐印度大使袁仲賢說：你這位將軍，把使館也辦成了兵營了。我到館後還見到工匠趁天暖，使館對外活動可以在草坪舉行的季節，把室內地面換成了水磨石的。

我和袁大使在尼赫魯總理訪華時就已經相識。袁大使是南昌起義時的老幹部，為人豪爽，光頭不蓄髮，下巴還有個明顯的彈孔疤痕，工作雷厲風行。他有時談笑風生，和三五館員隨便講講親身經歷的險事趣事，從國內戰爭到抗日戰爭，包括一九四九年四月的「英國紫石英號軍艦事件」——當時英艦侵入我長江並向解放軍陣地開炮，被我擊傷後偷逃，袁是此事件中在南京代表人民解放軍發表聲

明的發言人。

　　那時中印兩國友好空氣甚濃，各種重要互訪和文化交流頻繁，其中包括一九五五年冬宋慶齡副主席對印度的訪問。這時，她比我一九四六年冬在上海《新民晚報》當記者時所見發福多了，但儀態依舊，在印度受到隆重而熱烈的歡迎。

　　一九五六年底，周總理應邀第二次訪問印度。他全副冬裝，頭戴皮帽，到達新德里帕拉姆機場。那裡的十二月也頗寒冷，只是不下雪而已。周總理仍然是精神抖擻。陪同他的有賀龍副總理等。和前次一樣，尼赫魯總理到機場迎接。車隊也再次把掛滿花環的周總理送往印度總統府下榻。四歲多的小姑娘嘟嘟當時在機場向周總理獻花，她是參贊葉成章和夫人張琬的掌上明珠。一幀她的小圓臉挨著周總理的照片是由印度記者搶拍下來的，隨後被選用在使館新聞期刊的封面上。這時的中國大使已由潘自力繼任。他也是大革命時期的老幹部，處事持重，待人寬厚而律己很嚴。

　　周總理和賀龍副總理由尼赫魯總理陪同，前往印度最大的巴克拉—南迦爾水電工程參觀，並在從新德里赴加爾各答的火車上共度除夕。這真是一種不同尋常的友好安排。在奔馳的火車上，他們除了縱論國際形勢，周總理還告訴尼赫魯總理，中國和緬甸已經要談判解決兩國邊界問題，並懇切說明中國政府對於歷史遺留下來的邊界問題所持的態度。可惜，尼赫魯總理並無借鑑中緬之意。中印關係的

困難時期終於一步步來臨。

周總理於一九六〇年四月第三次來到印度。這時，他已不再兼任外交部長，而由與他一起訪印的陳毅副總理繼任外長。

在帕拉姆機場，面對迎向飛機舷梯的尼赫魯總理，周總理仍然愉快和禮貌地同他握手致意。後者卻難掩滿面尷尬——他已在給周總理的回信裡說，不可能舉行任何「談判」，只同意進行「會晤」。

兩國總理這一瞬間的不同表情，被印度記者捕捉而凝結在孩子獻花的一幅照片上。這次機場獻花者中有陳魯直和我在印度生的四歲小女兒香棣。她穿著白色衣裙和小紅鞋，舉花趨前說：「總理，您好。」在這樣的場合，周總理竟仍不忘答謝，並微笑著俯身詢問：「你叫什麼名字？」

這次訪印期間，周總理和尼赫魯總理進行了多

一九六〇年四月，周恩來總理第三次訪問印度，在新德里機場接受歡迎。陳魯直和成幼殊的小女兒香棣等獻花。

次長談，還同印度總統、副總統和國防、內政、財政等負責官員分別長談。兩國總理充分說明各自在涉及邊界問題上的立場，但是沒有能取得解決分歧的成果。雙方僅僅同意，由兩國官員共同審查、核對和研究有關邊界問題的事實材料，並向兩國總理提出報告。這就是後來進行多次的中印官員「會晤」（同樣不稱為會談）的由來。

這樣，周總理訪印一個星期，離印前夕只能和尼赫魯總理發表了一個不能令人滿意、卻又不可能更好的聯合公報。但是就在同一天，即四月二十五

日晚上，周總理舉行了一次非常成功的記者招待會。在會上發表的書面講話中，周總理提出了他本人認為在邊界問題上中印雙方應能找到的六個共同點或者接近之點。然而，印度方面連六個共同點的第一條即「雙方邊界存在爭議」都不願承認，卻咬定是中國向印度提出了「領土要求」又「侵略」了印度。與會的印度和各國記者共有一百五十多人，提問踴躍，周總理一一從容應對。招待會開得很是熱烈。中國合情合理的和解態度，通過周總理直接闡述，在印度以至國際上產生了轟動，影響深遠，特別是對於那些關心中印邊界問題和中印關係的亞非國家。一些抱有偏見的西方記者也從周總理的高

周總理結束第三次訪印，在機場告別。尼赫魯總理等前往送行。

姿態中增進了對中國的理解。

　　光陰荏苒，自周總理第三次訪印至今，已經過去半個多世紀。撫今追昔，我心潮起伏，北京和新德里當年的外交風雲又飄動於眼前。仰望西天，毛澤東、周恩來、尼赫魯的時代已經隆隆而過。中印這兩個正在繼續求索、開拓未來的東方大國，不論過去經歷過、也許將來還會經歷什麼曲折，終將攜手共進。

中國人民的老朋友

——森德拉爾和他的弟子們

李兆乾

（中國前駐印度使館文化參贊）

森德拉爾於一八八六年九月二十六日出生在印度北方邦一個小縣城——穆吉費爾，曾獲阿拉哈巴德大學文學與哲學碩士學位。大學期間，他組織激進派學生集團進行活動。大學畢業後，曾去各地進行演說，組織政治性大會，號召人民反對英國殖民統治，爭取印度獨立。隨後追隨印度國父甘地，進行「不合作運動」，曾與尼赫魯一起任甘地秘書七年。一九三六年成為全印度國大黨委員會委員。曾在印度北方幾個邦被選為國大黨主席。他因為積極參加反抗英國殖民統治的鬥爭，曾被英國殖民當局數次逮捕，關進坎德瓦監獄。為表彰他對印度的貢獻，坎浦爾大學授予他榮譽博士學位。森德拉爾一九八一年逝世，享年九十五歲。北方邦政府為他舉行了國葬。

森德拉爾是中國人民的老朋友，為印中友好事業付出了畢生的精力。

一九五〇年四月一日，印度成為第一個與新中國建交的非社會主義國家。一九五一年九月，應中

國政府邀請，印度總理尼赫魯派出第一個友好代表團，共有十五人，團長為森德拉爾，團員有著名作家阿納德、阿巴斯和社會工作者、教育工作者、記者，以及森德拉爾的秘書普拉沙德等。該團在中國停留四十天，訪問了七個大城市，其中包括北京、上海、南京、大連等，除在北京參加國慶觀禮外，還走訪了大中學校、農村、法院、劇院等，接觸了社會團體、學術機構等。毛主席接見了該團。森德拉爾不僅見到了毛主席，還見到了其他主要領導人。郭沫若副總理為該團舉行了歡迎宴會，周恩來總理等出席。該團回國後，森德拉爾到全國各地演說，並寫了《今日中國》一書，介紹在中國的所見所聞。他還在印度創建了「印度中國友好協會」。

印中友好協會成立大會及第一次會議於一九五三年十二月十一日在新德里憲法俱樂部舉行，為期三天。與會者除各地分會代表外，還有各階層重要人士，其中有前人民院副議長阿延吉、前上議院副議長阿爾瓦女士、中央邦前首席部長、德里市前首席部長及許多議員和大學教授等。大會選出一百多名全國委員會委員、二十一名執行委員會委員，選舉森德拉爾為印中友好協會會長。

自印中友好協會成立後，印度全國各地分會不斷增加，遍布各邦主要城市、縣。一九五一年只在新德里、孟買和加爾各答有分會，一九五五年增至一百三十五個，一九五九年達二百二十五個。

由森德拉爾主持通過的《印中友好協會章程》

規定其宗旨為：「將通過密切文化（指廣義的文化）交流促進印中人民的相互了解、親善和友誼。」關於該會的主要活動，《章程》中規定：

1. 組織印度作家、藝術家、醫生、歷史學家、經濟學家、教師、學生、農民、工人及有興趣研究中國文化和人民生活的人士，與中國同行進行聯繫；

2. 協助印中兩國交換文學和藝術等著作；

3. 協助印中兩國互派代表團；

4. 協助印中兩國機構交換學者；

5. 出版和散發關於中國文化和人民生活的書刊及資料；

6. 組織集會、講演、討論及學習小組；

7. 表演戲劇及組織政治座談會；

8. 舉辦展覽會；

9. 建立閱覽室、圖書館；

10. 協助學習中文；

11. 與中國的組織和學術部門合作，研究印度文化、語言和人民生活；

12. 開展與協會宗旨有關的其他活動。

一九五四年九月，印中友好協會派出了第一個代表團，參加中華人民共和國成立五週年國慶。該團共三十五人，由議員烏瑪‧尼赫魯夫人率領，成員有印中友好協會執行委員會主席格亞‧昌德、副會長及國大黨議員、邦議員等。該團在華停留五十六天。

印中友好協會代表團歸國後，增加了該協會的活力。印度政府對印中友好協會產生了興趣。一九五五年四月二十日至二十三日，在加爾各答舉行了印中友好協會第二次全國代表大會，大批國大黨要員出席了這次大會，並被選入領導機構。森德拉爾仍任該會會長。

印中友好協會第二次代表大會的決議和發言發出以下呼籲：美國從台灣撤出；接受中華人民共和國加入聯合國；各國接受印度和中國一九五四年四月聯合倡導的五項原則；印中自由地進行經濟和文化交流。

一九五八年二月，印中友好協會第三次代表大會在森德拉爾主持下於孟買舉行。國防部長克里希南‧梅農在開幕式上講話。這次大會決定，在新德里建立一所紀念印度援華醫療隊隊長愛德華大夫和隊員柯棣華大夫的圖書館，並成立了「愛德華—柯棣華紀念圖書館委員會」。該圖書館一直開辦到一

印度親善訪華團在北京。後排中右為團長森德拉爾，中左為印度駐華大使潘尼迦。（供圖：FOTOE）

九六四年底。

一九五九年後，中印關係趨向冷淡，印中友好協會的活動也日漸困難。同年，在古吉拉特邦巴羅達舉行了最後一次全國委員會會議。

上世紀七〇年代中，中印關係出現轉機。在這種氣氛下，一些對華友好人士著手恢復印中友好協會。一九七六年兩國恢復大使級關係後，印中友好協會的工作有了實質性進展。同年九月二十六日，印中友協在德里舉行了慶祝森德拉爾九十一歲誕辰集會，並把這天定為「印中友好日」。

中印關係改善後，印中友好協會有了較大發展。各邦紛紛恢復印中友好協會，並開展一些友好活動。一九七七年十月一日至二日，在新德里召開了旨在促進印中友好的集會，來自各邦的友協代表出席了會議。一九七九年四月二十一日至二十二日，在加爾各答舉行了印中友協第四次全國代表大會，選舉西孟邦前漁業和合作部長孟德爾為印中友

好協會會長。森德拉爾由於年事已高，不再擔任會長職務。

　　森德拉爾為中國人民做了很多有益的工作。早在五〇年代初，中國缺少印地語教師，他派自己的秘書普拉沙德夫婦來中國任外文出版社、印地文《中國畫報》和中國廣播事業局對外廣播部印地語組（後改為中國國際廣播電台印地語部）翻譯和播音員。

　　普拉沙德夫婦教出的學生都已成為中國印地語事業的骨幹力量，對國家的建設事業乃至後來的改革開放事業作出了貢獻。他們當中的劉安武、金鼎漢和馬孟剛成為北京大學印地語教授，林福集譯審曾任印地語中國畫報社社長，陳士樾譯審曾任外文出版社印地語部主任。在國際廣播電台，還有許多他們的學生，孫寶鋼、陳宗榮等都成了印地語廣播事業的中堅力量，陳力行譯審曾任中國國際廣播電台第三亞洲部主任。在社會科學院亞太研究所工作的王宏緯成為該所的研究員、顧問，並曾擔任中國

森德拉爾的學生普拉沙德（右3）和夫人（右4）

南亞學會副秘書長。李兆乾三次赴中國駐印度大使館工作，曾任文化參贊，著有《佛國都城——德里》《印度風情》及《德里大學》等書。馬維光兩次去中國駐印度大使館工作，曾任文化參贊，著有《印度神靈探秘》等書。

巴拉伯是森德拉爾的弟子之一，也是森德拉爾派來中國工作的。巴拉伯夫婦於一九五六年九月二十九日到達北京，緊接著是中國國慶的日子，他應邀參加了天安門國慶觀禮。在觀禮台上，他第一次近距離看到了毛主席和許多中國領導人，當時無比激動。

由於巴拉伯對中國非常友好，他很快就適應了北京的生活。到京後，他應聘到外文出版社工作，最初負責翻譯一些中國政治、歷史和文學方面的書籍，包括魯迅和茅盾的短篇小說等。他工作非常積極，認真負責。一九五九年三月，中國國際廣播電台的印地語廣播開播，巴拉伯也傾注了自己的心血，以後他的夫人夏瑪任印地語播音員。巴拉伯還經歷了中國「大躍進」時期，他有時甚至通宵工作。有一本二百頁的書，他三天就翻譯完了，這是通宵工作的結果。一九六一年十一月，中國政府授予巴拉伯「友好紀念章」。在紀念證書中，周總理寫道：「巴拉伯先生，感謝您對我國人民做了有益的工作，現送給您友好紀念章一枚，以志紀念。」這是中印友誼的見證，也是對他個人成就的認可。

隨著中印關係的惡化，一九六一年，印度政府

李兆乾（左3）與印度
友人巴拉伯（左2）等
合影。

要求巴拉伯夫婦回國，他被迫離開了中國。回到印
度後，他的護照被沒收，直到一九七七年，他都沒
有護照。這是他一生中最艱難的時刻，沒有工作，
沒有收入，想翻譯些文字，出版社都不敢僱用他。
中國駐印度大使館得知巴拉伯的困境後，於一九六
三年邀請他來使館協助編輯兩份在當地發行的刊
物。直到一九七七年，巴拉伯一直在中國駐印度大
使館文化處工作。由於他與中國關係友好，在中國
工作和生活過，一九七一年，他曾被關進監獄。經
中國駐印度大使館交涉，一週後他獲得了自由。

　　一九七七年至一九九〇年，巴拉伯夫婦分別受
外文出版社和中國國際廣播電台的邀請，再次回到
過去熟悉的崗位工作。他於一九八七年完成了《毛
澤東選集》五卷的印地文版翻譯和出版工作。

　　一九九〇年五月，巴拉伯再度到中國國際廣播
電台工作。他的工作十分繁忙，經常日夜工作，一
個月下來，身體吃不消，心臟出了毛病。從那年七
月十一日起，他在醫院住了六個星期，康復後於當

年十二月回到印度。回國後，他長期擔任印中友好協會秘書長，為印中兩國民間交流做了很多有益的工作。二〇〇三年，他患輕度中風後，不再擔任秘書長一職，但他至今仍是印中友好協會高級顧問。

巴拉伯還參與了《西遊記》的翻譯，他與中國國際廣播電台及外文出版社資深翻譯家陳學斌、劉明珍和錢王駟等人合作，在印度和中國兩地打印、排版等，經過二十年的努力，終於在二〇〇九年出版了這部二千頁的巨著——《西遊記》印地文版。著名學者季羨林為該著作寫了序言：「這是一部值得重視、非常重要的書，它不僅是中國人民的文化瑰寶，隨著世界文化的不斷交流，它越來越被更多外國朋友們所喜愛。在整個世界史上，像中國同印度這樣兩個國家有著至少二千多年的文化友好交流的歷史，是十分罕見的。」他認為，印地文版《西遊記》問世，有利於中印兩國人民彼此了解，有助於中印友誼不斷和諧地發展，這對兩國甚至世界和平都是有好處的。

該書在印度引起熱烈反響，已被贈送給帕蒂爾總統、辛格總理、國大黨主席索尼婭・甘地、印度文化關係委員會主席及印度文學院、國家圖書館、德里大學等五所著名大學，受到人們的喜愛和高度讚揚。

巴拉伯夫婦退休後來中國定居，與小兒子阿杜爾住在一起。阿杜爾已在中國多年，從二〇〇一年起擔任印度工商會中國執行董事，並在中國經商多

年，為中印經貿往來作出了貢獻。印度總理莫迪在任古吉拉特邦首席部長時曾數次訪華，都由他擔任翻譯和陪同。直到現在，巴拉伯和曾在一起工作的外文出版社、中國國際廣播電台及中國駐印度大使館的同事們還經常有來往，愉快地在中國安度自己的晚年。

近年來，中印關係有了較大發展。二〇一四年，習近平主席訪印。二〇一五年五月，莫迪總理訪華，第一站是西安，習主席專程去西安，陪同莫迪總理參觀大慈恩寺，舉行歡迎宴會，去城牆散步，觀看文藝演出。習主席和莫迪互贈了具有深厚歷史背景的禮品：習主席向莫迪贈送了珍貴出土文物銅車馬的模型以及中文和印地文版的《大唐西域記》。莫迪回贈了釋迦牟尼舍利罐的複製品、釋迦牟尼頭像複製品以及出土這兩件文物的印度古吉拉特邦歷史遺跡的畫。

習主席贈送給莫迪總理的印地文版《大唐西域記》，正是森德拉爾的弟子們教育培養出來的中國印地語翻譯工作者們辛勤勞動的成果，也是他們對中印文化交流和中印友好事業所作的貢獻。

我和印中友協的故事

巴斯卡倫

（印度卡納塔克邦印中友協秘書長、

全印度印中友協秘書長)

鄭瑞祥編譯

　　我從青年時代起就參加促進印中友好的活動。後來又參加印中友好協會的工作，成為卡納塔克邦印中友協的組織者和負責人，並擔任全印度印中友協的秘書長。我曾多次應中國人民對外友好協會之邀訪問中國，也曾多次接待從中國來印度訪問的友好代表團和經貿、文化等方面的人士。近幾年裡，我兩次參加中國領導人為印度友好人士和友好團體舉行的頒獎儀式：二〇一〇年十二月中國總理溫家寶訪問印度期間，向為中印關係發展作出貢獻的印

二〇一〇年十二月，溫家寶總理訪印期間向為中印關係發展作出貢獻的印度友好人士頒發「中印友好貢獻獎」。圖為巴斯卡倫領獎時與溫總理合影。

和平共处五项原则友谊奖颁奖仪式

CEREMONY FOR "FIVE PRINCIPLES OF PEACEFUL COEXISTENCE FRIENDSHIP AWARD"

度友好人士頒發「中印友好貢獻獎」；二〇一四年
九月中國國家主席習近平訪問印度期間，會見印度
友好人士、友好團體代表並頒發和平共處五項原則
友誼獎。我感到非常榮幸和感動。

下面是我對印中友協，特別是卡納塔克邦印中
友協工作的一些回憶。

新中國成立後不久，一九四九年十一月一日，
印中友協（卡納塔克）在班加羅爾（現為卡邦首府）
成立了，其目的就是為了與中國人民建立各個領域
的友好關係。同時宣布，將與中國人民一起為反對
帝國主義、保衛世界和平而奮鬥。印中友協是在高
溫達·雷迪的領導下成立的，他當選為第一任主
席，後來他成為印度議會的議員。韋澤斯特當選為

二〇一四年九月十九
日，習近平主席在新
德里向首批榮獲「和
平共處五項原則友誼
獎」的印度團體和友
人頒獎。左4為巴斯卡
倫。（供圖：涂莉麗）

秘書長，克里希南‧拉奧和森德拉傑為秘書。其他領導人和創始成員還有：Ａ‧Ｎ‧辛格、Ｎ‧Ｌ‧烏帕達雅、賈亞塞瓦普。班加羅爾當時分為兩部分，一部分屬馬德拉斯（現為金奈），另一部分屬邁索爾。

一九五〇年，應中國政府之邀，高溫達‧雷迪率領一個五人代表團訪華。這是印中友協成立後第一個訪華的代表團。後來，森德拉爾先生到班加羅爾會見高溫達‧雷迪，討論了籌建全印度印中友好協會事宜。隨後，該協會便宣告成立，森德拉爾成為第一任主席。據高溫達‧雷迪回憶，當時印度全國許多地方都成立了印中友協，有加爾各答、新德里、昌迪加爾、勒克瑙、班加羅爾、特裡凡得琅、馬德拉斯、海德拉巴等。我參與了班加羅爾和其他一些地方的印中友協的建立工作。

印中友協的工作與兩國關係的形勢有著密切關係。上世紀五〇年代是印中友好的黃金時期，所以

一九五一年十一月十八日，海德拉巴印中友好協會成立大會。（供圖：FOTOE）

印中友好組織迅速發展。但是，眾所周知，一九六二年發生的不幸事件在印中兩國人民之間造成了巨大的鴻溝。兩國關係很長時期處於僵冷狀態。印中友協的工作幾乎完全停頓。但我要說，即使是在那樣困難的日子裡，我和我的一些朋友們仍然堅持與中國人民友好，保持聯繫。到了七〇年代，印中關係有了轉機，一九七六年兩國恢復互派大使。我們印中友協又看到了希望。第二年，我就和一些朋友們一起恢復了印中友協的工作，此前我們曾經試圖恢復友協的活動，但沒有成功。一九七七年七月，我們重新組織了卡納塔克邦印中友協，並確定了新的方向。從此，印中友協又可以積極開展活動了。按照我們的經驗，我們還幫助其他邦恢復了印中友協的工作。最終，我們成功地重建了全印度印中友協。我一直積極參加印中友協的各項活動。

一九七八年，印中友協接待了王炳南會長率領的中國人民對外友好協會代表團，但他沒能來班加羅爾。同時，有一個七人小組來到了班加羅爾。我和我的朋友們積極參與接待工作，訪問非常成功。另外，由林林率領的中國人民對外友好協會代表團訪問了班加羅爾，受到熱烈歡迎。

我們積極組織各種活動，例如中國電影展、中國書展，都很成功。特別是中國書展，辦了許多次，觀眾爭相購買兒童讀物以及醫學和工程方面的書籍，還有一些政治方面的書籍如毛澤東選集，關於周恩來、鄧小平以及列寧、斯大林的書籍。觀眾

對中國電影的反應也很熱烈。印度群眾很想了解中國。

我們印中友協每年至少舉辦三場活動，特別是中國國慶日、中印建交日的慶祝活動。我們還舉辦關於中國發展和中國旅遊的討論會。我們每年舉辦圖片展，主題包括中國發展的成就、印度援華抗日醫生柯棣華的事蹟、中國文化和體育等。一九九六年起，我們創辦了一個刊物 ──《印中人民的觀點》，發表關於中國建設的文章，傳遞中印友好的信息。該刊每季度出版一期，我擔任主編。

上世紀九〇年代初，中印關係快速發展。自一九六二年起關閉了三十年之久的中國駐孟買總領館得以恢復，卡納塔克邦在其領區範圍內。這對我們印中友協開展活動有促進作用。領館在班加羅爾舉辦活動，我們都積極參與；中國各行各業的代表團組來卡邦訪問，我們都熱情接待。通過這些交往和合作，我們和中國外交官之間建立了深厚的友誼，有的分別多年仍然保持聯繫。

通過我們的努力，卡邦印中友協與中國一些省市如江蘇省、山東省、四川省、上海市以及成都、濟南、西安、天津等城市建立了友好關係。中國許多省市的代表團來卡邦參觀訪問，會見當地政府部長和其他官員，建立了中國人民和印度人民特別是卡邦人民之間的友好關係。

作為卡邦印中友協秘書長和全印度印中友協秘書長，我應邀參加過中國對外友協為促進中印友好

以及中國與南亞國家友好關係舉辦的一些會議，例如「中國—南亞友好論壇」。二〇一五年，我還應邀參加了中國人民對外友好協會成立六十週年的活動。

今後，我要繼續努力為促進印中友好事業貢獻自己的力量。正如習近平主席二〇一四年在新德里會見印度友好人士和友好團體代表時所強調的那樣，傳承中印友誼是一項偉大而崇高的事業，功在當代，利在千秋。習主席表示希望兩國越來越多有識之士積極投入中印友好事業中來，讓中印友好理念在兩國人民中深深扎根、結出碩果。相信通過我們一代又一代人不懈努力，中國和印度一定能夠世世代代友好下去，共同實現中印兩大民族偉大復興的夢想。

回顧中國人民對外友好協會對印民間友好交流

涂莉麗

（中國人民對外友好協會亞非部幹部）

　　中國人民對外友好協會（以下稱「對外友協」）六十多年來開展了大量對印度民間友好活動，在中印建交六十五週年之際，回顧歷史，重溫友誼，必將鼓舞我們在中印民間友好事業上越走越遠，對中印友好更有信心。

　　中國人民對外友好協會是中國成立最早的從事民間外交工作的全國性人民團體之一，以增進人民友誼、推動國際合作、維護世界和平、促進共同發展為宗旨，為中外民間友好關係的發展作出了突出貢獻，一直以來也是中國開展對印友好交流的重要力量。對外友協的前身中國人民對外文化協會成立於一九五四年，由中國人民保衛世界和平委員會（以下稱「和大」，成立於一九五〇年，一九五四年對外友協成立後，該委員會自動撤銷）、中國緬甸友好協會、中國印度友好協會（以下稱「中印友協」，成立於一九五二年，對外友協成立後，中印友協作為其下設國別友協繼續開展對印工作）等十個人民團體聯合發起，因此可以說，對外友協的對

一九五二年五月十六日，中印友好協會在北京成立。圖為中印友好協會會長丁西林在大會上致辭。主席台左1為印度駐華大使潘尼迦，左4為郭沫若。（供圖：FOTOE）

印友好交流實際上可追溯到和大和中印友協時期。

二〇一五年是中印建交六十五週年。六十五年中，對外友協開展的中印友好交流是兩國民間友好交往的重要組成部分，值得回味。

對外友協的中印民間交流可以分為以下幾個階段：

一九四九至一九六二年：活躍期

一九五〇年四月一日，中印建交，印度成為社會主義陣營外第二個承認新中國的國家。建交之初近十年，兩國發展了「中印人民是兄弟」的美好情誼，民間交流如火如荼。這一時期的和大和中印友協是當時對印民間交流的主力軍，組織了大量交流項目，陸續邀請了印度藝術家代表團、印度詩人、全印和平理事會代表團、印度亞洲團結委員會代表團、印度文化代表團、印度援華醫療隊隊員及親屬代表團、印中友協代表團等訪華；多次組派了友好

代表團訪印；並舉行了酒會、宴會、攝影展、圖片展等大型活動。這一時期的友好交流中：

兩國領導人高度重視，積極參與。一九五三年，以丁西林會長、夏衍為正副團長的友好代表團應印中友協邀請訪印，受到了印度副總統拉達克里希南和總理尼赫魯的接見；同年，全印和平理事會應和大邀請組派印度藝術代表團訪華時，毛澤東主席會見了代表團主要成員五人，周恩來總理還特地為代表團舉行了歡迎招待會。

兩國名人熱情參與。這一時期，友協組派了前文化部長丁西林、著名文學家夏衍、女作家冰心、詩人袁水拍、歷史學家吳　等諸多名人訪印，並邀請了印度著名劇作家薩欽・森・古普塔，詩人哈林德拉納特・查托巴迪雅亞，科學院院士、斯大林國際和平獎獲得者薩希布・辛格・索克，攝影家沙爾瑪，舞蹈家烏黛・香卡，尼赫魯家人拉・尼赫魯，著名的甘地追隨者、聲望很高的國會議員卡列爾卡

一九五五年六月八日，印度文化代表團在外交部副部長阿尼爾・庫馬爾・錢達先生率領下抵京，丁西林會長（左2）接機。

等印度知名人士訪華。來自兩國的知名學者、文學家、藝術家、社會活動家不僅參與交流，還把體會寫成文章發表或在各場合作演講。

交流效果好。中國和印度都是擁有悠久歷史的文明古國，兩國人民自古對彼此的文化都充滿了好奇與嚮往，對開展友好交流、增進相互了解有著迫切的願望，加上領導人的重視和名人的積極參與，民間友好交流效果非常好，百姓對活動的參與度非常高，通過交流，兩國人民對彼此有了更多的了解、更深的友誼。一九五三年七至八月，印度藝術家訪華四十天，為中國人民帶來了精彩的印度文化表演，在中國各地演出共十三場，觀眾逾二萬五千人；同年，中印友協代表團訪印期間，參加了印中友協成立大會及文藝演出等二百多場活動，回國後代表團舉辦了訪印報告會和座談會，向中國人民介紹了印度的文學、音樂、舞蹈等情況，深受百姓歡迎。

一九六二至一九七六年：停滯期

兩國在一些問題上的矛盾與衝突，導致中印關係惡化。中印友協於一九六二年暫停工作，對印民間友好交流活動暫時停滯。

一九七六至一九九八年：恢復期

一九七六年，中印恢復大使級外交關係，對印

民間友好交流也得以逐步恢復。自關係正常化後，雙邊關係一般以一九八八年拉吉夫‧甘地訪華為界限分為解凍期和升溫期兩段，據此也把對印民間友好交流劃分為兩個階段。

　　第一階段是一九七六至一九八八年。一九六二年後的十幾年，中印各領域交往幾乎全部中斷，兩國人民亟須更新知識、增進相互了解、重建彼此好感。在此背景下，對外友協對印民間友好交流迅速恢復，僅一九七六年至一九八四年初就接待了五十批印度代表團、兩百多人次訪華。這個階段的友好交流以增進了解為主。一方面，對外友協邀請大量印度記者、學者訪華，他們回印度後大多通過出書、作報告、演講等方式向印度人民介紹中國的發展建設等情況。另一方面，對外友協代表團訪印期間廣泛接觸印度各界人士，以增進兩國人民的了解與友誼。如一九八四年友好代表團在印度期間參加了九場大會，其中

千人以上大會和五百人以上大會各三場，與數位國會議員、三十多名記者和百餘名學者進行了座談，總共接觸萬餘名印度人士。

第二階段是一九八八至一九九八年。一九八八年拉吉夫‧甘地訪華後，中印關係走上了正常發展軌道，為中印民間友好交流的開展創造了良好的政治環境，印度有官方背景的人士和團體又開始積極參與中印民間友好交流。對外友協抓住這一機遇期，一方面積極邀請在印度聲望很高的前部長和前駐美大使卡蘭‧辛格、前財政部國務部長西紹迪亞、卡納塔克邦上院議長卡爾曼卡等人士來訪；另一方面，組派代表團訪印時，通過與印方友好組織和人士的合作與積極協調，使中印民間友好交流活動得到印度政府的支持和重視。一九九二年，印度副總統納拉亞南、前總統宰爾‧辛格、印共總書記古普塔、印共（馬）總書記蘇吉特、西孟邦首席部長喬蒂‧巴蘇、西孟邦邦長哈桑、加爾各答市市長查特吉等會見中印友協代表團；一九九六年，印聯邦院副議長赫普圖拉、外長穆克吉、水利部長韋都、印度文化關係委員會（隸屬於印度外交部，主管印度對外文化交流）主任薩蒂等會見中印友協訪印團。

一九九八至二〇〇七年：保持期

一九九八年五月，中印關係一度冷卻，至二

○○三年走出低谷。中印關係這一短暫挫折並未對兩國民間交流產生太大影響，對外友協每年都邀請印度各地的對華友好組織和友好人士代表團、印度青年代表團、印度教授、學者等訪華，並組派中國友好代表團訪問印度。通過代表團互訪，保持了中印民間友好交流的熱度和中印人民對友好交流的熱情。

二○○七至二○一五年：發展期

隨著全球化深入發展，中國對外交往更為頻繁，政府部門和社會各界紛紛加大對印交流，湧現出一大批開展對印交流的機構。在此背景下，中印友協於二○○七年十一月成立五十五週年之際進行改組，邀請了各領域熱衷於中印友好事業的熱心人士加入，積極探討尋求中印民間友好交流的突破和新發展。

發展期的中印友好交流在過去以團組互訪、招待會、圖片展活動為主的交流模式的基礎上，開拓

二○一○年五月二十八日，時任國家副主席習近平和印度總統帕蒂爾出席在印度駐華使館舉行的中印建交六十週年招待會，為印度知識競賽抽取獲獎者。

出如中印聯合醫療隊活動、中印論壇、中印大學生論壇、中印青年交流、中國國際瑜伽交流大會等一批豐富多彩的交流項目。這些項目特點鮮明：（1）機制化：絕大多數項目自啟動後做到了每年或隔年定期舉辦，實現了可持續發展。（2）接地氣：聯合醫療隊項目傳承柯棣華大夫的偉大國際主義精神，走進中印農村地區為貧困人民送醫送藥；大學生論壇和中印青年交流項目著眼於中印友好事業的接班人，不但為兩國青年提供了面對面的交流與互動平台，還安排如「民宿」「住校」等活動使中印青年、大學生真正走進彼此的學習與生活，在同住、同吃、同上課中建立了深厚的友誼。（3）高層關註：二〇一〇年十二月溫家寶總理訪印期間，向印度民間友好人士頒發了「中印友好貢獻獎」；二〇一四

二〇一一年，印度青年代表團在北京。

年九月習近平主席訪印期間，與印度友好人士和團體代表進行了將近半小時的親切交流和熱情對話，並向他們頒發「和平共處五項原則友誼獎」，以表彰他們為中印友好作出的巨大貢獻。值得一提的是，習主席特地屈身問候了輪椅上九十三歲高齡的柯棣華三妹馬諾拉瑪・柯棣尼斯女士，親切地噓寒問暖，老太太感動得紅了眼圈，握著習主席的手許久才放下，場面十分感人；二〇一五年九月，柯棣華大夫遺屬代表、柯棣華侄女蘇曼加拉・博卡和侄女婿拉詹・博卡應邀來華參加慶祝中國人民抗日戰爭暨世界反法西斯戰爭勝利七十週年系列活動，二日上午出席「中國人民抗日戰爭暨世界反法西斯戰爭勝利七十週年紀念章頒發儀式」，習近平主席親

二〇一五年九月二日，習近平等中國領導人與獲得中國人民抗日戰爭暨世界反法西斯戰爭勝利七十週年紀念章的國際友人或遺屬代表合影。左2為柯棣華大夫的侄女蘇曼加拉・博卡。（供圖：中新社）

手給柯棣華遺屬代表頒發紀念章，三日出席「紀念抗戰勝利七十週年大會」、紀念招待會並觀看「紀念抗戰勝利七十週年文藝晚會」。紀念大會上，蘇曼加拉‧博卡等國際友人或遺屬受邀登上天安門城樓與各國政要共同觀禮，文藝晚會前，拉詹‧博卡等十名國際友人或遺屬代表在人民大會堂接受少年兒童鮮花和問候，訪華全程受到高規格接待和特殊禮遇，充分體現了中國政府和領導人對友好人士的高度重視。相信領導人對民間友好事業的關注與重視，對所有致力於友好事業的人們都是莫大的鼓舞，也使人們對中印友好更有信心。

　　如今，中印建交邁入第六十五個年頭。六十五年在悠悠歷史長河中只是短暫的一瞬，而我們已有如此多的美好回憶。希望在今後的日子裡，我們再接再厲，續寫中印友好的美好篇章。

合作
篇

和平共處五項原則誕生記

李達南

（中國外交部離休幹部）

　　我自一九四九年十月進入外交部亞洲司工作後，一直分管南亞地區事務，特別是印度，直到一九七九年從駐印度使館調回國，前後整整三十年。印度是與我國毗鄰的大國。新中國成立後，印度是第一個同中國進行建交談判的國家，也是非社會主義國家中第一個同我國建交的國家。上世紀五〇年代，兩國關係十分友好，印度是當時我國對外工作重點之一。印度是周恩來總理出訪的第一個非社會主義國家，尼赫魯總理也是第一位來華訪問的非社會主義國家的政府首腦。

二〇一四年六月十一日晚間，紀念和平共處五項原則發表六十週年招待會在新德里舉行，印度外交國務秘書蘇嘉塔·辛格女士與中國駐印度大使魏葦（右1）、緬甸駐印度大使吳蘇（左1）共同為紀念活動點燈揭幕。（供圖：中新社）

二〇一四年是舉世聞名的和平共處五項原則發表六十週年，中國舉行了隆重的紀念活動。和平共處五項原則經過一個甲子的歷史考驗，越來越為國際社會所普遍接受，成為發展國家關係和解決國際爭端的公認的基本準則。

其實，和平共處五項原則最早是周恩來總理一九五三年十二月三十一日接見來北京談判中印關於兩國在中國西藏地方關係的印度政府代表團時，第一次完整地提出的。一九五〇年四月一日中國和印度正式建交及一九五一年西藏和平解放後，印度政府不願意放棄英國過去在中國西藏地方的一些特權。中國政府通過各種途徑向印度政府明確表示，中印兩國在中國西藏地方的關係有必要通過協商在新的基礎上建立起來。一九五二年二月十一日，印度政府向中國交來一份《關於印度在西藏利益現狀》的備忘錄，共開列七項涉及中國主權的權益。周恩來總理於同年六月十四日向印度駐華大使潘尼迦先生指出：「中國同印度在中國西藏地方的關係的現存情況，是英國過去侵略中國過程中遺留下來的痕跡，對於這一切，新的印度政府是沒有責任的。英國政府與舊中國基於不平等條約而產生的特權，現在不復存在了。因此，新中國與新的印度政府在中國西藏地方的關係要通過協商重新建立起來。」一九五三年九月二日，印度總理尼赫魯建議兩國政府儘早就此問題進行談判。周總理於十月十五日建議，談判可於本年十二月在北京舉行。

當時，我任外交部亞洲司四科（主管除阿富汗和巴基斯坦以外的南亞各國事務）副科長，參加了這次談判，擔任雙方全體會議的記錄。會談前，外交部做了緊張的準備工作，由外交部副部長章漢夫任團長，團員有亞洲司司長陳家康和中央人民政府駐西藏代表外事幫辦楊公素。印方指派第二任駐華大使賴嘉文先生為團長，外交部聯合秘書（相當於正司長）考爾為副團長，外交部官員戈帕拉查理為顧問。我國政府代表團會同外交部亞洲司、政策委員會等一起討論了談判方案，由亞洲司負責起草請示報告送周恩來總理審批，但是方案一直沒有批下來。

　　周總理是十分注意信用的。當時中方同意在一九五三年十二月進行談判，儘管印度代表團因故遲至十二月底才抵京，周總理還是抓緊時間在那年的最後一天即十二月三十一日接見印度代表團，中方代表團參加，作為中印雙方正式談判的開始。接見在中南海西花廳舉行，譯員兼記錄由外交部情報司（即今新聞司）的陳輝同志擔任。周總理說：「中印兩國的談判在今天，十二月的最後一天開始了。我們說過在一九五三年開始這一談判，現在實現了。」他接著說：「我們相信，中印兩國的關係會一天一天地好起來。某些成熟的、懸而未決的問題一定會順利地解決的。新中國成立後就確立了處理中印兩國關係的原則，那就是互相尊重領土主權、互不侵犯、互不干涉內政、平等互惠和和平共處的

原則。兩個大國之間，特別是像中印這樣兩個接壤的大國之間，一定會有某些問題。只要根據這些原則，任何業已成熟的、懸而未決的問題都可以拿出來談。」

一九五四年一月三日，周恩來以他本人的名義向中央寫了關於中印談判方案的請示報告，其中一一列出上述和平共處五項原則，作為談判的指導方針。報告還提出談判要先易後難，這次不談邊界問題，印度在西藏所沿襲的各種特權應該取消，但考慮到便利貿易和朝聖的慣例，凡不損及中國主權的，可以適當保留。談判方案得到中央批准。這就是和平共處五項原則的由來，這些原則是周恩來親自創造和首次提出來的。

中印關於兩國在中國西藏地方關係的談判經歷了四個月的漫長過程，先後舉行了十二次全體會議和無數次的小組會。在第四次全體會議上，雙方就以和平共處五項原則作為談判的指導方針達成一致。儘管談判過程交鋒相當激烈，但由於有這一共同的指導方針，正如談判結束後發表的公報所說，談判自始至終是在融洽的氣氛中進行的，得到了雙方滿意的結果。一九五四年四月二十九日，雙方達成協議，簽署了《中印關於中國西藏地方和印度之間的通商和交通協定》及換文。《協定》在序言中寫明：「基於互相尊重領土主權、互不侵犯、互不干涉內政、平等互惠及和平共處的原則，締結本協定。」關於這一點，由於我方不便強加於人，是在

印方表示贊同的建議的基礎上寫上的。協定有效期
原內部建議為十年，後由周總理改為八年。當時，
由於周總理已去日內瓦參加會議，簽字儀式由政務
院董必武副總理和宋慶齡副主席出席。

協定簽訂和公布後，兩國總理互致賀電。周總
理在賀電中指出：只要各國共同遵守上述各項原則
（指和平共處五項原則），採取協商方式，國家間
存在著的任何問題均可獲得合理解決。尼赫魯總理
在賀電中說，此一基於和平共處五項原則而締結的
協定，加強並鞏固了中印兩國人民的友誼。

日內瓦會議沒有邀請印度參加，尼赫魯總理派
他的密友克里希納·梅農先生作為特使，在會外進
行活動。周總理多次會見他，實際上是在幫助印度
做工作。尼赫魯為表示感謝，在六月底日內瓦會議
各國代表團團長休會的空隙，由梅農代表他邀請周
總理走南路回國，順道訪問新德里。當時中國代表
團內部對是否接受此邀請有分歧，有人認為時機尚

未成熟。經周總理電中央請示，毛澤東主席六月十三日發來指示，認為此次機會不可放棄，還是周總理到印度走一趟，做做印度的工作。六月二十五日，周總理抵達新德里，同尼赫魯總理進行多次會談。二十八日，兩國總理發表聯合聲明，重申和平共處五項原則，並指出這些原則不僅適用於各國間，而且適用於一般國際關係中。一時間，中印友好掀起熱潮，周總理所到之處響起「印地秦尼帕伊帕伊」（印中人民是兄弟）和「潘查希拉金德巴」（五項原則萬歲）的歡呼聲。後來，新德里的一條大街還被命名為「五項原則大街」（PanchaShila Marg）。

印度人稱五項原則為「潘查希拉」。尼赫魯同周恩來談話中介紹說，梵文中的潘查希拉（五項原則）是佛教的一種教義，是佛教為人們所規定的五條人生戒律，即不殺生、不偷盜、不飲酒、不淫色、不妄語。我們共同倡議的五項原則可以說是國家之間相處的五條戒律。我們兩國將這五項基本原則作為國家關係準則肯定下來。

六月二十八日，周總理訪問緬甸。在二十九日發表的兩國總理的聯合聲明中，確認和平共處五項原則「也應該是指導中國和緬甸之間關係的原則」，並指出「如果這些原則能為一切國家所遵守，則社會制度不同的國家的和平共處就有了保證，而侵略和干涉內政的威脅和對侵略和干涉內政的恐懼將為安全和信任感所代替」。

和平共處五項原則的個別措辭後來稍有改變。在一九五四年中印、中緬總理聯合聲明中，「平等互惠」改為「平等互利」（英語是一樣的）。在一九五五年亞非會議上，周恩來總理的發言中，「互相尊重領土主權」改為「互相尊重主權和領土完整」。

　　一九五五年四月，在第一次亞非會議上達成的萬隆會議十項原則，實際上是和平共處五項原則的引申和發展。後來的事實證明，社會制度相同的國家之間，同樣也應該強調和貫徹和平共處五項原則。 據統計，到一九七六年一月周恩來去世時，有九十多個國家同我國共同發表的文件中確認了和平共處五項原則，而在此基礎上同我國建交的國家增加到一百多個。這五項原則被應用到中蘇宣言、中美上海聯合公報、中日建交聯合聲明和一九七八年八月中日和平友好條約上，成為社會制度相同和不同國家之間的關係準則和國際政治新秩序的核心。一九八八年十二月，鄧小平在會見印度總理拉吉夫‧甘地時明確提出，要以和平共處五項原則作為建立國際政治新秩序的基礎。他說：「我認為中印兩國共同倡導的和平共處五項原則是經得住考驗的。我們向國際社會推薦這些原則，首先我們兩國之間的關係要遵循這些原則，而且我們同各自的鄰國之間的關係也要遵循這些原則。」

「一帶一路」背景下的印度機會

羅　贊

（中國工商銀行孟買分行副總經理）

　　印度地大物博、資源豐富、人口眾多，處於「一帶一路」的重要區域，是一個極具吸引力的投資目的地。

　　印度是南亞次大陸最大國家，面積居世界第七位。印度東北部同中國、尼泊爾、不丹接壤，孟加拉國夾在東北部國土之間，東部與緬甸為鄰，東南部與斯里蘭卡隔海相望，西北部與巴基斯坦交界。東臨孟加拉灣，西瀕阿拉伯海，海岸線長五千五百六十公里。

　　印度全國人口約十二點七二億（二〇一四年三月），位居世界第二。印度資源豐富，有礦藏近一百種。雲母產量世界第一，煤和重晶石產量居世界第三。森林六十七點八三萬平方公里，覆蓋率為20.64%。擁有世界十分之一的可耕地，面積約一點六億公頃，人均零點一七公頃，是世界上最大的糧食生產國之一。

　　印度自一九九一年七月開始實行全面經濟改革，後續三個五年計畫中年均經濟增長 7.8%，是世界上發展最快的國家之一。受二〇〇八年之後的

國際金融危機影響，經濟增長率放緩至 5%以下。目前是世界第十大經濟實體，也是二十國集團（G20）和金磚國家（BRICS）成員，二〇一三至二〇一四財年（截至二〇一四年三月三十一日）國內生產總值（GDP）達 113.55 萬億盧比（約合 1.86 萬億美元），國內生產總值增長率 4.7%。

二〇一四年五月人民黨莫迪新政府上台後，經濟發展方面，主張在投資、消費、出口等領域加大政策支持力度，陸續推出「印度製造」「智慧城市」「清潔印度」等宏大計劃。首先著手清理此前的停滯項目，要求完善手續儘快開工建設；繼而出手減少行政審批事項、簡化辦事程序、規定審批時限等，以提高政府行政效率；同時大幅增加公路、鐵路和港口等基礎設施建設計劃，加大投資刺激力度；減少外資投資限制，以吸引更多外資進入；加大金融改革力度，擴大市場參與活性，著手稅收體制改革，等等。

隨著上述政策措施的陸續出台，加之莫迪在上台不到一年時間裡就爭取到美、俄、中、日等主要大國元首或首腦的訪問，並且獲得日本政府未來五年內投資三百五十億美元和中國政府兩百億美元的投資意向，這使得投資者信心逐步回升，印度主要股市指數（BSE/NSE）在大選結束後持續走高。

在投資環境改善、經濟活性增強的背景下，國際貨幣基金組織（IMF）等國際機構紛紛上調印度經濟增速預測，預計 2015/16 財年將達到 7.2%以

上，並有望超過中國。更有部分組織預測，到二〇二〇年，印度將超過日本成為世界第三大經濟體。

如何看待印度機會

印度市場巨大，中間階層收入水平的不斷提高、基礎設施的改善以及商業環境的提升，都將推動印度經濟增長。不過，在印度經營仍存在著各種商業、運營和文化等多方面的挑戰，其經濟發展趨勢呈現出與政府執政能力和政策變化高相關性的顯著特點，對於那些希望把握住印度發展機遇的企業而言，還需進行認真的籌劃。

支持印度經濟發展的驅動因素主要包括：

1. 持續的人口紅利。與其他眾多領先經濟體相比，印度是一個年輕的國家。預計到二〇二五年，將有二億印度人加入勞動者的隊伍。從目前到二〇三〇年的這段時期，印度的人口撫養比（即每 100 名適齡勞動人口中的受撫養人口百分比）將下降至 45%，而發達市場的人口撫養比將升至 60% 以上。年輕的印度人口將直接帶來生產力和未來消費的持續保證。

2. 不斷增長的可支配收入。印度經濟的穩步增長正在創造著一個具有巨大潛在購買力的新興中產階級，可支配收入的增加將有力地拉動市場內需。

3. 龐大的基礎設施投資需求。預計到二〇二〇年，印度基礎設施支出將超一點三萬億美元，主要

用於新的發電站、公路、鐵路、灌溉系統、港口和清潔水設施的建設。

4. 低成本的較高素質勞動力。印度廣泛使用英語，勞務成本低廉，直接降低了公司的運營成本。

5. 政府鼓勵發展的政策和規定。如鼓勵外商直接投資，參與公路和發電廠建設項目，在全國各地設立經濟特區（SEZs），享有稅收優惠政策等。

儘管印度具備以上的驅動因素，但抑制因素的作用也會使得經濟和其他領域的增長大打折扣。抑制性因素主要包括：（1）制度缺陷帶來的運營效率低下。印度的廣泛民主和議而不決、政治派別林立，使得公共服務水平和基礎設施的運行質量都顯著降低。（2）本地商業複雜環境帶來的經營挑戰。印度本地經營環境的不確定性顯著表現在執行合同、獲得建設許可、設立公司和支付稅費等方面，同時印度消費者要求相當苛刻，並對價格極為敏感，因此對印度本地情況的了解程度對於企業發展具有至關重要的意義。

成功進入印度市場的企業通常會採取以下幾項關鍵措施來應對市場。一是作好準備，努力尋找合適的本地合作夥伴。鑒於印度政府和監管體制的不確定性以及苛刻的印度消費者，新市場進入者為確保自身對印度市場具有全面的了解，通常都尋求與充分了解各種市場經營細節的本地夥伴建立合作關係。二是尋找優秀的本地管理團隊，以更加適應本地化發展要求。三是密切、持續地跟進政府政策和

規定的最新動向。

印度機會在哪裡

印度內在基礎設施和民生提升需求旺盛，與我
國提出與沿線國家共建「一帶一路」的設施聯通、
貿易暢通、資金融通等基本內容高度契合，在中印
兩國政府推進務實合作的基礎上，未來印度基礎設
施及本地製造等方面的潛在機會眾多。

作為南亞大國，印度保有自英殖民時期以來逐
步形成的較為完善的交通網絡。

鐵路：為最大國營部門，擁有世界第四大鐵路
網，總里程約 6.54 萬公里。

公路：發展較快，擁有世界第二大公路網，總
里程約 486.54 萬公里。

海運：擁有主要海港十二個，各港年吞吐量總
計超過六點五億噸，能力居世界第十八位，主要包
括孟買、加爾各答、金奈、科欽、果阿等。

空運：二〇一三年印度機場總乘客量已達到
1.59 億人次，國內航空市場總客戶量達到五千萬人
次，民航飛機已達近五百架，共有機場三百四十五
個，其中國際機場五個，分別位於德里、孟買、加
爾各答、金奈和特裡凡得琅，已成為全球第九大航
空市場。

但上述交通網絡的老舊不堪和能力瓶頸已經嚴
重制約了經濟發展。按照莫迪新政府提出的發展計

劃，印度未來將大力升級其公路、鐵路、電站等方面的公共基礎設施；改革勞動法律和稅收，簡化審批程序，吸引各界在印度投資設廠，擴大當地就業，以「Make in India」構建生產能力；通過打造百個「Smart City」，推動城市化進程，持續改善民生，並利用人口紅利拉動內需。新政策主要涉及二十五個行業，包括鐵路、港口、公路、航空、汽車、化工、製藥、紡織、信息技術、旅遊、再生能源、採礦以及電子產業等，投資總需求將超過 1 萬億美元。

其中，在鐵路方面，印度計劃未來建設總長約九千公里的鑽石四邊形高速鐵路網，包括新德里—孟買（線路長約 1200 公里）、孟買—金奈（線路長約 1100 公里）、金奈—加爾各答（線路長約 1400 公里）、新德里—加爾各答（線路長約 1400 公里），以及對角線的新德里—金奈（線路長約 1800 公里）、孟買—加爾各答（線路長約 1700 公里）。第十二個五年計劃中，將投資 956 億美元，按照中印雙方高層簽訂的計劃，中國公司將負責新德里—金奈線路的改造可研計劃。同時，新德里、阿格拉、昌迪加爾、坎普爾、齋浦爾、那格浦爾、果阿等部分區域間的高速鐵路網建設計劃也將同步開展。

中資企業的印度機會

中印均為世界主要新興經濟體且山水相依，彼此間的重要性不言而喻。在過去的十幾年裡，雙方交

流合作日益密切。從兩國貿易情況看，二〇一三年兩國貿易額達到六百五十四億美元，二〇一四年更是突破七百億美元，增幅超過 7%，增長十分迅速。

但從總量上看，中國在印度的投資額僅占印度接受外資總額的 0.2%，而印度在中國的投資額僅占中國外資總額的 0.05%。同時，雖然中印兩國具有經濟互補性和地緣優勢等有利因素，有著超過二十五億的消費者，但兩國經貿額相對於中國與歐盟的五千五百九十一億美元、與美國的五千二百一十億美元、與東盟的四千四百三十六億美元，都有著巨大的差距，甚至比巴西、南非等「遠鄰」也有一定差距。

這一差距，既來自於兩國間的貿易總量和結構失衡、各自經濟增長減速和結構調整等客觀性的因素，也是由於雙方在商業規則、法律制度、文化習俗等軟環境方面的差異，以及印方從自身角度出發提出的安全原因，和在貿易壁壘、公司註冊許可以及嚴格的簽證制度等方面設置的一些障礙。正是由於中印之間長期以來的微妙關係，中資企業在印度的發展並非一帆風順，落地生根發芽的過程艱難曲折，「一半是火焰一半是海水」，目前在印發展也大多停留在「看上去很美」的狀態。

自莫迪新政府上台後，其積極發展經濟的主張是對印度未來發展的最大促進，龐大的基礎設施投資計劃也成為中資企業富裕產能走出去的良好選擇。二〇一四年七月，習近平主席在巴西會見印度總理莫迪時提出「推進孟中印緬經濟走廊建設，引領區域經濟

一體化進程」的建議，得到了印方的積極回應。

在習主席訪印期間，雙方簽署了《經貿合作五年發展規劃》，中方將在印度建設兩個工業園區，參與印度鐵路建設，未來五年向印度投資兩百億美元，並將積極拓展在藥品、農產品、金融、民用核能、節能環保和清潔能源等領域的合作。在兩國高層確定發展基調後，中印邊界會談和外交高層對話的繼續有序展開，以及印方預計對包括中國在內的多國給予落地簽的安排，都使得廣大中資企業對兩國合作進入一個嶄新的階段有了良好預期，也對自身在印度的投資發展有了更多期待。

目前在印的中資企業主要集中在以下行業，其中比較大的有電力行業，包括上下游的電建、發電、輸電、配電、主機和一些配套設備與服務；還有就是建築承包企業，主要方向包括公路橋樑、港口碼頭等；其次是電信產業，龍頭企業是華為和中興，他們與本地電信運營商都有很好的合作。

對待未來頗具潛力的印度機會，中資企業要認清印度特殊的國家環境，秉承不急功近利、發展務求長遠的思路，用歷史的眼光把握發展戰略，不必過於悲觀，也不能盲目樂觀，求發展務必客觀。在業務開展實際中，應如中國駐印大使樂玉成先生所談到的那樣，始終堅持「三心」，即對未來發展要有信心、做好紮實工作要有恆心、對市場開拓要有耐心。在遵循優勢互補、互利共贏的原則下，做好市場調研和路徑選擇，既要抓住市場機會，也要了解政策法規和退出

機制，做好風險控制，才能更好地抓住「一帶一路」帶來的良好機遇，爭取更好更快的發展。

印度機會中的金融機會

「一帶一路」願景與行動文件中提出：資金融通是「一帶一路」建設的重要支撐。中印兩國同樣作為亞洲基礎設施投資銀行、金磚國家開發銀行的創始會員國，在「一帶一路」行動的大背景下，通過中國西進戰略與印度東向戰略的協調、孟中印緬經濟走廊建設的推進，以及雙方在上海合作組織和金磚國家框架內的合作，不僅可以實現兩國產業優勢和發展需求的結合，而且能夠帶動周邊國家和地區的共同發展，成為打造亞洲利益共同體和命運共同體的發動機。

中國工商銀行是較早涉足印度市場的中國商業銀行之一，在過去的幾年裡對印度市場的介入也是由淺入深，漸入佳境。繼完成印度電信領域九億美元貸款銀團籌組、電力領域六億美元項目融資後，二〇一一年九月，工商銀行國際化布局在印落子成功，工商銀行孟買分行作為中國大陸在印度開業的首家中資銀行正式開業運營。

開業以來，孟買分行積極建設核心服務能力，結合本地實際成功開辦存貸款、保函、國際結算、國際貿易融資等各類銀行業務，與在本地運營的大部分中資企業建立了業務關係，為中資企業開拓印度市場提供了積極支持。

同時，分行還不斷深入本地市場，與目標行業中的領先企業陸續達成業務合作，並成功安排了 Tata 鋼鐵集團、Tata 汽車集團、JSW 鋼鐵集團、Vedanta 集團等多家本地知名企業的境外銀團貸款，完成了印度國家航空公司八架波音 787 飛機近三億美元的搭橋融資，協助集團內工銀租賃與印度 IndiGo 航空公司簽署了總額二十六億美元、未來五年提供超過三十架飛機的融資租賃服務合作備忘錄。

工商銀行不僅具有雄厚的資本實力，而且為適應海外大型項目融資的需要，已專門在總行設立了專項融資部，在全球五十多個國家和地區成功實施了一大批各領域的基礎設施項目，具有豐富的專業經驗和較大的國際市場影響力。

在「一帶一路」戰略的引領下，工商銀行將憑藉全球聯動平台，以綜合化和專業化的雙重實力，加強與亞洲基礎設施投資銀行、絲路基金等組織和相關機構的合作，為印度電力、通信、鐵路、公路、港口等領域的建設提供更大的支持；同時，積極支持中印工業園的建設以及園區內企業的發展，增強在印企業的出口創匯能力，促進兩國間的貿易平衡；充分發揮工行在印分支機構的「中印經貿的金融橋樑」作用，促進兩國優勢產業的互補和有效整合，加強資金融通和信息流通，推動優質印度企業在中國資本市場上試水，幫助印度本地企業進一步拓寬融資渠道、增強籌資能力，實現合作共贏。

一次愉快的合作

薛克翹
（中國社會科學院研究員）

　　二〇一一年十月，我接受中國大百科全書出版社的委託，負責組織人力與印度專家合作編撰《中印文化交流百科全書》。這個項目是二〇一〇年十二月溫家寶總理與印度總理曼莫漢‧辛格聯合發表的《中華人民共和國和印度共和國聯合公報》確定的。我覺得這項任務既重大又艱巨，尤其要兩國專家合作，恐怕扯皮的事情不會少，心裡一直惴惴不安。

　　經過一年的準備，包括整理詞條、組織人力、分工、試寫樣條等，二〇一三年四月初，終於迎來了與印度專家在北京見面和研討的機會。這是中印專家第一次聯席會議，會議地點在北京的友誼賓館。印度來了四位專家，首席專家是尼赫魯大學的邵葆麗（Sabaree Mitra）教授，另外三人為德里大學的瑪妲玉（Madhavi Thampi）教授、貝拿勒斯印度教大學的卡馬爾‧希爾（Kamal Sheel）教授和印度國際大學的那濟世（Arttatrana Nayak）教授。四個人中有兩位是老相識、老朋友，這讓我對合作完成任務有了信心。

中國有句俗話：「兩座山不見面，兩個人會見面。」還真有道理。

我與卡馬爾·希爾先生相識於一九八八年一月。此前，我的恩師劉國楠先生在貝拿勒斯印度教大學講學期間，不幸於一九八九年十一月二十九日因心臟病突發病逝。一月份舉行葬禮，我當時在阿格拉進修印地語，接到消息，連夜動身趕過去參加葬禮，並協助師母處理後事。卡馬爾·希爾先生當時不滿三十八歲，是中文系主任，負責安排葬禮事宜並與我們溝通。在他的努力下，葬禮順利結束。同年，我曾與卡馬爾·希爾先生兩次通信，主要內容都是處理劉國楠老師的身後事宜。此後便再無聯繫。直到二〇〇五年夏天，我隨《走近釋迦牟尼》攝製組來到瓦臘納西，特地到卡馬爾·希爾先生家，一是為了採訪他的父親、印度老資格的社會活動家和對華友好人士 A·K·那拉因先生，二是為了和卡馬爾·希爾先生敘舊。回憶起一九八八年初次見面的情景，我們倆都感慨良多。當時，他曾多次到招待所看望我們，並商談葬禮安排。葬禮前一天傍晚，他陪同我們到市場購買骨灰盒的代用品。葬禮過程中，他帶我去喝茶以等待火化結束。葬禮後，又陪同我們乘船到恆河上撒骨灰。十八年過去了，我們倆也都變胖了，變老了。

二〇〇六年，第三屆玄奘國際研討會在成都召開，我再次與卡馬爾·希爾先生見面，並在峨眉山金頂合影留念。從此，我們就通過電子郵件頻繁地

交流信息和聯絡感情。二〇〇七年七月，我因撰寫
《中國印度文化交流史》一書向卡馬爾·希爾先生
請教，很快就得到了他的答覆。二〇一〇年八月，
卡馬爾·希爾先生發來電子郵件，說他下個月將陪
同貝拿勒斯印度教大學副校長來北京訪問，希望我
在他們開會之餘幫助安排幾次活動，我答應了。當
時我正在做印度密教方面的研究課題，也請他複印
一些有關資料帶來。九月，他如期來華，也為我帶
來了印度密教方面的寶貴資料，這令我感激不盡。
從多年的交往中，我了解到，卡馬爾·希爾先生是
一位樸實厚道的學者，能有機會與他合作編撰《中
印文化交流百科全書》是一件令人深感榮幸的事。
事實正是如此，在討論編纂原則以及雙方分工時，
他始終和善友好、文質彬彬，從不節外生枝。

　　我的另一位老熟人是邵葆麗教授。記得第一次
見她是在一九九五年，入冬後的一天傍晚，我隨北
大耿引曾老師去友誼賓館拜訪在華工作多年的印度
老專家沈納蘭先生，正好邵葆麗也在沈先生家做
客。當時她在北京大學歷史系進修，是一位天真活
潑的姑娘。一九九九年十月，我和同事劉建一起出
訪印度，曾到尼赫魯大學東亞系訪問，當時邵葆麗
女士已在尼赫魯大學任教。這兩次相見都比較匆
忙，只是留下了一個初步印象，沒有過多交談。二
〇〇〇年二月，我被文化部外聯局借調到中國駐印
度使館文化處工作。三月十日，在文化處舉辦的招
待會上，邵葆麗女士和尼赫魯大學的幾位老師一起

應邀出席。再次相見，大家都很高興，並合影留念。沒有想到，時隔十餘年，還有機會合作編纂百科全書。邵葆麗女士的中文很好，口語尤其見長，無論是討論問題還是開玩笑，都出口得體，不失分寸，反應機敏。

另外兩名印度學者雖然此前從未謀面，但由於他們都懂中文，都了解中國文化，因而有許多共同語言，相見即是相知。瑪妲玉教授是中印經濟關係史問題專家，對有關問題的研究相當深入。那濟世教授則對近現代中印間的人文交流非常熟悉，如數家珍。與他們合作、交流，使我受益匪淺。

艱巨的工作在進行中，有許多細節需要共同商討解決，也有許多心得需要交流切磋。為此，在一年半的時間裡，兩國學者召開了五次聯席會議，三次在中國，兩次在印度。會議通常要開兩到三天，會場上很熱鬧，也很融洽，中文、英文、印地文交替使用，古往今來，天上地下，海闊天空。

我們遇到的第一個問題是，雙方對於百科全書的理解不同。在我們看來，百科全書要盡量求全，讓讀者查有所得，因此事先列出了六千多個詞條。而印度專家則認為，所謂百科全書，是要反映相關領域的概貌，以主要人物和大事綱領全書，而不必事無鉅細一一羅列。因此，印方擬出的詞條僅四百餘個。考慮到時間緊、任務重，最後雙方折中，決定撰寫六百到八百條。

更有許多具體問題需要商討。例如，古代的大

翻譯家鳩摩羅什，其父為印度人，其母為龜茲人，他出生於龜茲，遊學於印度，成就於涼州，圓寂於長安。他是印度人還是中國人？按照中國古代的做法，標註一個人的裡氏，取其父系籍貫；而按照現代人的做法，則注重其出生地。經過爭論，最後折中，把他算作西域人，因為東晉時龜茲泛稱西域。類似的問題還有不少，雙方學者從學術的角度出發，既尊重歷史，又尊重民族感情，通過友好協商、各自讓步，作出合理處置。

經過雙方的努力，到二〇一四年六月中旬，《中印文化交流百科全書》終於定稿付梓。六月三十日，中國國家副主席李源潮和印度副總統安薩裡先生在北京人民大會堂共同為本書揭幕。至此，中印兩國學者合作的編纂任務圓滿完成。

從將近二〇〇〇年前的中國東漢初期開始，中印兩國的學者就開始合作翻譯佛經。到今天，兩國學者再度攜手，這既是一次繼往開來的合作，也是一件具有歷史意義的大事。合作的時間是有限的，也可以說是短暫的，但它留給我的回憶卻是永久的、愉快的。當然，人無完人，書無完書，儘管書中留下了一些缺憾，但它畢竟是中印兩國學者心血的結晶，是兩國人民友好的見證。

根植於兩國人民心中的友誼

鄭清典

（中國前駐印度使館公使銜參贊，

前駐孟加拉國、牙買加大使）

　　我曾有幸先後三次在中國駐印度大使館工作，前後長達十五年，同時也經歷了中印兩國關係從逐步恢復、改善，到步入健康穩定發展軌道的過程。十五年中，方方面面的感受頗多，但印象最深的還是兩國之間的傳統友誼，特別是根植於兩國人民心中的那份友好情誼。有一件我親身經歷的事，至今讓人難以忘懷。

　　事情發生在二〇〇四年四月十三日，上午九點多，一艘在馬來西亞註冊、名為「金浩九號」的貨輪因遭遇風暴，在印度東海岸孟加拉灣哈提亞港口東南約一百九十海里水域沉沒，在該船上工作的十七名中國籍外派船員全部落水，失事原因不明。在得到貨輪沉沒、船員落水的求救信息之後，印度哈提亞海岸警備隊隨即發出救援信號，要求附近船隻儘快前往出事地點，協助搜救出事貨輪和落水船員，並且還通知了位於首都新德里的中國駐印度大使館。

　　得知我船員遇險的消息後，國內高度重視，國務院總理溫家寶作出「全力搜救我船員」的重要指

示。根據中央和外交部的指示精神，中國駐印度大使華君鐸立即召開緊急會議，全館上下迅速展開全面營救工作。當天下午，我奉華大使指示與印度外交部東亞司負責人取得聯繫，請對方儘快核實情況、採取措施，全力搜救我失蹤船員。印方當即應允，並表示一定全力協助中國大使館採取救援行動。約半小時後，印方即答覆稱，經核實情況屬實，包括大副、二副在內的十七名中國船員全部落水，貨輪失事原因尚不清楚。隨後，在印方的大力配合和協助下，我和使館領事部主任霍玉平作為使館代表（當時我國尚未在加爾各答設總領館），乘飛機於當晚七點抵達加爾各答市，並直接乘車前往哈提亞港口。約二個多小時後，我們順利到達印度東部海岸警備隊司令部。警備隊司令等高官正焦急地等待我們。簡短寒暄後，對方便詳細地向我們介紹了有關情況，同時決定：當晚即刻啟動全面救援行動。於是，我與霍主任也立即與印方海岸警備隊一道投入救援行動之中。

非常值得慶幸的是，十三日中午時分，中國遠洋集團的「桐海」號正在出事海域附近執行運輸任務，他們得知消息後馬上請示國內，並在徵得同意後立即調整航行路線，火速趕往出事海域。印渡海岸警備隊不顧海上風浪，同時派出直升機、船隻等全力協助「桐海」號開展搜救。據當時「桐海」號反饋的消息，出事海域風高浪急，這種情況對「桐海」號雖無大礙，但對參加救援行動的印度直升機

和艦艇來說，卻是相當危險。在中印雙方的共同努力下，特別是在印海岸警備隊人員以及直升機和艦艇的指引下，經過一個多小時的努力，到當天下午三點多，已有八名中國落水船員獲救。此後，因附近海域沒有再發現落水船員，「桐海」號隨即離開。但令人感動的是，從十三日晚上到十四日早上，印渡海岸警備隊一直不懼風浪、不顧疲勞，連夜作戰，先後又救起四名落水中國船員。至此，從貨輪失事到十二名中國落水船員獲救，僅僅過去了二十一個小時左右。

經過一天一夜救援，印方人員顯然已經十分疲勞。但十四日上午八點，也就是大家剛剛吃過早餐，海岸警備隊司令再次召集雙方緊急會議。他強調，救援行動不能有任何耽誤，時間就是生命，早一分鐘也許就能多挽救一條生命，救援行動必須繼續下去。會議剛一結束，印方再次派出大量人員，並出動直升機、船隻等展開救援行動。到下午二點二十分左右，印渡海岸警備隊又傳來好消息：他們又先後救起三名中方落水船員。特別讓他們感到驚喜的是，最後一名船員是從一隻游弋在海面上的海龜背上救起的，並說這一海域的海龜先前也曾救起過當地的漁民，中國船員真是萬分幸運。印方還介紹說，這三名中國船員雖然已經在海上漂流了近三十個小時，但獲救時健康狀況良好，並且已經開始進食。且不說是否真有「海龜救人」的說法，但這足以表明印渡海岸警備隊在救起中國船員後極度興

奮的心情，以及對獲救中國船員發自內心的祝賀。更讓人感動的是，哈提亞海岸警備隊司令瓦德亞還親自打電話向我表示，現在已經有十五名中方船員獲救，對此印方感到十分高興和欣慰。海岸警備隊將全力以赴，繼續搜救剩下的兩名落水失蹤中國船員。他還強調，拯救海上遇難船員是他們的神聖職責，能夠拯救中國兄弟更是他們一生中最大的榮幸。

雖然另外兩名失蹤的中國船員最終未能找到，但上述三十多個小時的搜救過程充分表明了印度哈提亞海岸警備隊不僅是一支訓練有素的隊伍，更是一支具有高度責任感的隊伍。在隨後的十五、十六兩日，在印方當地政府和海岸警備隊的精心安排下，獲救的十五名中國船員分三批先後安全上岸，並進行了初步體檢。十七日，印渡海岸警備隊還專門作出安排，並派人陪同中國船員到加爾各答市內醫療條件較好的醫院進行詳細體檢。最後，他們將全體中國船員平安送上歸國的飛機。離別那一刻，看到中印雙方人員緊握雙手，熱淚盈眶，久久不願離別的情景，大家都十分感動。

還須提及的是，獲救後的中國船員曾十分動情地多次談到，在短短的一個星期內，在從異國他鄉落水遇險、安全獲救，直至與中印兩國救援人員的朝夕相處中，他們有一個「想不到」和一個「意外」。

「想不到」的是，他們作為普通的國內外派船

員，在遠離祖國的異鄉海上遇險，祖國對他們是如此重視和關心。更讓他們感動的是，溫家寶總理在百忙之中還親自指示使館，配合印方全力搜救；中國駐印度大使館的工作人員是那麼和藹可親、廢寢忘食，給他們悉心照顧，努力維護他們的合法權益。所有這些，使他們從心底感受到：危難時刻，祖國永遠是他們的堅強後盾。

「意外」的是，全體印方人員對中國船員如此友好和熱情。以往他們所知道的，只是一九六二年兩國之間的那場邊界衝突，並且一直覺得印度是那麼的遙遠，印度人又是那麼的生疏。獲救之初，他們甚至擔心因證件丟失會受到印度警方的扣留和刁難，但結果令他們感到「意外」。印渡海岸警備隊和地方政府官員不僅從未為難他們，相反一直竭盡全力地援救他們，並且處處給他們以熱情周到的關心、照顧和接待，就像是對待親兄弟一樣。

事情的過程也的確如此。僅僅幾天時間，在「想不到」和「意外」的背後，他們所經歷的，就是一個個連接哈提亞港口與新德里中國大使館的熱線電話，就是一個個步履匆匆的疲憊身影，就是一雙雙通宵達旦工作後焦急而凝重的眼眸。這其中所體現的，也正是那根植於中印兩國人民之間的、永遠讓人難以忘懷的深厚情誼。事情雖然已經過去十多年了，但每當憶及當時的情景，都彷彿就在眼前。

毛澤東曾經說過：「印度民族是偉大的民族，

印度人民是很好的人民。中國和印度這兩個民族和兩國人民之間的友誼，幾千年是很友好的。」在中國和印度二千二百多年的友好交往歷史中，雖然經歷了這樣或那樣的曲折，但誰都不會忘記曾出現過的三個高潮期。一是遠在古代，中印兩個偉大的文明古國即以佛教為載體，開始了歷史性的交往。中國高僧法顯和玄奘曾先後到佛教誕生地──印度取經，並把佛教經典帶回中國。「佛學東漸」不僅深度融合了兩國文明，而且逐漸形成了整個東方文明對世界、宇宙、生死等人類基本思想和觀念的共同認識。二是在二十世紀前半葉，兩國人民在爭取民族獨立和解放的鬥爭中一直相互同情、相互支持，結下了深厚的友誼。在中國抗日戰爭最艱苦的時刻，印度援華醫療隊遠渡重洋，投身中國人民的救亡事業，柯棣華醫生還為此獻出了自己的生命。三是在兩國相繼獨立和解放初期，兩個新興國家之間

鄭清典公使銜參贊與
印度前總統納拉亞南

曾經有過十分密切的交往。一九五〇年兩國建立外交關係，印度成為第一個同中國建交的非社會主義國家。一九五四年，兩國總理實現互訪，兩國領導人共同倡導了著名的和平共處五項原則，為維護亞洲和世界和平作出了不可磨滅的貢獻。

今天，兩國新一代領導人正在努力構建面向和平與繁榮的中印戰略合作夥伴關係。毫無疑問，中印作為當今世界上兩個最大的發展中國家，不僅面臨著共同發展的歷史重任，也承擔著維護世界和平的共同責任和義務。兩國人口加起來有二十六億還多，中國和印度用一個聲音說話，全世界都會認真傾聽；兩國攜手合作，全世界都會加倍關注。我相信，兩國人民之間的傳統友誼必將不斷得到傳承，一個嶄新的兩國關係的高潮已經來臨。

記憶 篇

和柯棣華弟弟妹妹交朋友

袁南生

（中國外交學院黨委書記、教授，曾任中國駐
印度孟買總領事）

二〇〇二年至二〇〇四年，我出任中國駐印度
孟買總領事。孟買是印度的經濟中心，當地人喜歡
拿孟買與上海相比，把孟買說成是印度的上海。在
印度工作的兩年多時間裡，我親身感受到了印度人

二〇〇二年，在孟買
舉行的紀念柯棣華大
夫逝世六十週年大會。

民對中國人民的友好，交了許多印度朋友，特別是與柯棣華大夫的弟妹交上了朋友。

　　很小就聽到印度偉大的國際主義戰士柯棣華大夫的名字，他與加拿大偉大的國際主義戰士白求恩大夫有著驚人的相似之處：都不遠萬里來到中國幫助中國人民抗戰；都為中國人民的抗日戰爭獻出了自己寶貴的生命；都受到了毛澤東的高度讚揚；都為中國人民和他們自己祖國的人民所永遠懷念。柯棣華原名柯棣尼斯，一九一〇年出生於印度孟買省紹拉普爾鎮（今馬哈拉施特拉邦紹拉普爾市），一九三八年隨印度援華醫療隊來華支援中國抗戰。次年二月十二日，柯棣華一行到達延安，受到延安軍民的熱烈歡迎，毛澤東親切會見了他們。後來，他擔任八路軍軍醫院外科主治醫生，曾與愛德華、巴蘇華一起為周恩來診治受傷的手臂。白求恩醫生逝世後，柯棣華任晉察冀邊區白求恩國際和平醫院院長。在中國人民最困難的日子裡，他踏遍晉察冀根

據地的山山水水，行程上萬公里，救治傷病員無數，並為培養我軍醫務人員做了大量工作，終因積勞成疾，於一九四二年十二月九日病逝於抗日前線，年僅三十二歲。此時，離他加入中國共產黨僅五個月。毛澤東、周恩來、朱德、鄧小平、宋慶齡、葉劍英、聶榮臻等領導人曾先後為他題詞或發表專文。我從未料到我會有機會到柯棣華大夫的故鄉孟買工作，更沒有想到我會和柯棣華大夫的弟弟和四個妹妹以及其他親屬交上朋友。

柯棣華姐妹讓我看了毛澤東的題詞真跡

柯棣華大夫有三個妹妹住在孟買：柯二妹莉賽爾是家庭主婦，柯三妹馬諾拉瑪曾任聯合國兒童基金會研究員，柯五妹瓦特薩拉曾到中國學習針灸，是針灸大夫。柯二妹婚後無後，目前與終生未婚的柯三妹、五妹住在一起。我一到任，就立即與柯氏三姐妹聯繫，她們對我出任駐孟買總領事表示祝賀和歡迎，並熱情邀請我到她們家裡做客。她們家住孟買市普羅克特路莫德爾公寓二樓第八號，這是一棟在普通住宅區裡的一座不起眼的樓房，樓為磚木結構，怕有上百年歷史了，相當陳舊。我和妻子以及中國總領事館的一些同志一同前往，到達時，柯五妹瓦特薩拉在樓下接我們。走進家門，掛在牆中央的柯棣華遺像躍入我的眼簾。柯當年拍此照時不到三十歲，身著西裝，風華正茂，然而，此時與我

柯棣華大夫故鄉紹拉普爾市建立了柯棣華大夫鐵路紀念醫院，袁南生總領事應邀出席儀式。

一一握手的他的妹妹們，一個八十四歲，一個八十歲，最小的也已七十四歲。要是柯棣華大夫健在，那年已是九十二歲，他離開她們整整六十年了。歲月的滄桑在老人們的臉上留下明顯的痕跡，此時，我心中忽然泛起一陣激動，這些都是柯棣華大夫的親妹妹啊！她們的二哥柯棣華大夫曾經在這裡和她們一起生活，就是從這裡告別親人走向了中國的抗日戰場，並一去不復返，長眠在了中國的大地上。如今她們都已老態龍鍾，風燭殘年，生活明顯不富裕，家裡除了一台小電視，其他一切均與現代化無緣。但是很容易看出，她們為二哥柯棣華大夫而自豪，為中印關係不斷改善而欣慰。

四次訪問過中國的柯三妹告訴我：柯棣華是一九三八年九月一日午夜乘「拉吉普塔納」號郵輪，和組成印度援華醫療隊的其他四人一起離開孟買的。就在不久前，已經取得了外科醫學學士學位的

柯棣華，還滿懷信心地準備考取更高的學位和取得英國皇家外科醫學會會員的資格。在家鄉頗有威望的父親也為他準備好了從醫的診所和醫療器械。可就在這時，抗日的烽火在中國燃起，印度國大黨為支援中國的抗日戰爭，組建了援華醫療隊。柯棣華經過反覆申請，終於成為援華醫療隊的一員。柯氏三姐妹高興地告訴我，葉劍英、王炳南等中國老一輩無產階級革命家曾經來到她們家看望，周恩來、朱德、聶榮臻等領導人曾接見過柯棣華親屬，李鵬、朱鎔基等領導人訪問印度期間看望了她們。她們把有關的影集拿出來，一張一張指給我們看。言談之中，充分顯示了她們對中國人民的友情，對毛澤東、周恩來等我國領導人的崇敬，對已犧牲了六十年的二哥的懷念。說到興奮之時，柯三妹拿出一個捲軸給我們看，這是毛澤東當年為柯棣華大夫犧牲所作的題詞。我們小心翼翼地把捲軸打開，毛澤東剛勁有力、瀟灑自如的題字展現在眼前：

印度友人柯棣華大夫遠道來華，援助抗日，在延安華北工作五年之久，醫治傷員，積勞病逝，全軍失一臂助，民族失一友人。柯棣華大夫的國際主義精神，是我們永遠不應該忘記的。

這是我第一次看到毛澤東題詞真跡原件。毛澤東題詞題在一張約半米寬、一米長的宣紙上，已按中國書畫傳統的裝裱方式裝裱好。「這是在印度裝裱的嗎？」我問道。「不，是在中國裝裱的。五十年代，當時任中國人民對外友好協會會長的王炳南

來孟買訪問期間，到我們家來做客。他看到毛澤東題詞原件後，發現沒有裝裱，擔心會影響長久保存，主動提出帶回北京裝裱後再送回來。當時我們很猶豫，擔心他帶回後把原件留下，另給我們一件複製品。王炳南看出了我們的心思，承諾儘早裝裱好後原物送還給我們。他說到做到了。」在老人的眼裡，毛澤東的題詞是她們家的鎮宅之寶、傳家之寶。她們還驕傲地告訴我，李鵬等中國領導人接見柯棣華親屬時，都看過毛澤東的這幅題詞真跡。

此後，我和柯氏三姐妹經常見面，並形成了一些交往的「規則」：每年印度的傳統佳節「迪瓦裡節」，我會登門「拜年」，她們也會準備一些印度糕點托我帶給中國總領事館的館員品嚐；每年新年到來時，我們會互送新年賀卡；每年年底，我會請柯氏親屬吃飯；一些重要活動，例如一年一度的中國國慶招待會，我會邀請他們參加，並派車接送；

有新的英文版的關於中國的書刊雜誌，我會送給她們閱覽。柯棣華大夫在中國抗日期間與八路軍女戰士郭慶蘭結婚，郭老也已年近九十，老人們常常惦記她們這位中國嫂嫂的情況，我注意經常與她們溝通這方面的信息；遇到中國發生 SARS、禽流感等大的事情時，她們總是關切地向我詢問，我注意及時通報有關情況。為了使她們能多了解一些中國的情況，我代表總領館送給她們一台中國收音機，她們高興得當場打開收聽。

和柯氏親屬一起紀念柯棣華

十二月九日，一個在中印兩國人民友好交往史上不應被忘記的日子。一九四二年的這一天，年輕的柯棣華大夫的心臟在中國人民抗日戰爭的戰場上停止了跳動。六十年後的同一天，中國駐孟買總領事館組織召開了柯棣華大夫逝世六十週年紀念大會，懷念柯棣華的人們再次聚集在金色夕陽沐浴下的孟買泰姬飯店，共同緬懷他為中國人民的反法西斯事業和促進印中友好作出的傑出貢獻，暢談繼承柯棣華的未竟事業，在新世紀不斷將中印兩國關係推向發展的前景。柯棣華大夫的十四位親屬到會，遠在古吉拉特邦的柯四妹蘇蕾克哈及其子女也趕來了。

紀念大會會場布置得簡樸莊重。主席台左邊懸掛著毛澤東當年為紀念柯棣華逝世親手書寫的輓詞真跡，右邊懸掛毛澤東題詞英文譯文大幅屏幛。主

袁南生總領事（前排左2）在柯棣華故鄉紀念塑像前留影。他身後是積極推動印中友好的印共（馬）紹拉普爾市委書記、議員貢恰爾。

席台前右側擺放著柯棣華大夫的大幅標準照，會場周圍擺放著上百幅反映柯棣華大夫生平的大幅珍貴歷史照片，這些照片是總領館為這次紀念活動特意洗印的。前來參加紀念會的二百多名印度朋友中既有兩鬢斑白的老者，也有英氣勃發的青年和稚氣未脫的孩子。

當柯家姐妹聽說有多名中國記者專程從首都新德里來孟買報導這次紀念會時，問道：「現在中國還有多少人知道柯棣華？」我們告訴她們，柯棣華的事蹟已經寫入教科書，在中國，凡是唸過書的人都知道柯棣華大夫。老人們聽後，臉上露出欣慰的笑容。我還特意告訴她們，就在同一天，總領事館還派出了商務參贊等官員特意到柯棣華的家鄉──紹拉普爾，參加了當地政府和印度共產黨中央正在舉行的各種紀念活動。聽說不僅駐孟買中國總領館在舉行紀念大會，北京也在同時舉行有關紀念活

動，柯氏親屬和印度朋友紛紛為中國人民沒有忘記柯棣華而由衷地高興。

　　紀念大會在中印兩國國歌聲中開始後，我和柯棣華親屬等依次向柯棣華遺像敬獻鮮花花環。柯三妹馬諾拉瑪、印中協會主席巴夫納、印中友好協會秘書長兼馬邦分會主席費爾南德斯、印中工商會秘書長拉馬恰恩德拉、孟買市第一公民桑特蘭姆等先後致辭。當我說到柯棣華大夫是中印友誼的象徵，中國人民永遠不會忘記這位偉大的印度友人時，柯氏親屬帶頭熱烈鼓掌。我講完後，坐在我左邊的柯三妹緊緊握著我的手，連聲說謝謝。

　　除了召開紀念大會以外，我們還舉行了其他形式的紀念活動。紀念活動的消息在中國中央電視台

袁南生總領事和柯棣華大夫的四個妹妹及部分其他親人在一起。

多次播出後，我沒有忘記及時告訴柯的親屬，他們聽了十分欣慰。

到柯棣華弟弟家做客

柯棣華的弟弟維賽爾當時已八十四歲高齡，他和夫人在浦那居住。從孟買乘汽車到浦那約三個小時。此前一年，我邀請他們出席在孟買舉行的中國國慶招待會，他給我寫來一信，說因路途遙遠不能出席，表示謝意和歉意。信是老先生手寫的，那道勁流暢的英文書法給我留下了深刻印象。如今，計算機打印的材料漫天都是，看到一份手寫的材料實在不易。因此，我把老先生的來信視為至寶，予以珍藏。

二○○四年二月二十七日，我和夫人以及商務參贊、政治文化事務領事等專程前往浦那，定於二十八日上午看訪柯棣華弟弟全家。老先生一家聽說我們在二十七日下午將出席印中友協馬邦分會舉辦的中國圖片展和「如何與中國做生意」研討會，欣然前來，主動參加。下午二點多，我們到達研討會現場時，老先生一家已在貴賓室等候我們。當我第一眼看到老先生時，我的心突然一動：老先生的面容與我們熟悉的柯棣華大夫的頭像是多麼相似呀。我把我的這一感覺告訴老先生後，他笑得很甜，說他訪問中國時，許多中國人，特別是和柯棣華大夫一起戰鬥過的老戰士們都這麼說。我們走進會場

袁南生總領事在浦那市柯棣華弟弟家做客，與柯棣華弟弟夫婦及他們的外孫合影。

前，印度小姐按照印度傳統習俗，為老先生夫婦和我等點紅，佩帶花環，以示歡迎和祝福，走進會場時，全場掌聲雷動。我從這掌聲中實實在在感受到了印度人民對柯棣華大夫的深切懷念、對柯棣華親屬的崇高敬意和對中印關係更上一層樓的殷切期待。研討會結束後，老先生一家和我們稍微休息了一下，又一起出席了中國圖片展開幕式。我邀請老先生和專程出席圖片展開幕式的馬邦住房和城市建設國務部長、浦那市市長等一起點燈。這是印度類似於剪綵的一種正式儀式。參觀展覽時，老先生貪婪地搜尋他熟悉的中國圖像和畫面。當看到天安門、長城等他熟悉的地方的圖片，老人臉上露出欣喜的目光。晚上，我邀請老先生全家共進晚餐，我們一邊品嚐中餐，一邊談到印度的服飾。我告訴老先生夫婦和其他嘉賓，到印度後，我夫人做了一套印度紗麗，漂亮極了，我們打算再做一套印度旁遮

比女裝。老先生的弟媳眼睛一亮，問道：「喜歡什麼顏色？」我夫人回答：「粉紅色。」

第二天上午，我們應約到柯棣華弟弟家做客。他的兒子早已在樓下等我們。四年前，他們花四十多萬盧比（約合 8 萬人民幣）買下了位於二樓的這套八十平方米的住宅。這是一個新的住宅區，清潔安靜。柯小弟夫人為我們開門。屋內整齊乾淨，牆上掛滿了中國的繪畫和剪紙，櫃上、桌上擺了不少中國工藝美術作品。我們一進屋，柯小弟夫人就對我們說，柯先生出去有點事，幾分鐘就回來。

不一會兒，柯先生回來了，他手中拿著一束鮮花，還提著一個橘紅色的袋子。原來，他是特意出去為我買花去了。柯拿出影集，讓我們看他兩次訪問中國的照片。那略顯陳舊、發黃的黑白老照片中，我們看到了不少老一輩無產階級革命家接見柯小弟夫婦的留影，有葉帥，有聶帥，有楊成武將軍，有黃華副總理，等等；還有他們夫婦兩次訪華參加紀念柯棣華大夫活動的照片。當然，老兩口也忘不了把他們的家庭影集拿出來請我們欣賞。

接著，老兩口擺好桌子，拿出印度傳統的糕點小吃請我們品嚐。我們同去的五人，加上他家三口，圍著桌子，一邊吃著點心水果，一邊喝著飲料，海闊天空地侃起來。臨別時，我們向老兩口贈送了禮品，老先生鄭重其事地向我獻花，大家一起合影留念。臨出門時，柯小弟夫人拿出一套印度旁遮比女裝──粉紅色的，送給我夫人。一看裝衣服

的袋子是橘紅色的，我們頓時明白了，原來昨晚柯小弟夫人詳細問我妻子喜歡什麼顏色時，就已打定了為我妻子買一套旁遮比女裝的主意。頭天晚上宴會結束時已是十點半，商店已經關門。所以，老先生今天一大早就出門，一是買女裝，二是買鮮花，那個橘紅色袋子裡裝的就是那套旁遮比女裝。印度商店是上午十點開門，我們是十點過一點點到他們家，於是便出現了我們到他們家十分鐘後，老先生才風風火火趕回家那一幕。當然，在聊天時，我也特別注意了解老兩口喜歡什麼中國貨，他們說，他們喜歡喝中國的茉莉花茶，有興趣學學中國的太極拳。臨別時，我說我會很快將茉莉花茶和學太極拳的音像資料轉給他。並說，如他們到孟買，一定告訴我。老先生夫婦會心地點頭答應。

印度援華醫療隊

——中印關係史上一段動人的佳話

陳永成

（中國前駐密克羅尼西亞聯邦大使）

二十世紀三〇年代，世界處於反殖民主義和反法西斯時期，印度人民掙扎於殖民主義的統治之下，中國人民則慘遭日本法西斯的野蠻侵略和屠殺。中印兩國人民相互同情和支持，爭取民族獨立。代表印度政府和人民來中國抗日前線救死扶傷的「印度援華醫療隊」的五位大夫，中國人民永誌不忘。其中柯棣華大夫不幸積勞成疾，獻出了年輕的生命，尤為動人心弦。

周恩來總理生前親自關懷，要籌建「柯棣華紀念館」。一九七六年十二月九日，柯棣華同志逝世三十四週年紀念日，柯棣華紀念館在柯棣華大夫當年擔任首任院長的「白求恩國際和平醫院」原址揭幕。全印柯棣華大夫紀念委員會主席、柯棣華的戰友、中國人民的老朋友巴蘇華大夫和柯棣華大夫的親屬都專程趕來參加。他們望著那寬敞明亮的展覽館裡陳列的展品，情不自禁地稱讚：「你們是珍惜友誼的！」

我當時在中國駐印度大使館工作，巴蘇華大夫

為出席這次意義重大的開幕儀式來使館辦理簽證手續時，我有幸參加接待，同他交談。我少年時，家鄉是抗日根據地，有機會經常同八路軍戰士接觸。這時坐在我身旁的巴蘇華大夫，高高的個頭、黝黑的面孔，能說些中文，他的言談舉止，真的就是一位八路軍戰士。這使我感到親切和敬仰。從此，我就開始關注印度援華醫療隊這樁美事。本文所寫的就是我所知道的事實。

印度國大黨組織援華醫療隊

一九三七年七月日本發動全面侵華戰爭後，印度國大黨積極聲援並以實際行動支持中國人民的抗日戰爭。在國大黨主席尼赫魯的號召下，印度全國在一九三七年九月三十日至一九三八年一月九日期間多次舉行聲援中國抗日的「中國日」活動，包括集會遊行、發布宣言、捐款獻藥、抵制日貨、不為日本運輸和生產戰爭物資，等等。

尼赫魯在一次「中國日」活動上對民眾發表演講說：「中國人民自古以來就與印度有著千絲萬縷的友好聯繫，我們要像同志一樣向他們伸出援助之手。對他們的危難和痛苦，我們感同身受。未來的命運把我們緊緊地聯繫在一起，我們要與他們榮辱與共。」他還發表了一系列文章，支持中國的抗日戰爭。

一九三七年十一月，在宋慶齡的建議之下，中

國共產黨領導人毛澤東以八路軍總司令朱德的名義致函尼赫魯，在對印度人民聲援中國人民的抗日鬥爭表示感謝的同時，請求印度給八路軍醫療方面的援助。十二月二十日，尼赫魯接到這封信之後立即發表聲明，讚揚朱德率領紅軍長征為「軍事歷史上的傑出事蹟」，並主持召開國大黨第五十三次會議，通過派遣醫療隊援助中國抗日的決議。

組織援華醫療隊，需要一名有戰地經驗的醫生帶隊。尼赫魯看上了當時還在西班牙戰場上的妻弟愛德醫生。一九三八年七月，尼赫魯訪問英國，把自己的妻弟愛德醫生從西班牙「國際縱隊」調回，委託他率領國大黨援華醫療隊來華。

愛德醫生回國後，在國大黨的支持下，籌組援華醫療隊。他的呼籲立即得到各界人士的響應，隨即成立了一個專門委員會，負責募集資金和挑選人員。委員會明文規定：醫療隊要從全印度選拔五名優秀醫生，且必須具備足夠的外科經驗。委員會的規定出台後，隨即就有七百多名醫生提出申請。

最終，委員會選定了五位大夫：愛德任隊長，副隊長是卓克，其他三位是巴蘇、木克和柯棣。

一九三八年八月底，五位成員從各地趕到孟買集合。八月三十一日，居住在孟買的華僑在吉馬哈爾飯店舉行宴會為他們餞行。當天晚上，國大黨孟買委員會和當地的勞工組織在真納大廳召集盛大的群眾集會歡送他們。會議主席在講話中稱醫療隊員們為「無任命駐華大使——人民大使」時，全場站

立起來，報以熱烈的掌聲。大學生跑到主席台上，把醫療隊包圍起來致敬，將醫療隊裡最年輕的柯棣和巴蘇稱為他們的光榮代表。有一批紡織工人徒步五公里趕來參加大會，以表達他們堅決支持中國人民抗日鬥爭的真情實意。他們長長的隊伍，舉著紅旗，唱著愛國歌曲，高呼「印中人民是兄弟」的口號，全場都隨著他們口號的節奏鼓掌、歡呼……

九月一日，印度援華醫療隊帶著印度人民的情誼，攜帶五十四箱藥品、一些醫療器械、一架輕便X 光透視機、一輛防彈救護車和一輛卡車，自孟買乘坐英國郵輪「拉吉普塔納」號奔赴中國。

在輪船上，隊員們激動不已。柯棣打開《西行漫記》，在書裡他認識了毛澤東、周恩來、朱德這些革命家，發現了「長征」「根據地」這些新名詞，尤其是中國共產黨領導的這場革命使他產生了新的希望。他想中國和印度多麼相似呀，這兩個國家就是一對孿生姊妹。他期望這種革命也能在印度發生。

醫療隊裡的巴蘇是一位印度共產黨黨員。他同柯棣一樣，都認為「今後歲月裡的每一天都是我們生活史上的新篇章，因為我們所獻身的事業是關係到全人類的事業」。他拿出朋友贈送給他的一個筆記本，要把離開祖國海岸後的每一刻都記錄下來。

印度醫療隊初到中國

經過半個多月的海上航行，醫療隊於一九三八

年九月十七日下午抵達廣州。時任「保衛中國同盟」主席的宋慶齡親自帶領各機關團體代表和印籍僑民等二千餘人到碼頭迎接。宋慶齡、何香凝等人到碼頭登上「拉吉普塔納」號英國郵輪，對醫療隊來華服務的熱情和精神表示欽佩和感激。這給隊員們留下了深刻的記憶。醫療隊成員看到，宋慶齡「很年輕，風度迷人，講一口漂亮的英語」，而且「衣著樸素，絲毫沒有中華民國國父夫人的架子」。

次日是「九一八事變」七週年紀念日，醫療隊在廣州瞻仰了中山紀念堂、黃花崗七十二烈士墓和十九路軍抗日陣亡將士墓，並獻了花圈。

當晚七時，廣州市民不畏日機轟炸，舉行抗日火炬遊行。宋慶齡也行進在群眾的遊行隊伍之中。這壯觀的場面給醫療隊留下了深刻的印象。巴蘇大夫當即向宋慶齡談起醫療隊打算去共產黨領導的八路軍中去工作。宋慶齡聽了很高興，說醫療隊可以在長沙或漢口由史沫特萊安排會見周恩來，向他提出到延安去。

按當時的慣例，凡是前來援華的外國朋友先要向當政的國民黨政府報導。醫療隊在廣州活動了六天，又乘車北上，經長沙來到當時國民黨的大本營武漢。在這些地方生活了半個月，他們對那些繁文縟節不太適應，覺得宴會都是花天酒地。他們急於為中國的抗戰事業盡力，幾經申請，才被分配了工作。

柯棣在軍醫院工作時，遇到一件令人難以置信

的事。他們用一種藥物進行治療，一個療程之後，病人不僅未好轉，病情反而加重。他困惑不解，因為不久前他在印度用過這種藥，療效很好。在這裡為什麼就無效了呢？他安排化驗，結果證明是有人用蒸餾水之類的液體將原藥換走了。他立即向醫院上司報告，答覆卻是：「這早已不是祕密。上下串通，層層剝皮，國際援華的藥品有相當一部分轉到黑市上去了。武漢還算好呢，你到重慶看看，多的是。」

半個多月內，碰到的各種無法無天的怪事令柯棣十分憤慨，他對巴蘇說：「假如我們要和這些人一起工作，那我們失敗是肯定的。」巴蘇安撫他說：「別著急，事情馬上就會好起來。」

巴蘇如此樂觀是有根據的。宋慶齡在廣州就告訴巴蘇，到武漢以後就可以同共產黨取得聯繫。

這一天終於到來了。九月三十日晚上，董必武、葉劍英在四川飯店舉行宴會，歡迎印度援華醫療隊。

柯棣想親眼看看共產黨人是否同《西行漫記》中描述的一樣。宴會開始，擺在他們面前的菜餚就像家常便飯，宴會期間沒有舞會，當然也沒有小姐作陪，音樂是有的，那就是大家合唱中外革命歌曲，更重要的是，主人的情操和風格迥然不同。當他們離開飯店時，五人都為這次會見所感動。巴蘇在當天的日記中寫道：「……啊！我怎能描寫出我們所有參加晚餐的人的興奮心情呢？……我們渴望

與朱德總司令和毛澤東同志指揮下的在陝西前線與日本人英勇鬥爭的八路軍在一起。」

十月七日下午，他們終於有機會見到周恩來副主席。周副主席的智慧、人格和風采深深地打動了他們。隊長愛德直接表達了要到八路軍去工作的願望。周副主席親切地說：「謝謝你們，八路軍、新四軍確實很困難，很需要你們的幫助。前不久，加拿大的白求恩大夫率領的醫療隊已經到那裡去了，在前線做出了出色的成績。我們歡迎你們到八路軍、新四軍裡去工作。不過我們研究了一下，你們是不是先在國民黨統治區工作一段時間？」

這出乎隊員們的意料，他們禁不住反問：「為什麼？」

周副主席說：「考慮到統一戰線政策，這樣做可能對你們更合適一些。」

可是，到十月底，國民黨政府就先後放棄了廣州和武漢，印度醫療隊也被撤到宜昌。日軍近在咫

一九三八年十月，中共和八路軍代表與印度援華醫療隊在八路軍武漢辦事處屋頂花園合影。後排左起：李克農、葉劍英、羅瑞卿、凱豐；前排左 2 為柯棣華，左 3 為愛德華。（供圖：FOTOE）

尺，國民黨軍隊望風而逃，沒有戰鬥就沒有傷員。醫療隊員們不僅要忍受日軍空襲的騷擾，無所事事的煩惱也折磨著他們。最終，他們決定正式向國民黨提出去延安的請求，可是等了八天也沒有下文。巴蘇在日記中這樣寫道：「我們在這個乏味的城市和庸俗的官員中的地位已經有些微妙了。」

事實確實如此。這時，醫療隊又撤到國民政府的「陪都」重慶。除了衛生總署的一名官員例行性地拜訪過他們一次，其他官員見了他們都是躲躲閃閃的。這是一種警告。過了十七天，他們忍無可忍，全體隊員到衛生總署再次提出去延安的要求。衛生署長滿口答應安排他們的延安之行，但又不同八路軍辦事處聯繫。最後，醫療隊要求衛生總署必須派人同醫療隊一起去八路軍辦事處。

在八路軍辦事處，董必武同志接待他們時說，已經了解他們目前的處境，他們已經在國民黨統治區工作了一段時間，現在完全有理由到八路軍去工作。最後，董必武同志還提醒他們，一定要衛生署長給辦理一張軍事安全通行證。

就在這天晚上，一份請柬送來了，國民黨核心人物戴季陶請他們第二天共進早餐。戴季陶企圖用佛學的「真諦」規勸這些來自佛教之國的青年人。這招無效，他又談社會制度問題，對此，隊長愛德直言不諱地說出自己的看法。雙方你來我往好幾個回合，戴季陶沒想到這幾個年輕人敢於頂撞他。他狠狠地瞪了他們一眼，悻悻然地說：「苦海無邊，

回頭是岸，諸君自己冷靜地想想吧！」

這次見面就是這樣不歡而散。

這一切反而堅定了這些年輕人去延安的決心。就在當天下午，為了表達他們援華的決心，隊員們決定在各自的姓氏後面加上一個「華」字，這樣一來他們的稱呼就是：愛德華、卓克華、柯棣華、巴蘇華和木克華。

奔赴革命聖地

一九三九年一月二十二日，印度援華醫療隊終於踏上了奔赴延安的道路。坐在救護車上，五位年輕人激動不已，放聲朗誦泰戈爾的詩句：

一聲歡呼拉斷了奴隸腳下的鐵鎖、繩韁，

腰間的寶劍，也彷彿在歡樂裡跳蕩。

就在從重慶出發的頭天晚上，柯棣華接到一封家信，告訴他父親去世了。母親難以承受這一打擊，全家人都希望柯棣能回家一趟，安慰母親和料理父親的後事。

柯棣華的父親是在負債過多而無力償還的壓力下突然離開人世的。當孩子們一個個從大學、中專畢業後，積累的債務已令他不堪承受。他曾指望行醫的柯棣幫他一把。可是當柯棣決定援華時，他沒有猶豫，支持兒子的選擇。

柯棣華手中的家信被淚水浸透了，他正面臨兩個問題：一是不能影響同事們的情緒，二是要說服

家人理解他為何不能回家盡孝。因此，在登上去延
安的車時，他同夥伴們都放聲歡呼。當大家獲知這
條不幸的消息時，都勸他回印度一趟。他的回答
是：「父親是如此尊重我所從事的事業，甚至為之
作出了最後的犧牲。我除了為這個事業獻身之外，
沒有其他的道路可走。」

　　他給兄妹們寫了一封信。在信中他說：「忍受
這個噩耗對我並不困難。」為了說明他不忍心置身
於中國人民遭受的苦難之外，他舉例說：「這座城
市昨天遭到第一次轟炸，死亡五十餘人。我目睹男
人、女人以及無辜嬰兒的屍體被從瓦礫堆中拉出
來。他們有何過錯竟要遭到慘死呢？」他表示：
「在我未能履行我向國大黨提出的至少要在中國工

作一年的承諾之前，我不能回國。」最後他囑咐兄妹們：「請你們儘力安慰受打擊最慘的媽媽。」這封信發走以後，他就再也沒提起父親去世的事。

經過二十天的長途跋涉，醫療隊到達陝甘寧邊區。在這裡，他們完全被人民的熱情包圍起來了。中國人民對印度人民的友愛之情充分地表達出來。

再過兩天，他們終於來到嚮往已久的延安。二月十四日，八路軍總衛生部為印度援華醫療隊舉行歡迎會。會場一陣掌聲剛過，又一陣掌聲響起，翻譯告訴他們：毛澤東主席來了！柯棣華伸長脖子向門口望去，想看到毛主席。可是門口那一堆人穿的都是土布衣服，也沒有人臉上掛著權威者特有的神情，都在很隨便地互相握手、打招呼……

柯棣華沒能分辨出哪一位是毛主席。直到一些人走到他們面前，經介紹，他才知道，面前這位一副慈祥面容的高個子就是毛主席。儘管毛主席平易近人，可柯棣華還是有點緊張。毛主席同他握手時，一句打招呼的話他也說得結結巴巴的。

毛主席在會上致辭之後，就和大家一起觀看抗大學生自編自演的文藝節目。柯棣華被安排在毛主席身邊就座。毛主席似乎看出柯棣華有點侷促，就向他笑笑，又指指面前的火爐，讓他烤火。在演出的過程中，毛主席還一直風趣地同他們議論節目的情節。毛主席待人隨和，談笑風生，讓柯棣華的拘謹漸漸消失了。

接下來，醫療隊參觀延安的部隊、機關、醫

院、學校……幾天之後，他們就走上了工作崗位：愛德華、柯棣華和巴蘇華在八路軍軍醫院，卓克華到衛生學校，木克華留在衛生部的門診部工作。卓克華於一九三九年五月底經西安返回印度。木克華因患有腎結石，於八月初回印度治療。

一九三九年夏天，中共中央主席毛澤東從延安寫信給尼赫魯主席：「我們希望通知您：印度醫療隊已在這裡開始工作，他們受到八路軍全體指戰員的熱烈歡迎，他們與我們同甘苦、共患難的精神，給每一位與他們接觸的人留下了深刻的印象。我們特借此機會感謝偉大的印度人民和印度國大黨向我們提供醫療和物資援助。……請接受我們的感謝、良好祝願和衷心的敬意。」

柯棣華被任命為外科軍醫。八路軍軍醫院雖說是部隊的醫院，可是看病的人來自四面八方，有附近的老鄉，也有邊區以外的人。

在這裡，柯棣華有機會接觸普通百姓。柯棣華有兩個女同事，其實只是兩個孩子，一個十六歲，一個十七歲。她們從外省穿過日本侵略軍設下的重重封鎖線，來到延安。在交談中，當柯棣華提到她們冒風險的勇氣時，兩個姑娘嫣然一笑，說：「怎麼能不害怕呢？走了好幾個月，又累又怕，可是想一想自己的父母和鄉親慘遭殺害，想到在延安能找到共產黨、毛主席，就能呼吸到自由的空氣，苦和累就不怕了。」

柯棣華有一位病人是來自平津地區的老農民。

老大爺的兩個兒子都被日本侵略者殺害了。兒子犧牲之後，他接下兒子戰鬥過的崗位，成了一名黨的地下交通員。不久，他也被捕了。地下黨把他營救出來時，他已是奄奄一息。同志們問他有什麼話要說，他只提了一個要求：到延安去看看毛主席。同志們想方設法滿足了他的願望，把他送來延安。在一次治療之後，柯棣華問老人：「在生命的最後時刻，你為什麼只想見毛主席呢？」老漢只是說：「像我這樣的人，不見見我們的大救星，死也閉不上眼啊！」

從這些事例中，柯棣華看到了信仰力量之巨大。在黑暗中生活過漫長歲月的中國人，終於從毛澤東那裡看到了光明。人民愛毛澤東，是因為他也是個普通的人，不同的是他集中了人民的智慧和代表了人民的利益。

請求到前線去

九月二十三日，毛主席又在楊家嶺窯洞裡請柯棣華共進晚餐。在毛主席家裡做客，對柯棣華是一種特殊的榮譽，他深深為毛主席的熱情所打動，更使他印象深刻的是毛主席簡樸的生活方式。毛主席的居住條件比他過去聽到的傳說還簡單，窯洞裡除了一張沒有抽屜的辦公桌和幾把木椅子之外，再沒有什麼家具。如果說有什麼特殊的地方，那就是書多一些，有兩個書架，上面擺滿了書。毛主席親切

和藹地問話，柯棣華也無拘無束地回答。他說：
「對工作和生活上的困難我們思想上有準備，在重慶時，孔祥熙還特別提到這些困難來阻止我們到延安來。比起重慶和印度來，這裡的確艱苦，但是我們得到了很好的照顧，和大家比我們好多了。」

毛主席高興地笑著說：要做好吃苦的準備，最近德國又占領了半個波蘭，戰爭會長期打下去。當然，最終是苦盡甜來，反法西斯鬥爭是一定會勝利的。

毛主席還同他拉家常，談到他們改名的事，毛主席說：每個人都在自己的姓氏後面加了個「華」字，你們是真心實意來援華的呀。柯棣華還介紹了他的家庭狀況，毛主席印象極深。後來，在柯棣華逝世後，毛主席托巴蘇華給柯棣華家帶去一封親筆信。

晚餐結束後，又回到毛主席的辦公室，柯棣華提出了到前線去的要求。這事早就在籌劃之中，只是因為敵人加緊了對陝甘寧邊區的封鎖，考慮到醫療隊的安全，衛生部決定不定期推遲出發時間。聽到柯棣華的話，毛主席爽朗地笑起來，高興地答應了。

柯棣華高興極了，像八路軍戰士一樣站起來，立正，說：「請毛主席對我們今後工作給以指示。」

毛主席笑笑說：你們出發時我們還要見面，現在我只提三點希望：一是要學習好，二是要工作好，三是要宣傳好。希望你們做出新的成績。

柯棣華鄭重地回答：「一定不辜負毛主席的期望。」

奔向抗日第一線

一九三九年十一月四日，柯棣華、愛德華、巴蘇華和一位德國青年醫生一起坐上一輛卡車，開往晉東南前線。

沿途山高路險，不久這輛車就拋錨了。柯棣華是第一個跳下車來拉車的，但是這車卻不配合，不拉就不動。這幾位醫生和八路軍官兵只得步行。在大雪中翻山越嶺，真的是身處險境。有一次，巴蘇華差點摔進深淵裡，幸虧他抓住一棵小樹，才免於粉身碎骨。

二十八日晚上，柯棣華在日記中記下了這段感受：「今天又走了十七里路，我們不得不翻越一座很高的大山，這使我們有點兒累。此外，強烈的北風也使人難以忍受，手指、腳趾、鼻子和耳朵都麻木了。如果步行，就必須爬山，這會使你精疲力竭；如果騎馬，手腳都會凍得發痛。多麼難啊！」

更難辦的是如何避開敵人的封鎖線。越接近前線，敵人的封鎖線越嚴實，想方設法繞道而行，同敵人周旋，也難免遭遇戰。一路上，他們多次遭遇敵人的襲擊。當柯棣華一行從澠池那裡過了黃河之後，在河北岸他們路過的那些地方沒有一個村子是完整的。他們在陽城縣一個小村子裡住了一宿。從

立秋到下雪，日本侵略軍對這個村子進行過三次掃蕩，村子裡沒有一間房子是完好的。就是在這種情況下，村民們還集合起來歡迎醫療隊，拿出經敵人洗劫之後所剩下的一點食物慰問客人。他們還道歉說：「實在是一點像樣的東西也沒有了，只能說說心裡話，感謝印度朋友的幫助。」

以白求恩為榜樣

柯棣華像個掘寶的人，在不斷地探索中國人民勇於武裝抗日的祕密。他經常問自己：「為什麼印中兩個命運相同的國家目前所採取的鬥爭方式是如此的不同？」

一九三九年十二月二十一日，在山西武鄉縣八路軍總部，朱德總司令給他們講述了中國人民是如何走上這條抗戰之路的。朱總司令和毛主席、周副主席一樣，一談起自己的人民，就掩飾不住心頭的喜悅。

過了一會兒，朱總司令的笑容消失了，語氣沉重地問：「有個白求恩同志，你們知道不？」

他們說知道，在報紙上看到，他前些天在前線犧牲了。

朱德總司令說了一大段讚揚白求恩大夫的話之後，告訴他們：「二十四日，我們準備開大會紀念他，如果你們願意，請你們也參加。」

二十四日上午，隊員們參加了紀念白求恩大夫

大會。朱德總司令在講話時高度讚揚白求恩同志的國際主義精神和高超的醫療技術，號召大家學習他的獻身精神。柯棣華走到白求恩大夫的像前默哀時，低聲地宣誓說：「你就是我的榜樣。」

前線的環境和生活都比延安更艱苦。愛德華隊長的濕疹又發作了，痛癢折磨著他，他不得不於一九四〇年二月返回印度。現在，醫療隊只剩下柯棣華和巴蘇華了。根據計劃，他們被派往晉察冀邊區。這裡與陝甘寧邊區不同，處在敵人的分割和包圍之中，醫療條件更差，傷員更多。他們的臨時醫療站就設在前沿陣地，道理很簡單，醫療隊離前線越近，救治的效果就越明顯。同時，部隊領導也要求警衛戰士們加倍注意醫療隊的安全。有一次，在槍林彈雨之中，疲勞飢餓的柯棣華連續工作四十六小時。當戰鬥進行到短兵相接的時候，同志們勸他同傷病員們一起撤下去，他反而發火了，氣沖沖地嚷道：「為什麼叫我下去？不行，假使我不能和你們同生共死，我就不配在八路軍裡工作！」

在艱苦的邊區工作，柯棣華領悟了不少中國人民革命的道理。一次巴蘇華高興地對他說：「德瓦卡，你進步了，你已經不只是一位傳遞友誼的使者了！」柯棣華很認真地回答：「我想，我是應該成為一個人民革命的使者。」

不久，柯棣華被任命為白求恩國際和平醫院第一任院長。至此，印度醫療隊在中國已經工作一年零四個月了。印度援華委員會給醫療隊發來信和電

報說：政府已經提醒他們，醫療隊原定在中國工作一年的期限已經超過了，如果柯棣華和巴蘇華繼續留下去，那麼他們的護照和回國後的工作都會有麻煩。

一九四〇年十月十三日，毛主席給他們發來電報，勸他們考慮立即返回印度。印度援華委員會的提醒是善意的，可是他倆決定留下來，因為他們已經親眼看到，中國是多麼需要他們。柯棣華在一封信中解釋說：「我們的工作並沒有違背他們當初派我們出來的宗旨。」

白求恩國際和平醫院是晉察冀軍區唯一的一所醫院，任務很重，可是條件太差，連外科手術也只

能在老農的土房子裡進行，器械不全，很多都是代用品，藥品稀缺，棉花和紗布也是洗了再用、用了再洗。

那麼，柯棣華院長是怎麼工作的？請看下面幾個小故事：

有一次柯棣華去軍分區醫院檢查工作，一百多里的山路，他們走了一整天。一到駐地，分區的同志就要領大家去休息，柯棣華卻提出要先去看傷員。分區的同志們關照說：「走了一天路，明天再說吧。」柯棣華說：「你忘了白求恩大夫不吃飯先看傷員的故事了吧？一個醫生怎能有了病人不看一看就去休息呢？」軍分區的同志沒辦法，只得陪他去。他察看了病房，又給幾個傷員作了臨時處理後才回去。這時天空已布滿星辰。他吃過飯，剛要躺下，又聽說七八里以外的村莊裡住的一位傷員病情危急，他又急忙趕去作了急救處理。當他返回駐地時，天已濛濛亮了。

一次柯棣華中午出診返回，路上遇見一位老鄉披著棉襖曬太陽。他覺得不正常，走近一看，老人氣色不對，就詢問老漢的病情。老漢只說「沒有病」。柯棣華繼續詢問，老漢有點不耐煩了，不說話，也不抬頭。柯棣華卻笑著伸手摸摸老人的前額，吃驚地說：「你身上這樣熱，怎麼還說沒有病呢？」老漢不以為然地說：「莊稼人免不了頭痛腦熱，曬曬太陽興許就好了。」柯棣華認真地說：「你的病很厲害，我是醫生，讓我檢查檢查吧？」老漢

感動了，嘆口氣說：「打擺子了。」柯棣華知道所謂「打擺子」就是瘧疾。他扶著老人回屋裡躺下，把濕毛巾敷在他頭上降溫，又看護了一會兒，見老漢病情不是十分嚴重，便留下一些藥物離開了。

過了一個星期，柯棣華特意回來看望這位老漢。老漢已經能下地幹活了，見了柯棣華大夫，拿出一籃子雞蛋作禮物。柯棣華把雞蛋放回桌上，對老漢說：「八路軍不能接受老鄉的禮物。」老漢兩眼淚汪汪的，喃喃細語著說：「幸虧你治好了我的病，這才沒誤了收莊稼。」柯棣華高興地說：「只要你能參加生產，多打糧食支援抗日，那就是對八路軍最好的感謝啦。」

有一次急行軍，柯棣華的皮鞋破了，把腳磨起好幾個泡。管理員堅持要給他換一雙鞋，他拒絕了，說：「這鞋來之不易，留給用得著的人吧。我這雙鞋還能對付，而且即使換了鞋，腳也不一定不打泡，我缺少的是鍛鍊。」他用一塊破布把腳包紮了一下，一瘸一拐地繼續前進。

柯棣華的行動驗證了他不辜負邊區人民期望的決心。他在醫療工作中成績出色，他對工作的責任感及與邊區人民同甘共苦的精神，博得了中國人民的好評，被譽為「第二個白求恩」。

加入中國共產黨

柯棣華羨慕中國共產黨的革命精神，他矢志做

一名共產黨員，生活、工作、學習上都同共產黨員一樣嚴格要求自己，連那些有多年黨齡的老黨員都為之感動。一九四二年七月七日，他在鮮紅的黨旗下舉起右手，莊嚴地宣誓：「我志願加入中國共產黨，我宣誓為反對法西斯鬥爭的勝利，為實現共產主義而奮鬥，我要將一切包括我的生命獻給這壯麗的事業。」

加入中國共產黨，是柯棣華新生命的開始，這新的生命力是巨大無比的。

為解決教學的急需，柯棣華以戰鬥的姿態投入《外科總論》講義的編寫。當時天氣炎熱，雨水多，蚊蟲纏擾，他頭上罩著一塊紗布，在微弱的燈光下奮筆疾書。

可就在這時，病魔纏上了他。一九四〇年五月，他路過晉南，因條件艱苦，飲食不當，感染了條蟲。六月中旬，他被分配到白求恩衛生學校和醫院工作。當時校領導就發現他氣色不好，在一次手術過後，他突然彎下腰蹲在地下。得知他感染了條蟲，聶榮臻司令員和校長都很關心他的健康，盡可能照顧他，給他配備了一匹馬；冬天，在他的房間裡燒煤生火，還發給他一件厚厚的皮大衣。在當時的條件下，這些都是「奢侈品」。

一九四一年八月，柯棣華第一次病倒了。由於戰鬥緊張，工作勞累，到一九四二年，他的癲癇病屢屢發作。有一次大發作，經過兩個小時才恢復了意識。這時，聶榮臻司令員託人帶信給柯棣華，要

他在星期三那天去軍區，趁幾位有經驗的醫生齊聚軍區的機會，為他會診，確診後便可有的放矢，對症下藥。在戰爭年代，這種機會可謂千載難逢。柯棣華感激司令員的盛情和愛護，決定要去。可後來由於忙於手術，他還是忘了這件事。

一九四二年六月，柯棣華的病再次發作。聶司令員焦慮不安，指示衛生部考慮多種方案，如去延安治療等。聶司令員還寫信給柯棣華，提出三點建議：一是去延安休息一段時間；二是通過地下黨的關係到附近的城市去住院；三是到香港或者回印度去治療。

軍區首長這樣關懷，讓柯棣華感動得哭了，但他還是婉言拒絕了領導和同志們的建議。他事後是這樣說的：「病當然要治，能治癒就更好了。可是這種病都還沒有找到治療的辦法。依我看，既然哪

一九四二年，聶榮臻與柯棣華在晉察冀邊區合影。（供圖：FOTOE）

裡都不能治，還不如留在這裡吧。而且目前的形勢非常嚴峻，也不允許我離開。」

柯棣華英年早逝

可是，癲癇症開始反覆折磨柯棣華，九月復發一次，十一月又復發一次。他感到，必須和生命爭時間。《外科總論》完成之後，他又投入《外科各論》的編寫。

一九四二年十二月八日下半夜，他口渴，要喝開水。妻子郭慶蘭冒著寒風，從一公里以外的衛生學校校長辦公室打回半壺開水。他喝了開水，感覺好了一些。可是過了半個多小時，他的病又發作了，四肢劇烈地抽搐，臉色黑而焦黃，不省人事，過了十幾分鐘也沒醒過來。小郭又跑到校部，校長和大夫急匆匆地趕來救治。這時，柯棣華的病情似有好轉。看到校長、政委、醫生、護士都在面前，他想說兩句感謝的話，可就是沒有力氣，坐不起來。他頹然地垂下頭，可是蒼白的臉上還是浮起一絲苦笑，氣喘吁吁地說道：「謝謝大家，請休息吧，這算不了什麼！」

校長和戰友們都是見過很多戰友犧牲的老紅軍，聽到「這算不了什麼」這句話，也情不自禁地熱淚滾滾。

柯棣華說了這幾句話之後，全身更加劇烈地痙攣起來，醫生給他注射了嗎啡、樟腦液等都不管用，

最後不得不實行脊椎穿刺，但還是無濟於事。九日凌晨六時十五分，柯棣華大夫的心臟停止了跳動。

那時，柯棣華同志才三十二歲，年富力強。不久前，他還寫信請巴蘇華幫他補辦護照手續，以便留在中國再工作兩年。現在，他懷著無限的思念離去了。

「哇——」的一聲嬰兒啼哭，打斷了人們的哀思。柯棣華的兒子才出生一百零七天，從母親的襁褓裡伸出小手，「哇哇」地哭起來了。這個可愛的孩子名字叫印華。聶榮臻司令員給他起的這個名字將永遠提醒人們，不要忘記他的父親柯棣華同志為了中印兩大民族反法西斯戰爭的勝利獻出了年輕的生命。

中共領袖懷念「最親密的戰友」

柯棣華這位印度青年，在中國人民抗日戰爭的艱苦歲月裡，離鄉背井來到中國，在戰爭的烽火中救死扶傷，積勞成疾，病逝在抗日戰爭的前線。

毛澤東主席在悼詞中寫道：柯棣華大夫「積勞病逝，全軍失一臂助，民族失一友人。柯棣華大夫的國際主義精神，是我們永遠不應該忘記的」。

朱德總司令為柯棣華大夫的墓碑題詞：「生長在恆河之濱，鬥爭在晉察冀，國際主義醫士之光，照耀著中印兩大民族。」

毛澤東主席和周恩來副主席都親筆寫信，慰問柯棣華大夫的母親及兄弟姊妹。

毛主席在信中寫道：「……我親眼看到，您的兄弟懷著自願的人道主義和國際主義精神，克服重重困難，從死亡中拯救了我們不少的傷病員……我認為我完全有權稱您的兄弟為我最親密的戰友……他那種克服艱難困苦的勇氣，將永遠留在我的腦海裡。您的兄弟將永遠活在中國革命人民的心中。」

周副主席寫道：「柯棣華大夫曾是中印兩大民族友愛的象徵，是印度人民積極參加反對日本黷武主義和世界法西斯主義的共同戰鬥的模範。他的名字將永遠存於他所服務終生的兩大民族之間。」

一九四三年五月，毛澤東主席和朱德總司令聯名致函印度國大黨，再度對柯棣華大夫逝世表示哀悼，並希望「印華兩大民族團結得更加堅固」，「藉

以解放印華兩大民族，獲得兩大民族的獨立」。

在印度，人們稱讚柯棣華大夫是「印中兩國人民友好的橋樑」。當時的印度駐華大使館武官朱拉馬尼先生有一段精彩的評語，他說：「柯棣華大夫的事蹟是印中兩國人民友誼的見證。兩國人民團結起來占世界人口的四分之一，將對東方和世界和平帶來巨大的影響。我們要繼承和發揚柯棣華大夫的精神，願我們的友誼像喜馬拉雅山、恆河、長江水一樣長青。」

印度援華醫療隊五位大夫無愧於「人民大使」的稱號

柯棣華病逝後，安葬於河北唐縣軍城南關。新中國成立後，中國人民正在戰爭的廢墟上建設自己美好的家園，也沒忘記柯棣華大夫，將其陵墓遷移到河北省石家莊市華北軍區烈士陵園。

印度援華醫療隊五位隊員中，愛德華和卓克華兩位大夫年齡最大。由於健康原因，卓克華和木克華於一九三九年先後返印。一九四〇年，愛德華大夫由於體力不支，也返回印度。巴蘇華大夫在華工作時間最長，達五年之久，曾被選為陝甘寧邊區參議會議員，直到一九四三年七月才離開延安返回印度。

愛德華於一九五七年十二月一日來中國進行友好訪問，不幸病故於北京協和醫院。他在臨終遺囑

中特地囑咐：他骨灰的一半要撒在黃河的潼關渡口，另一半撒到他的祖國印度。黃河是中華民族的象徵，潼關則是他從延安去前線所經過的地方。中印兩國政府都遵照他的遺言予以安葬，中方將其骨灰厚葬於華北軍區烈士陵園，並在其墳墓前頭樹立了「愛德華博士紀念碑」。

另外的三位朋友——巴蘇華、卓克華、木克華，以後就成了中印人民友好往來的使者。

巴蘇華於一九四三年夏天回印度後，即發起組織了「全印柯棣華紀念委員會」，他親自擔任主席，以後多次訪華，終生為加強中印兩大民族之間的友好關係持續努力。令人悲痛的是，他在一九八六年訪華後回國不久，病逝於印度的加爾各答市。巴蘇華的骨灰一半留在印度，一半送來中國。在華北軍區烈士陵園裡，他的紀念碑就樹立在柯棣華大夫陵墓的右側。

木克華大夫於一九三九年八月返回印度做腎臟

二〇一三年五月二十一日，李克強總理訪問印度期間，在孟買會見柯棣華親屬。（供圖：中新社）

切除手術。病癒後，他積極募集醫藥用品，並取道緬甸再次來華，不幸在仰光被英國殖民政府逮捕。一九四二年，他因參加反殖鬥爭被監禁，後來曾申請再次來華，但被英國殖民當局拒絕。印度獨立後，他曾於一九五七年和一九七九年兩次來中國訪問。

中國人民永遠不會忘記印度援華醫療隊五位大夫的國際主義精神，永遠珍惜中印兩國在反法西斯共同戰鬥中結下的友誼。新中國成立後，中國人民更加懷念柯棣華及其他援華醫療隊的朋友們。

一九五七年，醫療隊的卓克華、巴蘇華、木克華三位和柯棣華的長兄孟凱什來華訪問。朱德副主席在北京親自會見了他們，表示「印度人民的情誼和柯棣華同志的崇高的國際主義精神，永遠留在我們的記憶裡」。

一九五八年，葉劍英元帥率領中國軍事友好代表團訪問印度，專程探望了柯棣華的母親和兄弟姐

二〇一三年十月十七日，九十二歲高齡的柯棣華三妹馬諾拉瑪帶著孫女等家屬來到華北軍區烈士陵園，參觀印度援華醫療隊紀念館。（供圖：中新社）

妹。他拉著柯棣華年近七十的老媽媽的手說：「您的兒子是為中印兩國人民的友誼和解放獻出了寶貴的生命，中印人民都不會忘記他。」這位老媽媽激動得連連用印地語表示：印中是兄弟！

一九七六年十二月，印度援華醫療隊紀念館開館。紀念館位於河北省石家莊市華北軍區烈士陵園內，其中用文字、圖片、實物和雕像等忠實地記錄了印度援華醫療隊五位大夫對中國抗日戰爭的貢獻和同中國人民結下的不解之緣。每年清明節，都有成百上千的學生、教師和普通市民前來祭奠，表達對援華醫療隊隊員們的敬意和思念。援華醫療隊隊長愛德華大夫紀念碑前矗立著兩棵罕見的千頭柏，這是時任全印柯棣尼斯大夫紀念委員會主席丹尼

爾‧拉蒂菲一九七四年訪華時，印度總理英迪拉‧甘地夫人特意從自己花園裡挖出來委託他帶到中國，移植在舅舅的紀念碑前的。當人們觀看這兩棵奇樹的時候，總會聯想到尼赫魯家族對中國人民抗日戰爭伸出的援助之手。

　　二十世紀前期，中印兩大民族分別處於半殖民地和殖民地狀態，爭取民族獨立是這兩大民族的共同目標。當前，中印都處於社會和經濟大發展時期，大步流星，前程似錦，被譽為帶動世界經濟發展的火車頭。然而，國際上有的強權主義者則擔心二十一世紀轉變成「亞洲世紀」，他們的世界霸權地位相應淪落，於是想方設法挑動中印這兩個蒸蒸日上的新興大國互相打鬥，自相牽制。在這種形勢之下，排除來自域外別有用心的干擾，同舟共濟，互利合作，繼續昂首闊步朝前行，才符合中印這兩大民族共同的根本利益。

柯棣華精神：連接中印醫生交流的紐帶

薛　媛　周　欣

（中國國際廣播電台印地語、

泰米爾語部記者）

德瓦卡納思・桑塔拉姆・柯棣尼斯（Kwar-kanath S. Kotnis），說起這個名字，不知道有多少印度人知道他的故事。但是在中國，提起柯棣華，很多人都知道這位抗戰期間援華的印度醫生。

柯棣華醫生，一九一〇年十月出生在印度馬哈拉施特拉邦。一九三六年從孟買助學醫學院畢業並考取英國皇家醫學院。一九三八年，二十八歲的柯棣華報名參加了印度援華醫療隊。此後他來到中國，在抗戰一線治病救人，為中國培訓醫務人員，和中國女性郭慶蘭女士結緣，在這裡結婚生子，直到因病去世。在抗日硝煙瀰漫的中國，他度過了人生中最傳奇、最艱苦也是最不朽的五年時光。

晉察冀邊區的「黑大夫」

一九四〇年六月，柯棣華到達晉察冀邊區，不久就參加了百團大戰（一九四〇年八月至一九四一

年一月）。然後，他被派往河北唐縣葛公村，先是在白求恩衛生學校擔任教學工作，後來被委派擔任白求恩國際和平醫院的院長，主要負責臨床教學、醫院管理、手術實施等工作。柯棣華醫生的工作受到大家的一致好評，聶榮臻司令員稱讚他為「可以解決實際問題的邊區科學家」，醫務工作者稱讚他為「第二個白求恩」，傷病員則親切地稱他為「黑媽媽」，因為他對待同事、傷病員都非常和藹可親。

據柯棣華紀念館的資料顯示，柯棣華在華工作的五年時間裡，進行手術九百餘例。他曾三天三夜不休息，救治五百多名傷員。抗戰期間，中國的醫療條件落後，為避免感染，柯棣華和老鄉一起動手把北方傳統的土炕分成單鋪。他謝絕了組織上的特殊照顧，日寇掃蕩期間和中國軍民一起同甘共苦。他和大家一起到很遠的地方去背糧食，參加大生產運動，以苦為樂，還是一名非常活躍的籃球隊員。他還自己動手縫補軍裝，曾退回發給他的新軍裝。

傷病員由於長期臥床，經常容易患褥瘡，柯棣華就和大家在被子上掏一個洞，為患褥瘡的傷病員縫製特殊的被縟。在轉移的途中，他擔心傷病員有可能淋雨，還會給他們準備雨具。柯棣華就從這樣的細節上關心和愛護著傷病員。

對於柯棣華的認真負責，柯棣華曾經教導過的學員陳治印象深刻。他說，當時人們稱柯棣華為「黑大夫」，而晉察冀邊區還曾有一個「白大夫」——白求恩，大家說「白大夫」和「黑大夫」

醫術都很高明。

「黑大夫」柯棣華的醫術高明，幾乎是晉察冀邊區盡人皆知的事情。曾經有許多被診斷為無法治癒的病症，卻在柯棣華的妙手下「回春」。八十一歲的齊林會老人是柯棣華醫生當時在葛公村住所的房東的弟弟，曾經得到過柯棣華醫生的醫治。他回憶說，柯棣華給誰看病都熱情，當時，齊林會老人的腿上開始出了個疙瘩，幾乎要壞死了，看西醫不行，看中醫吃草藥也不行，柯棣華醫生給他上了三回藥就好了。老人至今都對柯棣華醫生心存感激。

當時，柯棣華已經被發現患有癲癇病，並因勞累過度而不時發作，身體十分虛弱。聶榮臻司令員也一再勸他易地治療。然而，此時的柯棣華早已將自己和中國抗日軍民的命運緊密聯繫在一起。他曾表示「我一分鐘也不願意離開自己的戰鬥崗位」。

柯棣華癲癇發作時，妻子郭慶蘭按照當時的白求恩衛生學校校長江一真所教辦法，把毛巾塞到柯棣華的兩排牙齒之間，以防他咬到舌頭。郭慶蘭女士生前曾經回憶說：「最後一次的癲癇病發作時，他是在睡覺，他已經抽得非常厲害，抽了半夜，誰也沒辦法。臨死以前，還救護傷員，還（給傷員）做手術。去世那天上午做完手術，下午就不行了。」

一九四二年十二月九日，柯棣華不幸病逝於葛公村，年僅三十二歲。這位盡職敬業的國際主義戰士，病逝前仍在編寫外科講義。柯棣華在葛公村的

鄰居、今年八十九歲的王辛成老人清晰地記得，柯棣華追悼會上，這個小村子裡擠滿了送別他的中國人。他說，抗戰勝利後，大家一直沒有忘記柯棣華醫生，直到現在還會經常提起。

弘揚柯棣華精神的中印聯合醫療隊

為紀念印度派遣援華醫療隊七十週年和發揚柯棣華精神，二〇〇八年一月，在中國人民對外友好協會的發起和組織下，中印兩國各派出十名優秀醫生代表組成了中印聯合醫療隊。該醫療隊七年來進行了互訪、義診、學術討論等多項交流活動，成為兩國醫療界互相了解和促進合作的重要平台。

河北醫科大學第二附屬醫院於一九九六年被命名為「柯棣華中印友好醫院」，該院耳鼻喉科醫生單春光作為第二批中印聯合醫療隊隊員於二〇一〇年訪問了印度。除了醫學交流，他和另外九名中國醫生還一起來到印度南部安得拉邦的農村，為農民進行義診。雖然那次印度之行已經過去五年了，但是印度人民的友好讓他難以忘懷。他說，村民舉行的隆重的歡迎儀式讓他感受到了兩國民間深深的友好情誼。他記得一進村，村民就像中國農村人一樣敲鑼打鼓的，打著橫幅，還喊著「Long Live China-India Friendship」（中印友誼萬歲），感覺非常熱情。隨後，醫療隊員們就在村裡的衛生所現場進行義診。

中國醫療隊隊員在訪問印度期間，還去醫學院舉行了講座，與當地醫生交流。單醫生說，雙方都非常珍惜難得的交流機會，交流會經常持續到晚上十一點。兩國醫生相處得非常好，分別時，雙方隊員眼中都閃著淚光。許多隊員一直保持著郵件往來。

「大家都在講柯棣華，我們也講，他們也講，柯棣華醫生就像一個紐帶把我們連接起來。一共去了八天，我們感覺印中之間普通百姓的感情確實非常好，非常真摯。」正如單醫生所說，柯棣華醫生就像一個紐帶，在抗日戰爭時期帶來了印度人民的友好情誼。而現在，中印聯合醫療隊正在傳承和發揚他的精神。

莫漢・熱迪是印度的一名耳鼻喉科醫生，從醫二十餘年的他現在在海德拉巴經營一傢俬人診所。他從學生時代就了解了柯棣華的事蹟。一九八五年，還是學生的他加入了印中友好協會。二〇〇六年起，他擔任該協會的秘書長。雖然曾多次訪問中

二〇〇八年一月，溫家寶總理與辛格總理共同出席首屆中印聯合醫療隊啟動儀式。（供圖：涂莉麗）

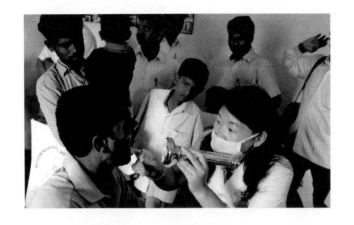

國，但是作為第二屆中印聯合醫療隊的印方隊長，二〇一〇年的中國行對他來說具有特殊的意義。

莫漢說：「我一生都不會忘記那些回憶。從學生時代起，我就聽說了很多中國人民抗戰的偉大事蹟。當我作為印方醫療隊隊長被邀請到中國時，我非常激動。在中國，不論到哪裡，我們都被當作家人對待。我永遠不會忘記中國人民的熱情。」

莫漢說自己被柯棣華大夫的精神深深鼓舞著，每個醫生都應該繼承這種精神。他表示會儘自己最大的努力在印度組織好交流活動，以此來發揚柯棣華的精神，傳承中印友好。

柯棣華是一位偉大的國際主義戰士，為了中華民族的解放，他鞠躬盡瘁，死而後已。柯棣華的精神像一座不朽的豐碑，將永遠矗立在中國人民心中。

二進印度：親歷中印關係的滄桑巨變，感受印度人民的友好情誼

鄭瑞祥

（中國國際問題研究院研究員，

前駐孟買總領事）

我與印度有緣。一九五八年我考入上海復旦大學英文系，沒想到剛讀到二年級時，即一九六〇年春天，接系領導通知，我被外交部選調到北京廣播學院（現中國傳媒大學）學習泰米爾語（印度南方的語言）。通過學習印度的語言和文化，我對這個歷史悠久的文明古國產生了濃厚的興趣。一九六四年春，我大學畢業後被分配到外交部，不久即被派往新德里中國駐印度大使館工作。一九九五年五

一九五七年十月四日，朱德副主席接見印度援華醫療隊隊員及其家屬等。（供圖：涂莉麗）

月，我又被派往印度，任中國駐孟買總領事，直到一九九八年末。我在駐外機構的工作從印度開始，又在印度結束。當中相隔的三十年裡，我不管在哪裡工作，幾乎都與印度有關。退休以後，我仍在關注印度、研究印度，並且多次訪問印度。所以說，我與印度結下了不解之緣。作為一名曾經兩度在印度工作的外交官和長期研究印度的學者，我親身經歷和看到了中印關係的冷暖變化，同時也深刻感受到印度人民的友好情誼。

我第一次到印度工作的時候，正是中印關係僵冷的時期。使館同志們戲稱為「坐冷板凳」。實際上，中印建交後，兩國關係的第一階段不是「冷」而是「熱」。一九五四年，中印兩國總理實現了互訪，周恩來和尼赫魯共同倡導了舉世聞名的和平共處五項原則。那一時期，「印地秦尼帕伊帕伊」（印中人民是兄弟）和「潘查希拉」（五項原則）家喻戶曉，中印關係處於熱烈友好的黃金時期。我參加工作後，曾聽前輩們講過對中印關係「蜜月」時期的美好回憶。但我要面對的現實是從「冷」開始。一九六二年中印邊界發生武裝衝突，雖然沒有導致兩國斷交，但雙方在邊界衝突前就各自撤回了大使，兩國外交關係降為臨時代辦級。邊界衝突之後，印度又關閉了在上海和拉薩的總領事館，並且要求中國也關閉在加爾各答和孟買的總領事館。兩國之間的經濟和貿易關係包括邊境貿易基本中斷，大使館的商務處因無商可務而關門，其他部門也減少了工

作人員。文化、體育及其他民間團體的往來和交流都無法進行。中國大使館的外交官和工作人員的活動受到種種限制和監視。中國使館無法正常開展對外活動，除了和幾個友好國家的大使館進行一些聯誼活動外，和印度各界友好人士的來往基本中斷。

我到印度工作後的第二年（一九六五年）九月，第二次印巴戰爭爆發，中印關係又遇到了新的複雜因素。在冷戰時期，巴基斯坦因素對中印關係有著重大的影響。印度把中國和巴基斯坦都視為敵人，中巴友好合作關係就成了中印關係正常化的巨大障礙。一九六六年底，我從印度回到北京。那時，國內的「文化大革命」正進入高潮，國內形勢對外交工作有消極影響，對中印關係來說無疑是雪上加霜。

按照辯證法的觀點，事情壞到了極點，就有可能向好的方面轉化。在一九七〇年五一節慶祝大會上，毛主席在天安門城樓上接見各國駐華使節時同印度臨時代辦米什拉握手，並對他說：「印度是一個偉大的國家，你們是偉大的人民。」「我們總要友好的，不能老是這麼吵下去嘛。」這個重要信息很快傳到新德里，印度方面逐步作出了積極的反應，表示願意討論關係正常化，願意派出新的駐華大使等。中印關係出現了轉機。但是，兩國關係正常化的進程十分緩慢。直到一九七六年七月，印方派出了駐華大使 K‧R‧納拉亞南；九月，中方派出了駐印大使，他就是在兩國關係緊張時長期擔任

臨時代辦的陳肇源，也是我的老領導。這樣，雙方終於恢復了中斷十四年之久的大使級外交關係。

中印關係真正有突破性進展，是一九八八年十二月印度總理拉吉夫·甘地對中國的訪問。這是時隔三十四年印度總理首次訪華（上一次是拉·甘地的外祖父尼赫魯總理一九五四年訪華），因此具有里程碑意義。鄧小平會見了他，與他進行了親切友好的談話，雙方達成了中印關係要「向前看」的共識，同意以「互諒互讓、相互調整」作為解決邊界問題的原則，並且同意邊界問題不應成為發展兩國友好合作關係的障礙。一九九一年十二月，中國總理李鵬訪問印度，這是時隔三十一年之後中國總理首次訪印（上一次是周恩來總理一九六〇年訪印）。由此，兩國恢復了中斷數十年的高層互訪。

中印關係的恢復和發展與國際大氣候有密切的關係。一九九一至一九九二年，我在倫敦國際戰略研究所（IISS）作客座研究，研究的課題便是新的

鄭瑞祥總領事拜會馬哈拉施特拉邦邦長亞歷山大。

國際形勢下的中印關係。我認為：隨著蘇聯解體，冷戰結束，印度失去了一個強大的盟友和靠山，需要調整自己的外交政策。對中國而言，印蘇結盟曾經是中印交惡的一個重要原因，現在也不復存在了。再說，唯一的超級大國美國企圖建立單極世界獨霸天下的局面對中國和印度都是不利的。發展中國家需要團結合作。新的國際形勢為中印關係的恢復和改善提供了良好的機遇。

一九九五年五月，我出任中國駐孟買總領事。中印關係在新的形勢下得到了迅速的發展。我又親眼目睹了這一發展進程，並且有幸為中印友好合作關係的發展盡一點綿薄之力。根據一九九一年李鵬總理訪印時兩國達成的協議，中國駐孟買總領事館於一九九三年初恢復。我是復館以後第二任總領事。印度駐上海總領事館也於一九九二年末恢復。這次我到印度工作時所面臨的兩國關係的形勢與上世紀六〇年代第一次到印度工作時相比，簡直有天壤之別。寒冷的冬天已經過去，溫暖的春天已經到來。兩國關係冷暖的一個重要的標誌是高層互訪，從一九九一年恢復兩國高層互訪後，一九九二年印度總統文卡塔拉曼訪華，一九九三年印總理拉奧訪華。在我任期內，每年都有一位中國領導人訪問印度：一九九五年全國人大常委會委員長喬石訪印，一九九六年國家主席江澤民訪印，一九九七年中共中央政治局常委、中央紀委書記尉健行訪印。

這些高層互訪，對增進相互了解、推動雙邊關

係全面發展起了關鍵作用。特別是一九九六年江澤民主席訪印時，兩國領導人達成重要共識，兩國將在和平共處五項原則基礎上建設面向二十一世紀的建設性合作夥伴關係。這是對中印關係的首次正式定位。雙方簽訂了四項合作協定，其中最重要的是《關於在中印邊境實際控制線地區軍事領域建立信任措施的協定》。除了高層互訪外，兩國政府各部門的官員、非政府友好團體的互訪也逐年增加。我領館每年要接待國內來訪的團組達七八十個，其中大部分為經貿團組。印度訪華人數也逐步增加，我館發放簽證數量逐年遞增，我們工作雖忙，心裡卻很愉快。

兩國政治關係逐步理順之後，經貿關係也走上了快速發展的道路。一九九一年兩國貿易額僅為二點六四億美元，別看這個數字很小，卻已經是一九七七年兩國恢復直接貿易後當年貿易額（2500萬美元）的十倍以上了。一九九五年兩國貿易額增至十一點六二億美元，一九九八年接近二十億美元。印度成為中國在南亞的最大貿易夥伴。

沒有想到的是，就在我離任前半年，中印關係又一次遭受挫折。一九九八年五月印度進行核試驗前後，印度國防部長費爾南德斯多次發表反華言論，稱中國是印度的「潛在的頭號威脅」。五月十一日核試當天，印度總理寫信給美國總統等西方領導人，以「中國威脅」作為核試的「理由」。中國人民的感情受到傷害，自然要作出強烈的反應。中印雙邊重要往來暫時中斷。經過雙方十年努力獲得

改善的兩國關係遭受嚴重挫折，我感到十分痛心。十一月底，我帶著一絲遺憾離開了印度。回國後，我在國際問題研究所繼續研究印度，尤其關注中印關係的發展。令人欣慰的是，中印關係遭受挫折一年之後，一九九九年六月，印度外長訪華，兩國外長達成兩點重要共識，即中印關係發展的前提是互不視對方為威脅；中印關係發展的基礎是兩國共同倡導的和平共處五項原則。這樣，中印關係又回到了正確的軌道。

進入新世紀以來，中印關係進入了一個全面和快速發展的新時期。二〇〇五年溫家寶總理訪印時，兩國領導人達成共識，中印建設「面向和平與繁榮的戰略合作夥伴關係」，中印關係又上了一個新台階。二〇一四年九月習近平主席訪問印度，雙方發表了關於構建更加緊密的發展夥伴關係的聯合聲明，確定發展夥伴關係應成為兩國戰略合作夥伴關係的核心內容。兩國經貿合作迅猛發展，二〇一四年中印雙邊貿易額超過七百億美元，與我在印度時的一九九八年相比，增長了三十倍以上。其他領域的友好合作關係也得到了長足的發展。經過六十五年的磨礪，中印關係逐漸走向成熟。

我在印度工作期間，接觸過許多與中印關係有關的人和事，結交了許多印度朋友。他們是中印友好的推動者，也是中印關係發展的見證人。在與印度各界友好人士的交往中，我深切地感受到印中人民之間的友好情誼。

　　說到中印友好，自然首先要想到數十年如一日地推動印中友好的民間團體「印中友好協會」。一九五〇年四月一日，中印兩國正式建立外交關係。「印中友好協會」的建立幾乎與中印建交同步。潘迪特‧森德拉爾是印中友好的先驅、「印中友協」的創始人。一九五一年，印度派出的第一個友好代表團訪華，團長就是森德拉爾。五〇年代，中印關係正處在蜜月期，中印友好成為一股強大的潮流。在印度，很多城市都成立了印中友協，幾年時間裡，印度各地印中友協發展到兩百多個。孟買成立印中友協時，我國宋慶齡副主席專門發去了賀信，由中國駐印度大使館派人去宣讀。

　　一九六二年中印邊界武裝衝突後，兩國關係惡化，印中友協等對華友好團體的活動被迫停頓。有些對華友好人士受到迫害，甚至被監禁。即使在那樣極為困難的條件下，有些友好人士仍毫不畏懼地堅持與中國友好。在我的記憶中，當時許多印度友人因受到阻撓和威脅，暫時中斷了與中國使館的聯繫，只有森德拉爾等少數人例外。中國使館文化處有兩位印籍僱員——普拉薩德和巴拉伯，幫助翻譯出版介紹中國情況的刊物，贈送給印度讀者。他們都是森德拉爾的弟子，而且也和他們的老師一樣堅持對華友好。

　　卡納塔克邦的印中友協是全印度成立最早的一

個印中友好團體。早在一九五〇年，卡邦印中友協首任會長、印度人民院議員雷迪就應中國政府之邀率領代表團訪華。一九五七年初，周恩來總理訪問印度期間曾到班加羅爾（卡邦首府），卡邦友協的會員們和廣大市民一起熱烈歡迎周恩來總理。他們還自發地組織起來，在周總理所到之處協助做好安全保衛工作。一九六二年中印關係惡化後，卡邦印中友協的一些積極分子受到迫害甚至被監禁，但這些都沒有動搖他們為印中友好事業奮鬥的決心。上世紀七〇年代初，卡邦一些友好人士就開始為恢復印中友協的活動而努力。一九七六年，英迪拉·甘地政府對華政策有所鬆動，中印恢復大使級外交關係。第二年，卡邦印中友協就恢復了活動。

中國駐孟買總領館的領區包括卡納塔克邦。因工作關係，我與當地印中友協的朋友們交往比較多，卡邦友協秘書長巴斯卡倫先生成為我最熟悉的朋友之一。按照慣例，新總領事到任後要巡視領區，熟悉情況。我於一九九五年八月首次到卡邦訪問，巴斯卡倫和其他一些友好人士到機場迎接。他們協助領館把我在班加羅爾和邁索爾的活動日程安排得井井有條，包括拜會當地政府官員、會見工商企業界人士、會見華人華僑等。卡邦印中友協還舉辦了一個歡迎會，我在會上介紹了中國改革開放和經濟建設的形勢以及中印關係的發展，大家暢敘中印友誼。九〇年代，中印關係已逐步得到了恢復和改善。在這樣的氣候下，印中友協的工作有了一個

比較寬鬆的環境，友協成員的構成也起了很大變化：最初成立時以左翼政黨為主，加上少量社會進步人士。現在不分政黨背景，只講中印友好。他們當中有工人、農民、商人、教師、學生、法官、律師、記者、編輯等各行各業的人，為了「印中友好」這個共同目標，走到一起來了。印中友協的活動還得到當地政府官員的支持和幫助。我會見了卡邦邦長、首席部長和農業土地部長等多名當地高級官員，他們對中國態度友好，對我的工作給予熱情支持，並表示希望有機會能到中國訪問，親眼看一看那裡的變化。第二年，卡邦農業土地部長貝里·高達實現了自己的願望，率領卡邦印中友協代表團訪問了中國。卡邦首席部長德維·高達後來擔任過印度總理，對中國也很友好。在他任總理期間，一九九六年十二月中國國家主席江澤民訪問印度，受到熱情友好的接待。

中國人民對外友好協會及所屬中印友協與卡邦印中友協有著良好的關係，我國對外友協多次派團訪問印度，都受到當地友好人士的熱情接待。卡邦印中友協的朋友們也應邀訪問過中國。值得一提的是，印中友協的經費全部靠自籌。雖然有些活動能得到一些工商界人士的贊助，但十分有限。在經費十分困難的條件下，他們經常舉辦各種富有意義的活動，例如慶祝中國國慶，紀念中印建交、毛澤東主席誕辰等。他們以報告會、討論會、圖片展覽、放映電影等方式來進行慶祝。友協的領導成員和積

極分子為推動印中友好而東奔西走，交通費、伙食
費、住宿費都要自己掏腰包。巴斯卡倫原為銀行職
員，早已退休，夫人沒有工作，兩個孩子在上學，
家庭負擔頗重，但他幾十年如一日，自覺自願為印
中友協工作。他的身上體現出印度基層人民對中國
人民的友好情誼。所以說，中印友誼植根於人民群
眾中間。

印中友好世代相傳

在孟買，印中友好團體和友好人士很多。我與
柯棣華大夫的親屬的交往值得記上一筆。

一九五六年周恩來總理訪問印度時，曾經稱柯
棣華為「孟買人民的偉大兒子」，「他為中國人民
獻出了自己的生命。這件事使中國人民在心裡銘記

著柯棣華的名字和偉大的孟買」。一九三八年，柯棣華隨印度國大黨派遣的一支醫療隊來到中國，支援中國人民的抗日戰爭。他衝破國民黨的重重障礙，奔赴中國共產黨領導的解放區，後輾轉到前線，救治傷員。他兢兢業業，嘔心瀝血，終因積勞成疾，於一九四二年十二月九日去世，年僅三十二歲。譚中教授在為《理解 CHINDIA》一書中文版所作的前言中寫道，他的事蹟「使中國抗戰史上增加了印度人『柯棣華』的佳話」。

我與柯棣華親屬的交往始於一九九〇年。那年年初，我作為中國人民對外友好協會代表團的成員訪問印度，曾專程到孟買南部地區一座居民樓裡拜訪了柯棣華的親屬。一九九五年我到孟買工作後不久，就去拜訪柯棣華親屬。柯家的情況與五年前基本一樣。一進門，首先映入眼簾的是一座柯棣華大夫的半身石膏像，放在大約只有十多平方米的客廳裡的櫃子上，用玻璃罩罩著。這是河北省石家莊市贈送的。河北是抗日戰爭時期柯棣華大夫曾經工作和戰鬥過的地方。柯棣華的墓原在河北軍城，一九五二年遷至石家莊，修在白求恩墓的南側。一九八二年，葉劍英委員長為新修的墓題詞：「中印人民都不會忘記柯棣華大夫。」一九五八年葉劍英元帥訪問印度孟買時，就曾到柯棣華家看望柯的母親和兄弟姐妹。葉帥和柯棣華親屬的合影，柯家一直珍貴地保存著。當時，與柯棣華同輩的親屬還有：大嫂、弟弟、二妹、三妹、四妹、五妹。在這個家裡

常住的是三妹、五妹和大嫂。聽了他們的口頭講述，看了他們保存的一些珍貴的老照片和文字資料，我不僅知道了一些過去聞所未聞的故事，更重要的是強烈地感受到中印人民之間的友誼有多麼深厚的基礎。

柯棣華去世後，中國共產黨的領導人毛澤東和朱德題寫了輓詞，周恩來給柯棣華在印度的親屬發了唁電。朱德總司令還專門寫了紀念文章。我在柯家見到了毛主席手書的輓詞，更增添了對柯棣華大夫的崇敬之情。同時，也感到這幅字是中印人民兄弟情誼的又一歷史見證。我曾不止一次站在這幅字前拍照留念。

我在孟買任職期間，與柯棣華親屬的交往很多。柯棣華的弟弟妹妹們已經有了第二代和第三代，大部分居住在孟買，三妹家是「聯絡站」。逢年過節，我都要登門拜訪問候，或者請他們出來聚一聚，凡是能來的都來參加。每年國慶節，我都邀請他們參加我領館舉辦的國慶招待會。我還經常陪同國內來的友好團組專程去拜訪他們，其中有全國政協副主席、中印友協會長錢正英率領的中印友協代表團。我國黨和國家領導人喬石、尉健行等訪問印度時，我都陪同他們會見柯棣華親屬。一九九六年國家主席江澤民訪問印度，因日程太緊，沒有到孟買，但仍不忘柯棣華親屬。我受江澤民主席的委託，專門前往柯家轉達問候，並贈送了禮品。我對在場的柯棣華親屬說，柯棣華大夫為中國人民的解

放事業作出了重大貢獻，為此獻出了寶貴的生命，
中國人民將永遠銘記他的光輝事蹟。柯棣華的三妹
代表親屬表示，希望江主席的訪問能進一步促進印
中兩國友好關係的發展。（有關報導見一九九六年
十一月三十日《人民日報》）

在與柯棣華親屬的接觸中，我了解到柯棣華的
哥哥、弟弟和妹妹都已訪問過中國，參加過紀念柯
棣華的活動。他們的第二代和第三代也希望到中國
看一看，但迄無機會。我向國內有關部門反映了他
們的願望，得到積極響應。二〇〇二年，我國對外
友協邀請柯家第二代和第三代組團訪華，圓了他們
的中國夢。那時我已在國內工作，也應邀參加了對
外友協領導為他們舉行的晚宴，我們相聚在北京，
大家都非常高興。二〇〇六年十一月，我國國家主
席胡錦濤訪問印度時，在孟買下榻的泰姬飯店會見
柯棣華的三個妹妹以及柯棣華兄妹的子女等九人，
胡主席高興地說：「柯棣華大夫播下的中印友誼的

種子已經傳到後代，相信還會一代代傳下去。」柯棣華的三妹激動地對胡主席說：「過去六十多年間，中國政府和人民仍然長久保存著對他的記憶，我們非常感激。我們唯一的希望是，讓柯棣華的名字永遠作為印中友好的橋樑。」此話發自肺腑，感人至深。二〇一四年習近平主席訪印期間，會見印度友好人士和友好團體代表，並頒發和平共處五項原則友誼獎。九十三歲高齡的柯棣華三妹坐著輪椅參加頒獎儀式，習主席俯身同她說話，表示中印友誼一定會代代相傳。

中印友好是大勢所趨、人心所向

孟買是印度最大的城市，是工商業特別是金融業和進出口貿易的中心。那裡有印度著名的工商界組織「印度工業聯合會」（CII）、「印度工商聯合會」（FICCI）、「印度商人商會」（IMC）等。我在孟買工作期間，自然少不了與工商界人士打交道、交朋友。我深切地體會到中印關係中政治與經濟相輔相成的辯證關係：中印恢復高層政治互訪後，印工商界人士很快抓住機遇，紛紛與中國開展經濟貿易合作。反過來，印度工商企業界為推動印度政府調整對華政策，從而促進印中友好關係向前發展，也作出了很大貢獻。因此，我國領導人訪問印度時，往往會到孟買會見工商界人士並發表講話。我國許多省市級代表團到孟買，當地的工商企業界組織都積

極協助我領館做好接待工作，踴躍開展經貿合作洽談。這裡我要特別提一下「印中工商會」（ICCCI），它於一九九〇年三月二十日在孟買成立，當時正在印度訪問的我國外交部長錢其琛參加了成立儀式。這是一個兼促進印中經貿關係和友好合作於一體的群眾團體。他們經常參與接待來訪的中國友好團組和經貿團組，為中國企業牽線搭橋，提供各種諮詢服務，介紹中國企業到印參加展覽會等。他們對我領館工作的支持和幫助，特別是印中工商會負責人蘇瑞西·德瓦拉一家人對中國的友誼，我至今記憶猶新。二〇一五年夏天，蘇瑞西和夫人來中國旅遊，我們在北京又見了面，敘了舊。

一九九八年，在中印關係出現挫折的時候，印度工商界人士對中國的態度並沒有發生逆轉。大多數人對兩國關係的前景抱相對樂觀的態度，給我留下深刻的印象。當時，印度國防部長費爾南德斯稱中國為印度「潛在的頭號威脅」的講話發表後，印度有識之士包括工商界人士對他的不負責任的言論表示了不滿和反對。在一個招待會上，工商界的朋友對我表示，他們相信，中印友好關係會繼續下去的。有一位朋友開玩笑說：「如果今天費爾南德斯在這裡，我們就把他扔到海裡去。」（招待會在孟買南端海邊的一家酒店舉行，打開窗戶，樓下就是大海）這個小故事說明，中印友好是大勢所趨、人心所向。個別政界人物鼓吹「中國威脅論」，不過是一個與「大勢」、與「人心」不協調的小插曲。耐人尋

味的是，費爾南德斯部長在二〇〇三年四月「非典」流行期間訪問中國，並發表了有利於印中友好的講話。這說明他立場有所轉變，順應了大勢。

印度著名企業家 S・P・戈德里奇是我在孟買的老朋友，他八十多歲高齡還經常出席我領館舉行的各種招待會和友好活動。他有著不同尋常的中國情結。他告訴我，早在一九三四年他就隨父親到過上海，親眼見到受西方列強欺負的中國人民的慘狀。我說，那時上海外灘公園掛有「華人與狗不得入內」的牌子。他說，倫敦也有「印度人與狗不得入內」的牌子。印度和中國有著相同的歷史遭遇，獲得獨立和解放的兩個亞洲大國應當團結合作、友好相處。他認為中印兩國雖然社會制度不同，但可以互相學習。例如，中國的計劃生育做得對、做得好。印度人口膨脹是個嚴重問題，他曾對印度總理說：「你應該專門管計劃生育。」他在自己的企業內部提倡計劃生育，並實行獎勵措施：如果一個職

工家庭只生一個孩子，那麼他的公司就為這個孩子提供各種福利，從幼兒園到中學，只要交一點象徵性的費用（每月約 45 盧比，約合 10 元人民幣），保證孩子健康成長。我曾參觀過戈氏家族企業在孟買郊外的工廠區，那裡環境優美，規模很大，包括生產車間、職工宿舍、幼兒園和中學等。我感到他的企業文化也值得我們學習。

戈老先生熱心於社會公益事業，還支持學術研究。他的辦公樓有一個會議室，平時用來召開公司內部的會議，但有需要時，也用作學術交流的場地。戈老擔任印度世界事務理事會（ICWA）孟買分會的主席，所以也出面接待國外來訪的學者。我在孟買工作期間，他就接待過來自中國社會科學院和北京大學等單位的訪印學者。戈老先生喜歡收集中國藝術品，他家裡有一間屋子叫「中國房間」（Chinese Room），專門擺放中國的藝術品和物品。我得知他也愛聽中國音樂，便送給他兩盤中國音樂

鄭瑞祥總領事在孟買大學舉辦的中印關係研討會上致辭。

光碟，包括《春江花月夜》《二泉映月》和《梁祝》等不同時代的經典樂曲，他很高興。他說，他出門坐車時，在車上常放中國音樂。他多次向我表示要到中國觀光，特別要看看三峽風光。可惜的是，二〇〇〇年他不幸因病去世。

最後，我再用一個小故事來結束本文。一九九八年十一月的一天，孟買南區的一個非政府組織「扶輪社」邀請我去作報告，講一講中國的經濟改革和中印關係。聽眾中不少人是老朋友。會議組織者別出心裁，做了一個大蛋糕，上面用紅色奶油寫著「印中友誼萬歲」。講話前，有人向我獻花，然後請我切蛋糕，讓大家分享。這時有人提醒我，不要把「印中」兩個字切開，一語雙關，引起一陣會心的歡笑。報告會在歡聲笑語中進行，氣氛友好熱烈，直至結束。

二〇一五年五月，印度總理莫迪成功訪華。中印關係總體上呈上升趨勢，兩國友好合作繼續發展，不斷邁上新的台階。展望未來，中印兩個正在崛起的亞洲大國將攜手合作，達到互利共贏、共同繁榮的目標。

與印度總統卡拉姆的忘年之交

季　平

（中國和平發展基金會副秘書長）

二〇〇〇年我首次去印度使館工作時，中印關係形如爬坡，正在努力走出低谷。平時工作雖忙，但我還是經常抽空逛逛書店。

二〇〇一年雨季來臨前一個週末，我在新德里的一家書店裡發現了一本叫《火之翼》（Wings of Fire）的暢銷書。那是一位名叫阿卜杜勒·卡拉姆（APJ Abdul Kalam）的印度科學家的自傳。打開扉頁，我便被書中動人的故事所吸引。它講述的是卡拉姆博士如何從南方小鎮走出來，走進科學的殿堂，最後成功研製「烈火」導彈，成為印度「導彈之父」的故事。

卡拉姆博士，一九三一年十月十五日出生於印度南部泰米爾納德邦一個叫拉梅斯瓦蘭的海邊小鎮上，他的父親是當地的船伕，主要靠為當地人擺渡為生。由於生活在這樣一個穆斯林家庭，卡拉姆學習十分刻苦，成績優異。他在馬德拉斯技術學院獲得航空技術博士學位後，開始在班加羅爾的印度斯坦航空有限公司工作。一九六三年起，在印度空間研究組織從事航天技術研究工作。一九八二年起，

擔任印度國防研究與發展研究組織負責人，為印度的導彈研製作出了傑出貢獻，被譽為「印度導彈之父」。之後，出任瓦傑帕伊總理的首席科學顧問，並被授予國家最高榮譽──印度鑽石勳章。他是個素食主義者，不飲酒。他還喜歡文學和印度古典音樂，是個詩人。

我當時就在想，是不是應該把這本書譯成中文，讓國人也了解一下印度近年來軍事科技發展的心路歷程呢？一九九八年印度核試驗之後，我們開始全方位地關注這個沉寂了多年的鄰邦。

我把書託人捎回了國內，請幾個年輕人先開始譯著，同時，我抓緊時間與兩邊的出版社聯繫出版和版權轉讓等事宜，但進展緩慢。幾個月後，我離任回國，版權問題懸而未決，而卡拉姆博士已經在我離任前十天正式就任印度總統了。就在一籌莫展之際，我得到一個消息，說有一位海德拉巴的友人希望訪華，而他正巧就是該書的執筆人阿隆・狄瓦裡先生。

在陪同狄瓦裡先生訪華的時候，我了解到了更多有關此書的寫作背景，狄瓦裡先生還十分爽快地表示由他出面與印度的大學出版社聯繫轉讓版權事宜。臨行前，他握著我的手動情地說，下次你來印度，請一定告訴我，我趕去德里，與你一同去拜會卡拉姆總統。

卡拉姆是二〇〇二年七月二十五日當選印度總統的。此時，我們的翻譯出版工作已經基本就緒。

萬事俱備，只欠東風——版權轉讓協議。十一月七日，狄瓦裡回到印度後第二天，我們便收到了印度大學出版社的免費轉讓版權的認證函。於是，出版工作便加快了步伐。

三十天後，我正好有機會隨中聯部前部長李淑錚同志率領的中國國際交流協會代表團訪問印度。十二月八日，我得到印度總統府的通知，說卡拉姆總統初步定在九號下午與我見面。當時，華君鐸大使還沒有遞交國書，我們還沒有官方人士與卡拉姆總統見過面，所以我反倒猶豫起來。淑錚部長和華大使反過來勸我說：機會難得，你已經離開使館的工作崗位，而且是隨民間組織代表團來訪，你就去吧。

十二月的德里氣候宜人，柔和的陽光灑落在雨季過後綠油油的草地上，苦楝樹下聊天的人們三五成群，格外悠閒，但我此時居然有些緊張起來。總統府派來的白色「風神」轎車把我接進總統府南門，過了一道又一道的哨卡之後，我終於站到了一隊總統內衛的前面。他們個個人高馬大，英俊挺拔，不苟言笑，但和藹可親。老朋友狄瓦裡先生在門口迎接，他熱情地迎上來說：「總統已經在辦公室等你了。」然後把我引到一個不算大的房間裡。房間的右側靠著一排書架，書架的前面擺放著一張普通的辦公桌，桌上堆滿了書籍和報刊。這時，一位慈祥的老人從桌後站了起來，精神抖擻地繞過書桌微笑著健步向我走來。看到他那奇特的髮型，我

意識到一個歷史性的時刻到來了。

　　卡拉姆總統是位典型的、有民族主義氣質的科學家，他力主打破西方壟斷，自行研發導彈。他的信條是：「只有強大才能得到尊重。」他在自傳中說：「本書不僅記錄了我個人的悲歡，同時也記錄下現代印度科學機構為躋身科技最前沿所經歷的成功與挫折。它記錄了民族的希望和為之而作的拚搏。在我看來，這段關於印度獨立自主地發展科學技術的故事就是我們這個時代的史詩。」他還說：「有些國家經過幾百年的歷程發展成為技術強國，他們為了自己的利益而肆意操控世界。這些大國自封為新世界秩序的領導者。在這種形勢下，像印度這樣一個擁有十億人口的大國應該怎麼辦？除了成為科技強國，我們別無選擇。」同為發展中國家，我們有著相似的命運和相同的感受。儘管此時中印關係尚未完全轉圜，我覺得這是我們的共同語言。

　　當卡拉姆總統迎面走到我的跟前時，我才注意到自己正停在一圈沙發的中央。我們並沒有馬上坐下。他也站在那裡握著我的手，半仰著臉，微笑著說，「你叫季平，對嗎？」「是的，閣下。」於是他一個字母一個字母地把我的姓和名拼了出來，像是在自言自語，又像是展示他的記憶力。我知道，他的名字可是由五個部分、三十一個字母組成！可我那時完全被他那傳奇式的髮型吸引住了。頭髮沒我想像得那麼密，而且顯得濕漉漉的。銀灰色的長髮像絲一般光滑，自然地從中間分開，馴服地貼在

耳朵兩側，髮梢處自然地向內打了個卷。記得他當
上總統後，印度媒體還專門討論過他這種中分摳邊
的髮型，有人甚至用電腦畫像的辦法為他設計了幾
種流行髮式。儘管任何一種新髮型看起來都會使他
年輕許多，但是總無法把改變了髮型的卡拉姆博士
與現在的總統聯繫在一起。曾有一個女學生問他為
什麼要留這麼一個古怪的髮型，他說：「我剪過，
但是它還就這麼長。」

　　現在，他那獨特的髮型已經成為他的標誌，充
分地展示了他的個性。也許正是他這種獨特的個性
使他更富有魅力，成為國家的象徵。

　　他的髮型分散了我的注意力，我已經記不清是
怎麼跟他寒暄的了。我們坐的沙發形成一個直角，
拐角處夾著一個茶几，茶几上放著一部白色的電話
和一盆鮮花。

　　卡拉姆總統說，他最近對佛教產生了濃厚的興
趣，認為佛教中的某些教義，譬如眾生平等的思
想，四聖諦、八正道的主張，直指人心，讓人產生
放棄暴力的念頭，讓人心如止水。他說：「印度和
中國有共同的文化背景和思想淵源，一個信奉甘地
主義，一個是對佛教有親近感的國家，所以兩個民
族都是渴望自由和熱愛和平的。印度人喜歡中國，
中國人也喜歡印度。但印中關係發展時有曲折，其
中的主要原因就是因為缺乏相互了解。我們兩國人
民應該加強交流和接觸，進一步增進兩國人民之間
的友誼。讓中國人了解印度，讓印度人了解中

國。」

　　我說，中國人的確很喜歡印度。印度的宗教、文化和藝術極大地豐富了我們的生活。我們從《西遊記》聊到了寶萊塢電影《地租》，又從泰戈爾聊到了魯迅。卡拉姆總統還帶著我看他收藏的一幅油畫，展示聖雄甘地領導人民從事非暴力不合作運動的情景。畫中甘地那深邃的目光至今縈繞在我的腦海裡。它讓我想起卡拉姆總統的書中的一句話：「在這個美麗的星球上，神創造出的每一個生命都有著其特定的使命。聖火和我們與生俱來。我們所作的努力就是要為火添翼，讓這個世界充滿聖火的光明。」

　　時間不知不覺地在這場毫無外交辭令的會見中過去了。我主動向總統告辭，感謝他撥冗會見。我們握手告別。當我轉身走到門口時，只聽得卡拉姆總統在輕聲召喚我：「請等一下，平先生。」

　　我轉過身去的時候，他正在書桌上尋找著什麼。他拉開左邊的一溜抽屜，又拉開右邊的一溜抽屜，接著又在桌面上翻找著。「噢」，他從書堆中抽出一本精裝的小書，衝我燦爛地一笑，「我送你一本書作為紀念。」在我走近他的書桌時，他喃喃地說，這本題為《點燃的心靈》（Ignited Minds）的書是他的新作，希望我喜歡。他翻開那本書，瀟灑地在扉頁上寫下了他的贈言：

　　「致以最良好的祝願。

　　　　　　　　——阿卜杜勒·卡拉姆。」

這本書我至今都珍藏在我的書櫃裡。

卡拉姆總統是一位傳奇人物，是一位執著於事業的人，但也有很多凡人的一面。他平日生活儉樸，衣著隨意，一頭銀色的捲髮在印度可算是風格鮮明。卡拉姆還是個素食者，而且滴酒不沾。據卡拉姆自己說，最初素食是因為當時拮据的生活狀態，到後來經濟寬裕了，但素食的習慣卻保留下來。除了淵博的知識，所有接觸過卡拉姆的人還被他的直爽和平易近人的為人所折服，對此我早有耳聞，如今見了面，我便深信不疑了。

之後三年多時間裡，我們沒再見面，除了逢年過節發個賀卡之外，我們幾乎沒有聯繫。這三年多時間裡，卡拉姆總統十分忙碌，至日本、至歐洲、至美國……這三年裡中印關係也有大的發展，二○○三年六月，瓦傑帕伊總理對中國進行正式訪問。雙方簽署了《中印關係原則和全面合作宣言》，確認發展長期建設性合作夥伴關係。印度在《宣言》中明確承認，西藏自治區是中華人民共和國領土的一部分。二○○五年一月，中印舉行首次戰略對話。四月，溫家寶總理成功訪印，兩國簽署《中印聯合聲明》，宣布建立面向和平與繁榮的戰略合作夥伴關係。中印關係邁上了健康發展的軌道，雙方各個層面的交流越來越多。當時，我已經開始著手卡拉姆總統第二本書《人生對話錄》的翻譯出版工作。

二○○六年五月三日，我利用陪同中國國際交

二〇〇六年五月三日,印度總統卡拉姆在辦公室會見中國國際交流協會理事艾平（右2）和本文作者季平（右1）。

流協會理事艾平同志（現任全國政協外委會副主任委員）訪印的機會,一起拜會了卡拉姆總統。沒有多餘的寒暄,沒有繁瑣的禮節。像老朋友一樣,當得知我們正在翻譯他的新著《人生對話錄》時,他高興地說:「與我的前一本自傳《火之翼》不同,這本書講的是我的心靈之旅,所以更為重要。」

卡拉姆總統在會見我們的時候說:「增進印度人民與中國人民之間的相互了解,也就等於在增進全球人民之間的相互了解,因為印中兩國人口加在一起已經超過了全球人口的三分之一。」他認為,歷史上佛教東傳和儒學西進都是印中兩國人民之間文化交流的重要里程碑。對於中國人來說,佛教的影響是深遠的,「而對於我本人來說,修、齊、治、平思想也給我留下了深刻的印象」。

二〇〇二年七月擔任總統以來,卡拉姆對中國傳統文化的興趣與日俱增。據卡拉姆身邊的人介紹,卡拉姆接見的中國人並不多,但是他對中國的

興趣很濃，他的案頭擺放著許多有關中國的書籍，他還迫切希望能在這一任期內訪問中國。

在《人生對話錄》中，他對孟子的「心之官則思」的思想大加讚賞，他說：「頭腦的作用就是思考：當你思考的時候，你擁有頭腦；如果不思考，你就失去了頭腦。這是上帝賦予我們的。」談到中國傳統文化，他的眼睛閃爍著光芒，對我們說：「孔子教導我們，要把一個個體的人與社會的人以及一個有國家意識的人結合起來。這就是一種和諧與和平的思想。」

說話間，我們向卡拉姆贈送了雕刻在竹簡上的《論語》，卡拉姆饒有興趣地詢問了其中的主要內容，並對我們能用傳統的方式保護古典文獻嘖嘖稱羨。卡拉姆總統顯然也在尋找如何讓印中兩國人民走到一起的捷徑，他說：「印度和中國都是偉大文明的發源地，都是偉大的人民、創造力、精神世界與哲學的統一體。印中兩國以及兩國人民之間的合作會給這個星球帶來和平、繁榮與安全。」

他認真地表示，他正期待著胡錦濤主席對印度的訪問。

卡拉姆總統問我們在組織翻譯《人生對話錄》過程中有什麼困難，我們便說起了書中提到的一千八百多年前印度南部那位名叫悌儒維魯瓦的聖人，及其所寫的《古臘箴言》。我們知道，悌氏的思想對卡拉姆總統的影響是巨大的。在他的接待室的正中央就矗立著一尊約有一米高的悌儒維魯瓦銅像，

佛祖釋迦牟尼和印度教智慧女神薩拉斯瓦蒂的塑像分立兩側。從中我們不難看出，卡拉姆總統的精神世界是豐富多彩的，而悌氏在他心目中的地位卻又是無與倫比的。

當我們提到悌儒維魯瓦的名字時，卡拉姆總統精神為之一振，他從寬大的椅子裡挺起身來，順手從辦公桌上拿過一本夾滿了書籤和花花綠綠小紙條的袖珍書。他像洗牌一樣熟練地用大拇指快速地翻閱著那本精緻的小書，微笑著說道：「《古臘箴言》與《論語》一樣，裡面充滿了智慧。」

卡拉姆認同悌氏的思想，不僅僅是因為悌氏是印度南部的泰米爾人，是卡拉姆總統的同鄉，更是因為悌氏的思想更注重個人的內在修行。「悌儒維魯瓦」原意是文雅之士，他生於西元二世紀。他的作品《古臘箴言》共一百三十三章，每章一題，各有十偈，言簡意賅，精警透闢，一語破的，萬眾無辭。

卡拉姆總統所崇尚的悌氏倫理學與中國的程朱理學有異曲同工之妙。我們可以從《古臘箴言》中找到許多共同語言。例如，悌氏說：「不愛人者為一己而生存，愛人者盡其生命以為他人。」悌氏還說：「擇人之長而用於所事，使其展其所長。」這些話，對我們來說是那麼熟悉，彷彿就是我們自己的信條。

卡拉姆博士之所以能當上印度總統，絕不僅僅因為他是印度的「導彈之父」，還因為他有用科學

與理性來取代宗教的世俗主義理想。卡拉姆出身穆斯林家庭，卻不做禮拜；生活在印度教的國度裡，卻不祭大神。他既反對伊斯蘭的原教旨主義，也反對印度教的原教旨主義，他的溫和形像已為社會各界所接受。

人類社會進入二十一世紀，面臨著許多需要共同解決的問題。卡拉姆總統對世風日下、道德滑坡、信仰危機和理想破滅的社會有諸多不滿，他認為「政府的法律無法造就一個好的、誠實的公民」。他主張向聖人學習，用道德的力量來約束個人的行為，而且這種力量也不完全是宗教性的。這就是他為什麼竭力推崇悌氏倫理的主要原因了。

卡拉姆總統曾說過：「我一生中最重要的決定是去發現印度兒童身上的真我（true self）。」

曾經有一個孩子問卡拉姆：「先生，您造的『烈火』導彈能打到美國嗎？」他對這一問題頗感吃驚，說：「『烈火』導彈是我們國力的象徵。現在還沒有哪個國家與我們敵對如此，以致於我們要用『烈火』導彈去打它。」他認為，孩子們的心靈是純真的，問題是社會輿論和媒體的宣傳對他們造成了影響。他希望在孩子們幼小的心靈中植入一種超越政治與宗教的愛國主義思想。

二〇〇二年七月卡拉姆宣誓就任印度總統以來，把主要精力放在對印度崛起問題的思考上。他說：「印度有著使自己成為發達國家的使命。我們有一個理想，有一個路線圖。」他認為，規劃印度的

遠景目標需要「重新發現印度豐富的文化和精神價值」，為此他連續撰寫了《印度二〇二〇：新千年的遠景》《火之翼》《點燃的心靈》《人生對話錄》等書。

卡拉姆總統曾表示：「青年人要點燃他們的心靈，要有遠大的目標。」他期望著能有那麼一天，讓印度生產的汽車行駛在法蘭克福和首爾的街頭，印度的運載火箭能把別國的通信、氣象和遙感衛星送上地球軌道，印度的工程師能為美國、日本和中國設計電站。他認為「鼠目寸光是一種罪惡」。他曾對印度的青年人說：「夢，夢，夢。夢會變成思想，思想會產生行動。」

在談了許多有關青年一代的話題之後，卡拉姆總統對我們說：「『六一』國際兒童節快到了，請你們給中國的孩子們帶一個口信，告訴他們：

學習是創造的源泉，

創造是思想的源泉，

思想產生知識，

知識使你們變得偉大。」

他邊說邊在一張打印有他頭像和寄語的卡片上籤上了他的名字。

會見的時間是短暫的，但留給我們的印象是深刻的。卡拉姆總統用慈祥而充滿期待的目光把我們送出了他的辦公室。當我們帶著這位年已古稀的老人的祝福踏上了歸國旅程的時候，我們對他有了新的認識。當時，卡拉姆正致力於一個名叫「印度千年任務二〇二〇」的計畫，其目標是將印度帶入發達國家的行列。

半年之後，胡錦濤主席應卡拉姆總統之邀訪問印度，這是中國國家主席十年來首次訪印。十一月二十二日，當胡主席與卡拉姆總統在總統府會見時，卡拉姆總統拿出了四本他寫的書贈予胡主席。其中《火之翼》和《人生對話錄》是中文版的。

二〇〇六年十月我去山東濰坊掛職鍛鍊，分管旅遊局和風箏辦。次年是「中印旅遊友好年」。二〇〇七年一月中旬，應印度古吉拉特邦政府旅遊局的邀請，我率領濰坊風箏隊參加艾哈邁達巴德市的國際風箏節，這是世界著名的風箏賽事和節會。濰坊作為國際風箏聯合會的總部所在地，在某種程度上也代表了中國的風箏隊。

卡拉姆總統聽說我率風箏隊前往印度，於是又欣然表示願與我見面。一月十二日下午，我帶著兩位同事來到總統府。

卡拉姆總統開門見山地說，這是我們第三次見

二〇〇七年一月十二日，卡拉姆總統接見季平（左2）一行，獲贈一隻精緻的濰坊風箏。

面，聽說你當市長了。我說：「不是，是市長的助理。」卡拉姆總統說：「對我來說都是一樣的。你們這個城市有多少人口？」我恭敬地回答說：「八百六十萬，總統先生。」「那可是一個不小的城市，恭喜你！」

我說：同艾哈邁達巴德一樣，我們濰坊是中國的風箏發源地。今年四月我們也要舉行一年一度的風箏會，我們歡迎總統閣下或您的代表來濰坊參加風箏會。

卡拉姆總統說：我的確很想去，我一旦有機會去中國，一定去你們的城市，但我今年暫時沒有訪華計劃。我們印中兩國是兩大文明古國，目前兩國人口總數已占全球人口總數的三分之一。印度與中國還是近鄰，所以我們很有必要加強兩國之間的經貿、文化交流和人員往來。亞洲將是二十一世紀世界經濟的中心，從目前來看，印度和中國的發展已

經引起了國際社會的廣泛關注。不久前，貴國胡錦
濤主席應我的邀請訪問了印度，我跟他在這一問題
上達成了共識，我們還共同表達了一個心願，那就
是我們寄希望於兩國年輕人加倍努力，因為年輕人
是我們的未來。

　　我告訴他：去年四月來訪時，您曾委託我轉達
對中國少年兒童的「六一節」祝賀。我把您的祝願
轉達給了中國有關部門，您的寄語已經在《中國少
年報》和相關網站上刊登了。還告訴他：《人生對
話錄》不久前已經在中國出版發行，目前，中國各
地新華書店甚至有些購物網站上都能買到您的新
著。

他興奮地說：我很高興這本書能在中國出版發行，這也是我們兩國文化交流中的一件實事。這本關於人生心路歷程的書是獻給青年朋友的，希望這本書對中國青年了解印度文化也有所幫助。同時，感謝你為這本書在中國的出版發行所作出的努力。另外，上週我又出了一本書叫《堅強不屈的精神》（Indomitable Spirit），我願意把此書贈給你，你是第一個中國讀者。

我回贈了他一隻精緻的濰坊風箏。

二○○七年七月，卡拉姆總統如期退休了。他從總統府搬出來時，攜帶的物品只有一隻小皮箱，一如他清貧的人生，當時被傳為佳話。之後，他住到了離我們使館不遠的三塑像（Tinmurthi）附近的一個寧靜的小院裡。

二○○九年四月，我第二次到使館工作，任黨務參贊。雖然離得很近，卻也不能經常去拜會，除了卡拉姆總統外出講學的時間比較多的原因外，另外一個很重要的原因是由於我的身分發生了變化，以前那種相對民間的交往反而不太可能了。

直到二○一○年底，我才又有機會去拜會他，邀請他到中國去參加「北京論壇」的會議。直到此時，他仍沒有實現訪華的夙願。那次見面時間很短，有點像例行公事，所以沒有留下太深刻的印象，我只是感到他的身體還很好。他問起了中醫的保健作用問題，我對印醫（Ayuvedic）也深表讚賞。

二○一一年底我離任回國，到中國和平發展基

金會任職。次年底，卡拉姆總統終於實現了他訪華的願望。我在十月下旬收到他秘書的來函，告知卡拉姆總統來京參加「北京論壇」之事，並約我在京見面。

二〇一二年十一月二日，我去香格里拉飯店拜會他。雖然時間匆忙，但卡拉姆總統還是興致勃勃地跟我聊起過去那幾年來我們交往中的印象。十一月的北京已經很冷了，他在房間裡只穿了一件藍色的襯衣。我問他到北京來生活是否習慣，他說他在北京這幾天很自在，「沒感到有什麼寒意」。我覺得他是一語雙關，既說天氣，也說中印關係的大氣候。他感嘆說，在當總統的時候就很想來中國訪問，但是五年時間裡未能實現這一夙願，如今從總統府搬了出來，反而有機會來了，看來這也是一種天意的安排。

我也感嘆道：當我第二次在使館常駐時，我們離得很近，直線距離不過一兩公里，但我們沒能經常見面。如今，您已退休，我則到了一個民間組織工作，反倒沒有那麼多的繁文縟節和禮儀上的講究了，希望以後能多多見面。

卡拉姆博士說：我老了，以後印中兩國關係的事還要靠你們這年輕的一代人。

當年，卡拉姆已經是八十一歲高齡。與我第一次與他見面時整整相隔十年，他的氣色依然，甚至比當年更好些。

二〇一四年十一月，他應北京大學「大學堂頂

尖學者講學計畫」的邀請再次來訪，並接受了我的母校北京大學授予的名譽教授稱號。由於當時我正巧不在北京，所以未能謀面。但是他寫的詩經常迴響在我的耳邊：

我不是房屋的主人
我也許是園丁
我希望繁榮的蓓蕾能夠盛開
保衛憐憫的果實，直至成熟
夢想見到我的國家興旺發達
沒有貧困，沒有紛爭

一個熱愛毛澤東的印度小姑娘

衛德嫻

（中國前駐印度使館外交官）

一九七八年至一九八〇年，我曾在中國駐印度
使館工作。我丈夫高鍔是使館政務參贊。在此期
間，我們認識了印中友協副主席雷伊教授夫婦，並
與他們全家成了好朋友。

起初，我發現每當使館舉辦友好活動請到雷伊
教授夫婦時，他們的女兒希玲總是相隨而來。希玲
當時只有十六歲，正在讀中學三年級。她文靜端
莊，很懂禮貌，一雙大眼睛炯炯有神，身高已超過
母親。她總是不聲不響地依偎在父母身邊，認真地
傾聽著大人之間的交談。我曾對此好奇，根據自己
的體會，孩子到了這個年齡，一般不願意跟著父母
活動了，她怎麼還那麼溫順呢？

隨著更多的接近和了解，我們得知她讀過《毛
澤東選集》中的不少文章，對《毛主席語錄》也特
別有興趣。有一次，她拉著母親靦腆地問我：「有
時對語錄中的某些段落理解不好，你能幫助我
嗎？」當時，我雖內心有些為難，因為自己英文水
平有限，擔心擔當不起，但又覺得，我是一個中國
外交官，對這樣一個請求，應該義不容辭。於是，

我靈活地表了一個態：「我很願意與你一起學習，如果我自己解釋不好，我還可以找別的同事幫忙，好不好？」她點頭表示滿意。

由此開始，在以後相見的許多機會，我和這位姑娘之間就有了這方面的話題。她總是抓緊時間與我談一點學習心得或提一些問題。一般情況下，我盡量根據自己的理解，簡要地點一點這段語錄的主要精神，並得到她的點頭認可。有時候我受語言表達能力的限制說不清楚，就請英文好的同志幫助我表達，直到她點頭認可。就這樣，我們之間漸漸積累了一種特殊的感情。有一次，她媽媽悄悄地告訴我：「希玲覺得你待人真誠熱情，她非常喜歡你。她覺得你用提示主要精神的辦法啟發她，對她理解《毛主席語錄》很有幫助……」還說：「她在家提起你時，稱你為『中國媽媽』……」當時，我認為這是出於友好和禮貌，深深地向他們表示了感謝。

有一天，雷伊教授夫婦邀請我們使館陳肇源大使夫婦和好幾對外交官夫婦到他們家作客，我們夫婦也在其中。當大家在客廳裡熱鬧聊天的時候，希玲輕輕地牽著我的手，領我到了她的書房。一個幽雅小巧的房間，是希玲在家的獨立小天地。牆上掛著一幅《毛主席去安源》畫像，書架上夾有一套英文版《毛澤東選集》，書桌的一角有一個小小的毛主席半身石膏像和一本已經翻閱很舊的小紅書——《毛主席語錄》。玻璃板下面壓著一張她用英文書寫的座右銘——「要做一個高尚的人，純粹的人，

脫離了低級趣味的人」。頓時，我感到這個女孩生活在一個非常良好的教育環境中，這與她父母的文化層次有關。我發現她太可愛了，不由得緊握她的雙手，好奇地問她：「像你這樣一名學業緊張的中學生，為什麼對中國的毛澤東主席這麼感興趣？」她嚴肅地、一本正經地對我說：「毛澤東是當代的東方偉人，他不僅僅屬於中國！」「他喚醒了被壓迫民族和人民的覺悟，鼓勵人們要為正義而鬥爭。」「他引導青年追求真理，他把青年比作早上八九點鐘的太陽，把無限希望寄託在青年身上。」她還說：「毛澤東提倡『凡事都要問一個為什麼』，啟示人們要思索。」「他的著作能使人變得聰明，所以我非常崇敬他⋯⋯」我聽著聽著，不禁小聲叫了起來：「希玲，你真了不起！」真的，我確實從內心裡非常佩服她、喜歡她。一個剛剛十六歲的外國姑娘，還只是一個中學生，她的好學精神和追求真理的嚴肅態度，使我深為感動。我們倆就站在房間的中央，相互握著手，說著、聽著、凝視著⋯⋯突然間，希玲擁抱我了，並在耳邊輕輕叫我：「Madame，my Chinese mummy！」（夫人，我的中國媽媽）此時此刻，我非常激動，好像全身在通電。我緊緊地摟著她，拍著她的肩膀說：「希玲，你太可愛了！我真喜歡你，就像我自己的女兒一樣！」

吃飯期間，我把在希玲房間的所見所聞告訴了其他同志，也引起了他們的驚訝和讚揚。從此，希玲就成了我經常思念的小朋友。

一九八〇年七月，我們回國休假。休假期間，外交部又任命我丈夫高鍔為駐斯里蘭卡任大使，就此，我們別離了印度。我們與雷伊教授一家也就中斷了聯絡。

一九八六年，我們已從斯里蘭卡回國，並回到外交部工作。有一天，突然接到一個電話，得知雷伊教授的女兒正在英國大學讀書，為了準備畢業論文，她特地申請來中國考察訪問，並通過有關方面打聽尋找，特別希望能見到當時曾在印度使館工作過的幾位朋友。她結束對上海和浙江的考察後來到北京，離回去的時間已經非常短促，容不得我們進行任何籌備和款待，只能在一位同志的陪伴下，匆匆到我家見上一面。

別離六年後重逢，我們都非常激動。儘管就在我的寒舍陋室，但一點也不減我們內心的熾熱。亭亭玉立的希玲，經過高中、大學的深造，顯得更加持重沉著了。她說：「來中國看看是自己很早的心願，這次機會很好，收穫很大。」她還侃侃而談：「一個突出的印象，中國到處都在忙碌，充滿生機……」「中國非常了不起，能自己總結經驗，糾正錯誤，不斷前進……」「中國很幸運，毛澤東之後又有了一個鄧小平……」「你們的開放政策，將使中國從古老走向現代，中國將會發生更大變化……」——真像一個小小政治家！在這短短的相會中，我們也匆匆交流了雙方家庭和個人的近況，以及相互的思念之情……我們就這樣依依不捨地告

別了。

　　據悉，希玲大學畢業後與一位英國人結婚，並已定居英國，從事研究工作。我們偶爾得到她的一點信息，得知她的父母和她本人還在繼續關心中國的現狀與發展。我想我與印度小姑娘這一家的友誼已跨世紀了，但在我的內心還是那麼鮮活。「希玲，我愛你！希玲，我想你！」「遙祝你們全家幸福安康！」

外交生涯中難以忘懷的二三事

劉謹鳳

（中國前駐印度大使館政務參贊）

　　我前後於一九八〇至一九八五年和一九九七至二〇〇〇年兩度被派往中國駐印度大使館工作，共計長達八年之久。剛到印度時我是一名管調研的青年外交官，離開時已經成長為一名政務參贊。在印期間工作緊張而忙碌，其中有一段時間，使館參贊林尚麟因陞遷而調走，但輪換人員未及時到位，我在八個月內同時承擔了使館二、三把手的活，既協助大使搞內部各部門協調，又主管對外交涉等，工作任務異常繁重。儘管如此，在這一過程中經歷中印關係的跌宕起伏，既有唇槍舌劍、激烈交鋒，也有知音相交、感人至深的場景，這一幕幕至今歷歷在目，令人終生難忘。

　　記得二〇〇〇年上半年，我即將離任，時任駐印度大使周剛為我及接替我和林尚麟的宋濤、鄭清典兩位參贊舉行「辭舊迎新」招待會。我記得印度尼赫魯大學拉伊教授和幾家報社主編風趣地對我們說：「兩位男士參贊來替換一位女參贊，足見劉參的分量。」這或許是印度朋友們不經意的觸景而發，但朋友的認可是最大的鼓勵，一直激勵著我，

使我充滿自信，勇往直前。估計這句話在宋濤和鄭清典兩位參贊身上也起了「化學反應」，他們後來都當了幾任駐外大使，宋濤更是升至正部級，現任中共中央對外聯絡部部長。

外交工作有時需要激烈鬥爭，但也不乏柔情似水。從印度離任之際，各界朋友的惜別之情令人難忘。《印度時報》專欄記者納拉帕特教授夫婦是我的好朋友。我們經常就中印、中美、中印巴關係及西藏等問題交換意見和看法，曾經因觀點不同而話不投機，甚至面紅耳赤地爭論，但隨著相互了解的加深而建立了信任，能夠坦誠、客觀地討論，求同存異，從相見、相爭到相識、相交。這就是人們所說的諍友吧。我離開印度前，他們執意來使館與我道別。令人意想不到的是，教授的夫人拉克什米公

劉瑾鳳一九九七年第二次派駐印度工作期間留影

主竟然當場拿出她的結婚戒指送給我留作紀念。她要把愛情信物轉化為友情象徵，來表達對我的海枯石爛、永不變心的深情厚誼。我實在難以接受這麼貴重的禮物，堅決不同意接受，但看著她真誠的表情，再也無法推卻。就這樣，我接受了這份沉甸甸的特殊禮物並一直珍藏在身邊，也把與印度友人的這份珍貴的友誼深深地埋在了心底。

在印度使館工作期間，由於我負責對外交涉事務，所以同印度外交部等官方機構的官員接觸較多。我曾在紐約中國駐聯合國代表團、駐日內瓦聯合國辦事處代表團工作多年，對中印雙方在多邊領域的合作較為熟悉。得益於此，我同印方官員交流起來話題較多，有不少共同語言，建立了良好的工作關係。不管是做印度工作尋求支持，還是就敏感問題進行交涉，我們都能平靜、愉快地交談。但有一次交談確實充滿了「火藥味」。一九九八年五月，印度執意搞了核試驗，國際社會一致譴責，中國當然也不例外。但印度對中國立場不滿，兩國關係跌入低谷，各領域交往處於停頓狀態。有一天，我去印度外交部同主管中國事務的齊湛司長談問題，他出其不意地說，「中印關係僵持遲遲難以轉圜、改善，這同你先生沙祖康（時任中國外交部軍控司司長，主管核裁軍事務）在印度核試驗問題上的強硬立場不無關係，希望你利用這一特殊關係說服你先生緩和下來。」朋友歸朋友，原則問題不容妥協。我隨即反唇相譏：「齊湛先生，你錯了。中

國對印度搞核試的態度和立場是一貫的、明確的。解鈴還須繫鈴人，貴方堅持逆勢而動，遭世人一致譴責，不僅不自我反思並作出改善雙邊關係的實際行動，反指責中方主管官員，這是病急亂投醫，恕我難以幫這個忙。任何一國外交官，在執行政策、闡述立場時雖表達方式不盡相同，但絲毫不能偏離政府立場，這樣的基本常識相信你是清楚的。我可以負責任地告訴你，我先生作為中國外交官，在就印度核試驗問題闡述立場時，是代表中國政府立場，並不是表達個人觀點。希望你客觀、冷靜地看待這一問題，一如既往，推動印方改變態度，使兩國關係儘快恢復正常。」後來，齊湛司長被任命為印度駐上海總領事。二〇〇一年，他得知我陪同一個代表團訪問上海，特地邀請我去總領館作客並共進午餐。曾經工作上的爭論並沒有阻止兩國外交官成為朋友。外交官是國家利益的捍衛者，各國外交官都服務於自己的國家，即俗話說的「各為其主」，但這並不妨礙外交官相互間建立信任、友誼，為兩國間關係的改善發展添磚加瓦。

中國和印度是兩個有著深厚文化積澱、歷史悠久的大國，相互也是鄰居。在印度雖工作了八年，但從未感到膩味。回想往事，我很慶幸能夠有機會為中印關係發展和兩國人民加深友誼做一些工作。在完成繁重工作任務的同時，我也從中收穫了事業感和珍貴的友誼，留下了許許多多美好的記憶，這些都是我最寶貴的精神財富。在這一過程中，我也

更加堅定了這樣的信念：只有讓自己的脈搏同國家富強和時代進步的脈搏同時跳動，才能實現個人價值的最大化。

點點滴滴說印度

詹得雄

（新華社世界問題研究中心研究員，

曾任新華社新德里分社社長）

上世紀八〇年代和九〇年代，我兩次到印度工作，共待了八年多。最近有友人希望我從點點滴滴、細枝末節上說說我對印度和印度人的觀察和感受，於是就努力回憶起來。作為一名記者，這些東西都可能寫入過我的採訪本，但寫不進成篇的報導，僅是一鱗半爪的小故事。不過，它們也引人思索和感嘆，小故事裡面也許包含著大道理。

印度電影的品位

我是一九七九年九月十三日夜裡到的新德里，對一個學習印地文的人來說，真的到了印度，踏上天竺之邦，心裡很興奮。坐在從機場開往城裡的汽車裡，我一路上四處張望，默念道：「這就是印度，這就是玄奘到過的地方！」我首先看見了什麼呢？至今我還記得很清楚，在夜幕燈光下，我看見電線杆上方兩側盡是電影招貼畫，一路綿延不斷。這種陣勢，那時在我國還看不到。

到印度不久，看的第一部電影是《SHUO RAI》，那宏大的場面、熱鬧的歌舞、絢麗的色彩，還有震耳欲聾的音樂，把人看得興奮異常。電影主題很鮮明：雖然惡勢力逞兇一時，但最後善戰勝惡。故事並非到此為止，最後還會有一條尾巴，那就是善還會原諒惡，神的力量會撫慰人間。這樣的電影後來看多了，漸漸地覺得是老一套。但印度人百看不厭，每到新片上映，電影院前熱鬧非凡。電影票很便宜，比較窮的人也看得起。他們把現實的煩惱忘在電影院外，坐在裡面享受歌舞的快樂，接受心靈的洗禮。

印度電影院裡天天放外國電影，但愛看的人並不多，還常會受到批評。記得有一次一部外國電影裡人物穿得過於暴露了一些，第二天印度的報紙上便有了這樣的大標題：「PLEASE，WE ARE IN-DIAN！」（對不起，我們是印度人！）別小看了這個標題，我覺得它集中體現了印度人的心態：在這五光十色、花花綠綠的大千世界上，我們是印度人！我們要做印度人！

聖雄甘地講過一句富有哲理的話：「我希望世界各地的文化之風能盡情吹到我的家園，但是我不能讓它把我連根帶走。」還有一種說法是：「我把四面的窗戶打開，八面來風，但不能吹走我的屋子。」印度有電影審查委員會，標準有二十條之多，凡是鼓吹色情、暴力和民族、宗教仇恨的，不管是國產還是進口片，都不准上演。這從法律上保

證了印度電影的品位。

綠色革命的威力

　　到印度後不久，我有機會陪同我國農業部的一位副部長訪問旁遮普邦，那裡是印度綠色革命的發源地，也是農業搞得最好的地方。記得那時麥子已經長高了，但還沒結穗。車隊在麥海中穿行，那位副部長看了一路，感慨地說：「比我們的種得好。」

　　印度在上世紀六〇年代初曾鬧過饑荒，緊張的時候，城裡的糧食靠海外，來一船吃一船。美國等西方國家幫過它的忙，後來印度便掀起了綠色革命。所謂綠色革命，就是用先進的耕作技術、良種和水利來改造落後的生產方式。旁遮普邦主要是錫克人，他們歷來重視農業，海外的錫克人還掀起過給故鄉捐贈拖拉機的熱潮。該邦還按照美國農業大學的模式建立了一所先進的農業大學。政府規定，農業大學必須承擔推廣先進技術的責任，所以，每年大學都要舉辦「農業廟會」，大門敞開，隨便出入。各系在校園搭起帳篷，展覽良種，舉辦講座，講解先進技術。我們代表團饒有興趣地參加了一次廟會，熙熙攘攘，覺得很新鮮，也實地見證了綠色革命的影響。

　　當時中印交往還不多，中國來了一位副部長，當地都很重視。車到賓館時，有幾個士兵還舉行儀仗禮，頗為隆重。我們參加了旁遮普大學在一位農

場主家裡舉辦的酒會，官員、專家、教授、農場主等說說笑笑，氣氛十分融洽。記得在酒會前，我們在校園賓館外的籐椅上休息時，走過來幾個青年學生，十分健談和隨便，其中一個小聲說：「當心，他們在騙你們。」我們只能笑而不答。在印度，你什麼話都能聽到，不足為怪，我們自己有眼睛。

印度的土地是私有的，土改很不徹底，無地農民的比例相當高。在旁遮普邦的地裡幹活的，大多是北方邦、比哈爾邦來的雇工，他們的生活可想而知。現在，印度糧食已經自給，還略有出口，但遇到災年，農民自殺的消息還是不少，大量農民的生活還在貧困線以下。我常常想一個問題：是來一次蕩滌一切污泥濁水的暴力革命好呢，還是慢悠悠地搞改良好呢？這是一個沒有標準答案的永恆的問題，各國有各國的回答。

應該由誰來掃地？

我第一次到印度是在使館文化處工作，一次陪同由夏菊花率領的武漢雜技團到各地演出，頗受歡迎。最後的壓軸戲是舞龍燈，燈光一暗，翻舞起來，不管多大的體育場，都歡聲雷動，掌聲一片。

每到一地，先要忙著搭台，我們的演員，不管是名角還是龍套，都一樣捲起袖子幹體力活，誰也沒什麼架子，更沒有人耍大牌。一天，遇到了一個難題。在鋪地毯前先要掃一下地，陪同的印度官員

出於好意，不讓中國演員掃，認為這不應該由客人幹。周圍站了幾個印度人，但他們也不肯掃，因為他們所屬的種姓不允許他們掃地。那位陪同官員看看沒辦法，臨時到體育場門外去叫了幾個苦力來，他們一人拿一把掃帚默默地掃起來。那位官員搖著頭悄悄地對我說：「我們需要革命。」

我從中國來，知道什麼叫革命，聽了有點吃驚。我理解那位官員說的「革命」同我理解的是不大一樣的，它意味著要來一次徹底的變革，否則，連掃地這樣的事都會成為一個問題。印度憲法早就規定種姓平等，問題是實行。

我隨我國農業部副部長訪問，一路上這位打過仗的老革命說說笑笑，玩笑開了一個又一個，常常引得團員們哈哈大笑。團員講話也有點「沒大沒小」，十分隨便。陪同我們的印度農業部官員有點驚訝，對我說：「我還是第一次看見上下級之間這麼隨便，我們這裡不可能。」

心平氣和的印度人

在印度街頭，很少看見有人吵架，大家似乎都在默默做自己的事，有了矛盾，也就說一句：「喔來（嗨），帕伊（兄弟）！」然後把雙手一攤，微微搖頭，對方咕噥幾句，也就過去了。在擁堵的馬路上，三輪車與三輪車、三輪車與汽車、汽車與汽車如果有小的碰擦，大家默默地看一看，一搖頭，

也就過去了。大家的心態都那麼平和，能忍則忍，得過且過。

有一次，我長途開車，路上輪子內胎破了，找到一個修車攤，攤主很快卸輪補胎，忙了一陣。完事之後我問多少錢，他開的價比我預料的低到有點令人吃驚的地步。我想多給一點，他不要。他們真的相信頭上三尺有神靈，這輩子積德，下輩子享福。他們不仇富，相信富人是上輩子做了好事了。一次在南方一個城市，早上坐三輪摩托，車主是個年輕人，開著開著忽然停下來，到一棵大樹底下的一塊石頭前雙手合十祈禱了片刻，然後趕快回來開車。他對我說：「每天早上我都要拜一下，很靈。」

還有一次。我的一位同事晚上開車出去，路上拋錨了，一位錫克人開車經過，主動停下來幫忙。解決不了，他又攔了一輛車，借了一種工具，終於修好了。第二天同事告訴我此事，我問記了電話號碼沒有，應該感謝一下。可惜他在匆忙之中忘了，我總覺得是件憾事。但這種事在印度還是很多的。比如到了外地問路，有的司機會一路引你到路口，指指方向就走了。

有一個情景現在還記憶猶新。在老德里街邊一個小攤上，攤主正打開飯盒吃飯，一個年輕人過來了，攤主笑著把飯盒遞過去勸他吃。那位年輕人看看飯盒，裡面只有兩塊薄餅和一點豆羹，實在難以分享，但眼睛裡流露出飢餓的目光，猶豫著，沒伸手。我看到了，不忍心看下去，走了。也許他們都

是外地鄉下來的同鄉，也許是親戚，都到城市裡來掙口飯吃，斷頓了，怎麼辦？一個要幫，一個不忍心受，這是社會的現實，奈之何？

先進與落後共存

印度常常給人貧窮、落後、迷信的印象，這個不假。一位在歐洲工作了多年的老記者到印度後感嘆道：「印度真是赤裸裸的貧窮，它倒也不想掩蓋，讓外國人隨便看。」是這樣的。每個大城市都有驚人的龐大貧民窟，政府也不想剷除它，隨它自然生長。其實這裡面還有政治上的原因，那就是多黨議會民主。

窮人在鄉下生活不下去，流浪到城裡來謀生，白天在工地上或主人家裡幹活，晚上就在郊區搭的篷子裡過夜，人越聚越多，便成了貧民窟。政府開始也想驅逐，但人多了便不好辦，因為他們一人手裡有一張選票，政客們需要他們，甚至為他們呼籲，給他們通電、通水，修整道路。所以，大的貧民窟誰也不敢動，但也無法從根本上去解救他們。

我曾經到新德里的一個貧民窟裡去看過，簡陋的棚子裡真是家徒四壁，其實也很難稱得上壁。但我注意到，裡面還是做到了相應條件下的清潔，並不是亂窩一堆。他們覺得有這麼一個窩也可以知足了，因為還有不如他們的人。來到城裡的都得討生活，包括婦女和小孩。新德里街口常有一些孩子賣

報，我訂的報紙很多，但有時我也買一張。有一次我開車辦事，買了東西後記得口袋裡還有三枚大、中、小的硬幣，買一張報給一枚大的或中的就夠。我在等紅燈的時候看見一個還沒車窗高的小女孩在賣報，便摸了一枚硬幣給她，拿了一張報。這時綠燈亮了，車子啟動，我忽然看見那女孩用一種異常的目光看我，但車很快開走了。到家後我一摸口袋，天哪！我給了一枚小的硬幣，不夠報錢。我心裡十分內疚，記得第二天是星期天，我又到那個路口，想找到那個小女孩，但沒看見。後來我又去了幾次，都沒找到。雖然我給了像她那麼大的孩子幾次錢，但心裡至今仍覺得不忍。

印度確是一個不可思議的國家，千萬不要以為它只有落後的一面，其實這個國家蘊藏著無窮的活力，在條件合適的時候便會迸發出來。我曾經去參觀過孟買的塔塔原子能反應堆。他們讓我進入反應堆的內殼裡面參觀，進去之前給我胸前別上一個小裝置，說只要不閃亮，就沒有輻射，不必害怕。我到了中空的核心部分，抬頭看有幾層樓高。我是個科盲，但對這個巨人十分敬畏。我參觀的時候，我國還沒有一個核電裝置，而印度民族資本家塔塔家族，在印度獨立之前就資助了原子能研究。

印度的計算機軟件聞名世界。我一九九一年陪同新華社代表團訪問時，會見過他們的頂尖軟件專家。我曾問其中一位：「印度軟件在世界上可以排第幾位？」他有點不屑地說：「沒人能同我們比！」

二十多年過去了，事實證明他的話不是狂妄。

　　我離開印度有二十多年了，今天的印度已有很大改觀。我忘不了善良的印度人民，對他們懷著衷心的祝福。最後，我還想記下一個小插曲。八〇年代初，我曾到旁遮普邦的首府昌迪加爾參觀，那裡有一個廢品公園很有名。那次，我與一行人還參觀了昌迪加爾的市政廳。那天是休息日，但一個錫克中年人熱情地陪同我們參觀，詳細講解，參觀完畢還送我們到汽車旁。我們正要上車時，他舉起左手，露出一個斷指，笑著對我們說：「這是一九六二年與你們打仗時打斷的。」語氣很平和，好像在講一件很普通的事。我們聽了笑而無言，與他握手告別。我在印度八年多，僅此一次，有人主動向我提起一九六二年那段往事。往事已矣，來日方長。中印有幾千年的友好往來史，今後一定會繼續寫下去。現在印度在「東向」，中國在「西進」，都要發展經濟，兩國正好「接龍」。「一帶一路」把兩國聯繫在一起，可以造福兩國、造福世界。

文明的印度，誠摯的朋友

潘正秀

（中國駐印度使館前外交官）

一九五四年我讀中學時，印度首任總理尼赫魯攜愛女英迪拉・甘地夫人首次訪華。此後，「印地秦尼帕伊帕伊（印中人民是兄弟）」的口號聲響徹中華大地。《流浪者》《兩畝地》《大篷車》等印度電影到處播放，引起我濃厚的興趣。一九五八年我在北京外國語學院英語系學習期間，被外交部選中調到北京大學東語系學習印地語。一九七八年七月，我和丈夫前往中國駐印度使館任職，這是我第一次走出國門。從此，我與世界文明古國印度結緣。

「潘查希拉」是美譽

回顧我的人生軌跡，多次面臨選擇和被選擇，而且每次選擇和被選擇的結果都引領我走向新的征程，更加接近我的心靈召喚。特別是學了英語和印度的語言，讓我有機會徜徉於亞洲大國，遊覽歐美國家，結識了一些外交官與上層人士。因為我的名字「潘正秀」與和平共處五項原則的印地語發音近

似，我被班上一個同學起了個諢名，叫「潘查希拉」。我一般不喜歡別人給我起諢名，但對「潘查希拉」並不反感。當時我已知道「潘查希拉」就是「和平共處五項原則」，是一九五三年底由周恩來總理在接見印度代表團時第一次提出，也是建立各國間正常關係及進行交流合作時應遵循的基本原則。印度是我外交生涯中任職時間最長的國家。除英語外，印地語是我在北大專修時間最長的語種。在我的外交生涯中，幾次在急需時，它救了我的「急」。我還以這種語言參與了《毛澤東選集》某些章節的翻譯與審核，這是很有政治意義的工作。我學習印地語畢業不久，中印邊境武裝衝突爆發了，兩國關係轉入冷淡狀態，我坐上了「冷板凳」。但從整個外交生涯來說，這是短暫的。

中外師長恩如山

我剛到北大時，中印兩國關係還算良好。當時有普拉沙德夫婦和沙蘭夫婦等印度籍專家在東語系執教。他們教我們印地語字母、發音和語法，向我們介紹印度的著名詩人、諾貝爾文學獎獲得者泰戈爾及其名著，講授《羅摩衍那》《摩訶婆羅多》兩大史詩及由北大東語系主任季羨林教授根據梵文原著翻譯出版的《沙恭達羅》七幕詩劇。我的印度語言文學恩師金鼎漢教授最近將杜勒西達斯的《羅摩功行錄》翻譯成中文，這也是中國學者把印度文

化引入中國的一個例證。

那時週末和節假日，專家們還常把我們請到他們在北大的住所吃頓印度飯。他們夫婦忙得滿頭大汗，我們一群學生搶著幫老師幹活。這裡透著滿滿的異國師生情懷。剛開始時，覺得印度飯菜色不養眼、形不成體、怪味飄溢，難以引起我們中國人的食慾。但吃著吃著，我們開始琢磨出個中濃郁與香辣的味道。特別是敦杜裡（爐子）雞，選材是小仔雞，肉很細嫩，用酸奶與印度香料醃後，以炭火烤制，很入味。一次我從國外返回北京後，朋友知道我是屬「印度幫」的，特意在北京兆龍飯店的敦杜爾印度餐廳請我們吃了一頓正宗的印度餐。一進門，我用印地語打了個招呼，餐廳印度員工表示驚奇。接著我點了幾個我在印度阿育王飯店常點的印度菜餚及小吃。此時，我好像又回到了我外交生涯的發源地新德里。

中國有句俗語：「一日為師，終身為父。」中國還有個成語叫「師恩如山」。印度專家既是我的「慈父」，也是我面前聳立的一座「高山」。我願終身儲蓄友誼，播種善良，收穫希望，珍藏對師長的一顆感恩的心。

專家回國了，他們走時，我依依不捨。不知何年何月何日，才能與我愛戴的師長再相逢。幸運的是，隨著兩國關係逐步出現轉機，不久我就被派到中國駐印度使館任職。自從學了印地語，印度就是我心馳神往的地方。我敬愛的師長對愛徒被派到印度工作笑逐顏開。我到達新德里時，兩位女專家與

我緊緊擁抱，我們的淚水流滿面頰。專家們說：
「從中國回到印度後，以為再也見不到你們了，沒
想到能這麼快在新德里相見。」他們對我當外交官
感到十分榮耀，說在印度能當外交官的學生一般都
屬於菁英之列。我談不上菁英，但倒是幸運者。我
是家中獨生女，當我踏上「玄奘之路」前往印度
時，眼看女兒要到萬里之外，視我為掌上明珠的父
母好捨不得，我又何嘗不難過呢？！但祖國的外交
事業選擇了我，我不能怠慢。在人生旅途中，我一
直憧憬出發，執意前行。時間是我的競技場，惜時
如金是我的常態。

「和平大道」建使館

　　一九四九年中華人民共和國成立後，印度是第
一個承認我國的非社會主義國家，一九五〇年四月
一日與中國建交。隨後，印度政府劃了一塊三十三
公頃的碩大的空地給中國建使館。這個地方印地語
地名叫「香迪伯特」，意譯為「和平大道」，這倒
是名副其實，它離印度總統府不遠。圍著中國駐印
度使館外牆走一圈要個把小時。因考慮安全因素，
我很少獨自一人走出使館大院，即使偶爾出院，也
是夫婦二人結伴同行。中國使館一邊是美國使館，
一邊是斯里蘭卡使館。中國使館在新德里使團中是
占地面積最大的。現在，中國駐外使領館有駐印度
使館這樣規模的很少。這是中印友好關係的標誌。

潘正秀、劉新生夫婦
在中國駐印度大使館
門前合影留念。

中國使館大院內有辦公樓及館員生活區、大使官邸、參贊樓、領事部辦公處、外籍僱員生活區等。文化處、商務處、新華社現在另有辦公地與住所。使館本部籃球場、排球場、網球場等運動設施應有盡有。

印度地處熱帶，長年高溫。駐印度使館游泳池是館員一天忙碌之餘降溫的好去處。我的宿舍離游泳池最近，穿上泳衣，幾步就可竄到池旁。我是在駐印度使館學會游泳的，那時一口氣能游上千米，還能跳水。

「北大荒」裡種菜忙

使館還有一片很大的空地，因為尚未開發，館

員們叫它「北大荒」，有孔雀、麻雀、松鼠、猴子等鳥類和動物出沒。我們在使館期間開墾了「北大荒」。那時每個單位分一塊土地，一下班我們就忙著去侍弄那份「責任田」，鋤草、鬆土、澆水、施肥樣樣都干。這裡既是一塊品牌頗豐的苗圃，又是我的心靈花園。在整天緊張的腦力勞動後，穿插體力勞動，是一種調劑。下班後，我們把水靈靈的蔬菜送到食堂，廚師大加褒獎。從北京帶去的種子種出的心里美蘿蔔不僅「心里美」，外表也美。掛在菜架上帶刺的北京黃瓜頂著一朵小黃花，活脫脫像個窈窕淑女，倍兒美！地上長的胡蘿蔔，拔出一根抹抹泥巴就可以吃，那真叫「原生態」。果菜長得油亮茁壯，菜架上垂掛著絲瓜、黃瓜、豆角、西紅柿等瓜果，可謂琳瑯滿目。南瓜與冬瓜個大，成熟時摘下來，搬到陰涼地兒堆著留待慢慢享用。緊張的外交業務之餘，在異國的土地上辛勤耕作，讓我體會到熱愛勞動的人最光榮、最快樂。

　　我們在使館期間，「北大荒」中間開出了一條大路，館員在此散步遛彎。晚飯後，館員們走出辦公室，三三兩兩湧到那條大路上，有的就內外形勢交換意見，聊天下大事海闊天空。節假日與週末，我喜歡找幾位麻將牌友麻壇博弈一番，除夕之夜往往通宵達旦，大三元、小三元爭得面紅耳赤。這是我在印度享受的多彩生活。

重返異鄉多感慨

　　大路兩旁種了枝葉下垂的阿育王樹。印度專家向我們講授過阿育王的故事。阿育王是印度孔雀王朝第三代國王，他對歷史的影響居印度帝王之首。這種樹以他的名字命名，想來必有奧妙。幾年前，我先生和我分別出差回到印度，都特意先後到使館去了一趟。看到那些阿育王樹已長成參天大樹，不免想起我先生當時作為使館辦公室主任主管行政和禮賓事務，植樹造林也是他的分內工作。這些大樹留下了他的腳印和手印，也彰顯了他的業績。

　　這個大院裡樹樹爭秀，葉葉披翠。現在，國內很難找到這麼好的庭院，好就好在占地寬大，終年碧綠。有一年我先生出差到印度時，我建議他到我們親自參與開墾的「北大荒」去看看阿育王樹。回來後他告訴我，當時他觸摸了大樹，好像看到自己的兒子長大了一樣。

蜜蜂大戰擾使館

　　大院到處花草樹木，招致蜂來燕往，蝶飛蚓爬。在使館樓沿下，蜜蜂築起數個大桶似的蜂窩，裡面裝著滿滿的原生態蜂蜜，色澤鮮明，甜中透香。如果能採集起來，至少有幾十斤。但我們不知如何消毒，不敢享用。院子裡蜜蜂不時蜇人，使館辦公室曾組織「馬力」（園工）捅蜜蜂窩，招來蜜

蜂反抗。一天，蜜蜂千軍萬馬同時飛過來蜇那些在院子裡幹活的「馬力」。我當時很奇怪，它們似乎有最高統帥在發號施令，要不然怎麼知道齊向「馬力」衝鋒陷陣呢？！好幾個「馬力」臉被蜇得像面包。看來，像蜜蜂這樣的飛蟲凝聚力也挺強，知道保護自己，對「外來侵犯者」奮力反抗。這是我們在使館親眼目睹的一場昆蟲與人類搏鬥的大戰。回想起來，發動殲擊蜜蜂之戰也有違犯自然規律之處，蜜蜂畢竟是益蟲。因為殲滅蜜蜂，「馬力」上班時被蜜蜂蜇了，這也算因公負傷。我先生對「馬力」很同情，親自帶他們到醫院去看。印度醫學有獨到之處，費用不高，特別是政府醫院，拿點藥粉塗抹一下，很快就好了。這是使館發生的一次奇特的事故。

「白菜外交」美名揚

我們那個時代，院子裡蔬菜瓜果成熟了，就摘下送到使館食堂由炊事員加工，館員集體享用。前幾年出差到新德里，我特意去看了看當時的食堂，不免回想起當時大家吃飯時的情景：大廳裡熙熙攘攘，有大聲喧嘩的，有悶頭吃飯的。現在，已沒有人在那裡吃飯了，大廳裡堆滿了雜物，找不到昔日的影子。目前各家自己開伙，因此菜地分割成小小的畦壟。有的夫人在自己的「自留地」上勞作，有的手拿著散發泥土芬芳的蔬菜，準備回家為丈夫做

可口的飯菜，多麼溫馨！此情此景讓我羨慕。現在中國駐外使領館的條件比我們那個年代好多了，真是今非昔比。

那時留下的一些精彩故事讓人難以忘懷。有一年，使館大白菜豐收，不知出於哪位領導還是館員的建議，我們摘了幾棵大白菜加以包裝美化，然後送到英·甘地總理家裡，居然很受青睞。中國大使館的「白菜外交」成了新德里的一大奇聞。那一陣使團的活動中，總有人問起「中國大白菜」（Chinese Cabbage）是什麼樣子、什麼味道，這促使我先生萌生了一個想法——搞一次邀請秘書級外交官的活動。活動中，大家說的是大白菜，吃的也是大白菜，用大白菜包的餃子更是誘人味蕾，應邀客人均感「過了把癮」。

飯後，外交官們參加了一場乒乓球賽，結果當然是中國外交官摘冠勝出。一些西方國家外交官幽默地說，今天是「中國特色」的外交活動日，吃的是「中國大白菜」，玩的是風靡中國大江南北的乒乓球。這啟發我們，在國外開展外事活動，要動動腦筋，發揮中國優勢，少花錢、多辦事、辦好事。

外籍僱員是朋友

中國大使館地方很大，僅靠館員打理是不行的，所以僱傭印籍僱員十分必要。在我們到來之前，使館已開始僱傭僱員。我們夫婦在使館期間，

使館已有十幾名當地僱員。中國駐外使館有這樣多的外籍僱員，我想這種情況也不多。中國駐印度使館有兩名司機，其餘多數是「馬力」，負責打理花園和院子。

來訪領導都指示，對外籍僱員要平等對待、尊重和照顧，他們既是使館的僱員，也是我們的朋友。他們的辛勤勞作是對我們外交工作的支持。每年在中國和印度重大節日時，使館都給他們發一些食品和生活用品，表示慰問。後來我們調到別的使館，也按這個精神對待外籍僱員，在當地美名傳揚。

司機伊斯哈爾和賈格迪斯在使館任期最長。他們已是使館僱員的第二代。我重返印度時，他們還在使館，伊斯哈爾被提升為司機調度。一天晚上週剛大使請代表團吃飯，我路過車庫，他正在值班。他一眼認出我是 Madam Pan（潘女士），我們站在那裡聊了片刻。他說他媽媽很喜歡 Mister Liu（劉先生，我的丈夫），說他對僱員很好。我記得他媽媽那時是位能幹的穆斯林中年婦女，家裡收拾得窗明几淨，井井有條。我每次到她家去，她都要拿出自製的甜食招待我。中國使館給僱員提供住房，一戶挨著一戶住著，基本上是一室一廳，門前種著花草蔬菜，後面有一個小院，內設簡樸的衛生與沐浴設施。

賈格迪斯是一位忠厚的司機。他的媳婦不生孩子，他並不嫌棄，兩口子一直過著平靜的小日子。

潘正秀、劉新生夫婦在新德里地標性建築——印度門前合影留念。

因為我對新德里輕車熟路，使館沒再派陪同。賈格迪斯為我們開車，引領代表團一行遊覽和購物，帶我們到老德里的幾個廉價市場，買了一些印度工藝品和藏紅花等藥品。一路上，我坐在駕駛座旁，賈格迪斯好容易遇到個老熟人，哇哇說個不停。他對在使館的生活和工作表示滿意。

恆河岸邊聖水情

我喜愛印度這個國家，更愛恆河。一九八〇年十月，我們夫婦在出席了印度北方邦印中友協有關活動後，在印度友人凱坦先生的盛情邀請下，留訪了恆河岸邊城市瓦臘納西。

熱情的主人為我們準備了瓦臘納西有名的甜食。我親眼看到這些甜食在大街上製作時，多少蒼蠅光顧，但印度人對蒼蠅似乎司空見慣。印度人認為恆河水是清甜的，他們甚至直飲恆河水。可是我對印度甜食與恆河水的清潔程度都有保留。更何況河上到處漂浮著垃圾，甚至有人與動物的遺骸。

　　中國一位作家訪印回國後提到恆河，曾激動地說：「我拒絕說它美麗。」我認為這位名人的話語過於情緒化。我與印度打交道的年代多了，感情上不一樣。恆河水儘管很骯髒，但我認為它與長江一樣是神聖的。我在恆河岸邊買了一罐水帶回國內，放在陽台上。後來搬了幾次家，水漸乾枯，但沒變質，晚上通上電還能閃閃發光。我懷疑其中有些神奇元素。我購買的工藝品有動物造型、人物造型，有木製的、石製的，個個栩栩如生。我一直完好地珍藏到現在，它們訴說著我這個「老印度」對文明古國的深深眷念。印度新任總理莫迪已發出治理恆河的豪言，我相信古老的恆河會展現新姿。

印度婆媳皆善良

　　凱坦先生在經營自己的家庭商務之餘，積極參與一些印中友好活動。我們在瓦臘納西市訪問期間，一直是凱坦先生陪同。他在該市算得上是個中小企業家，家裡有一棟不甚豪華但還寬敞的房子，所在社區看樣子只能屬中低檔。他把我們夫婦多次

帶到他家中。凱坦家三口人，在印度人中算是個袖珍家庭。他是獨生子，而他到了而立之年尚未得子，家中除了老母只有夫人。我們在瓦臘納西的幾天，凱坦全家把我們當貴賓對待。凱坦的母親抓著我的手促膝談心，當時，老人最大的心病就是凱坦夫婦尚無子嗣，說著說著還不時抹抹眼淚。我看天下的老人都一樣，總是希望子孫滿堂，後繼有人。凱坦的那個小媳婦叫茜達，特別喜歡與我聊天，口口聲聲叫我「姐姐」，我也叫她「妹妹」。她問我家裡孩子的情況，我告訴她有一男一女。

茜達對我說，「你有兩個孩子，我很羨慕，你是世界上最幸福的人。」是的，我們夫婦把兒孫看作最大財富。她說她朝思暮想有個孩子，但自己生不了孩子。這是她內心最大的糾結，我很同情她。她說她想讓凱坦再娶個媳婦，為他生兒育女。她提出要到恆河岸邊的寺廟去修行，用聖水去洗滌罪過。到那裡生活肯定是痛苦的，為了凱坦的傳宗接

在印中友協一次會議上，凱坦先生（右1）致辭歡迎潘正秀、劉新生夫婦（左1和左2）專程前來出席會議。

代，她在所不惜。但凱坦母子心地善良，不願放棄這個乖乖女。聽了茜達的話，我心裡特別難受。我安慰她，生育問題是門科學，對症下藥進行治療，也有成功受孕的可能。

十年前，我再次訪問印度，我好想與凱坦及我的印度妹妹見一面，曾向使館人員打聽，可是已沒有人知道凱坦這個人的蹤影了。我那個印度妹妹如果真到恆河岸邊的寺廟去修行，就不能再回家了，這簡直太殘忍。如果他們夫婦還繼續生活在一起，那就是我企盼的最佳結局。

離開印度已二十個春秋，對凱坦先生全家我深深懷念。這是我交往時間最長的一個印度家庭。我在內心多次呼喚：「凱坦兄弟，你在哪裡？」「我的妹妹，你好嗎？」

無怨無悔學印地

二〇一〇年上海世博會期間，我們夫婦到印度館參觀，那個隊伍長得沒個一天半天是進不去的。門口站了一幫印度士兵，有的頭上還包著錫克族大包頭。我先生對我說：「你不是會說印地語嗎？就對他們說印地語吧！」我想也是，於是一個箭步上前，大聲地喊了一嗓子：「哈囉，帕依（兄弟）！」印度保安立馬調頭，他不解這個中國女士怎麼會說印地語？！我趕忙解釋，我在北京大學學習了印地語，後來又到印度工作過。那個保安很機靈，斷定

潘正秀、劉新生夫婦
與身著紗麗的凱坦夫
人（右1）合影留念。

我是中國的外交官，表示要茶水招待。我們考慮已
夕陽西下，婉拒了茶點，告訴他我們希望早點看展
覽。保安放了我們進去。看了這個館，我感到印度
館展品最豐富，畢竟是多民族、多種姓、多文化的
國家。我們對這個館看得最仔細，也讓我重溫了印
度這個國家的方方面面。

龍象共舞譜新篇

二〇一五年是中印建交六十五週年。應李克強
總理邀請，印度總理莫迪於五月十四日至十六日對
中國進行了正式訪問，這是莫迪作為印度政府首腦
首次訪華，也是習近平主席二〇一四年九月訪印以
來兩國間又一次高層互動。縱觀這次訪問的全過程
以及聯合公報，可謂碩果纍纍。其一，兩國領導人

親自過問，順應時代潮流，相互「頂層設計」，站得高，看得遠。其二，簽署了二十四項合作文件，全面深入推進了務實合作，體現了共同和相互的訴求。其中，高鐵和醫藥等重點合作項目分外亮眼，鼓勵地方政府合作意義深遠。其三，軍事安全合作面廣、路寬，預計兩國高層軍事往來將更加密切，邊境安全形勢將更加可控。

對莫迪總理二〇一五年訪華，中國駐印度大使樂玉成用三個「超級」進行了點讚：一是超高規格接待；二是超多合作成果；三是超級友好氛圍。他認為，三天時間很短，但莫迪總理成功訪華無疑將是中印關係史上濃墨重彩的一章。這次訪問影響廣泛，鞏固了兩國關係提速升級的新態勢，就像中印高鐵合作一樣，中印關係這趟列車也正在進入加速發展的高鐵時代。

當前，中印兩國都處於民族振興的關鍵時期。中國正在全面深化改革，打造「中國經濟升級版」，實現中華民族偉大復興的「中國夢」。印度正在加快變革與發展進程，推進技能（Skill）、規模（Scale）和速度（Speed）的「3S」戰略，以推動印度經濟社會回到快速發展軌道。中國和印度攜手合作，共同發展，讓超過世界三分之一的人口受益，這是中印兩國最大的共同戰略目標，也是新時期中印關係發展的動力和機遇所在。

不可否認，由於多種原因，中印關係也存在一些問題。兩國人民間的了解、理解和相互認同還不

能滿足兩國關係發展的需要，雙方對彼此的了解和認識已滯後於時代變化。一提到印度，很多中國人的反應還停留在「髒、亂、差」；而對於中國，一部分印度人仍把中國視為其「安全威脅」。西方殖民者和帝國主義製造的中印邊界問題遺毒至今，成為困擾兩國關係發展的一大障礙。中印還有許多認識上的「欠賬」需要彌補。中印作為迅速崛起的發展中大國，如何正確地看待自己和客觀地看待對方，如何防止或減少因戰略誤判帶來的干擾，增進彼此信任和了解，都需要雙方創新方法，加強交流，依託兩國文化紐帶，求同存異，不斷充實面向繁榮和穩定的戰略合作夥伴關係內涵，推動中印關係長期、穩定、健康發展。

　　未來五到十年正是中印兩國攜手發展、共創亞洲世紀的關鍵時期。中印已成為亞洲一體化和世界多極化進程中的兩支重要力量，兩國經濟總量占亞洲的近百分之五十和世界的百分之十五。中印關係內涵遠遠超出了雙邊範疇，越來越具有全球性戰略意義。正如習近平主席所說，「中印用一個聲音說話，全世界都會傾聽。中印攜手合作，全世界都會關注」。毫無疑問，「中國能量」和「印度智慧」的結合定將釋放出巨大潛能。「中國龍」和「印度象」強強聯合，聯袂共舞，不僅將造福中印，也定將惠及亞洲和世界。

在加爾各答的日子

毛四維

（中國前駐加爾各答總領事）

二〇〇六年，中國和印度決定相互在加爾各答和廣州對開新的總領事館。而後，我被任命為首任駐加爾各答總領事。

華人華僑

我是二〇〇七年秋天去加爾各答赴任的。現在還清楚地記得，抵達那天，當地華人華僑一行十多人到機場來迎接我，頗有一見如故的感覺。過後沒幾天，正逢中秋佳節，當地華人舉辦盛大的聯歡會，隆重歡迎我抵加履新，有數百人出席，其情其景令人感動。

加爾各答是印度唯一有較多華人華僑聚居的城市。兩百多年來，主要來自廣東梅縣和湖北天門的中國移民陸續來這裡謀生。到上世紀五〇年代末，加爾各答的華人人口曾高達五萬。一九六二年中印爆發邊界衝突後，在印華人受到巨大沖擊，有的被驅逐出境，有的財產被凍結，有的被抓進集中營，華人社會從此一蹶不振。到我去加爾各答赴任時，

華人僅剩五千人左右。

　　我嘗試理解印度華人對祖籍國的感情。他們雖身居異國他鄉，但仍生活在一個緊密的華人圈子中，堅持對子女進行中文教育，中國的細微變化和發展都會牽動他們的情思；他們大多加入了印度國籍，中印關係的良好發展是他們的福祉之所在，尤其中印關係近年來獲得長足進展使他們深感欣慰。

　　二〇〇八年真可謂是「中國年」。從汶川地震到北京奧運，再到「神舟七號」飛船勝利歸來，當地華人連續舉辦各種活動，或慷慨解囊賑災，或聚首舉杯慶祝。

　　記得那是二〇〇八年的一月二十六日，我作為中國駐加爾各答總領事應邀出席在西孟加拉邦邦長府舉辦的印度共和國日招待會。各界嘉賓濟濟一堂。我端著酒杯在人群中徜徉，與人招呼應酬。我很快發現，為體現民族團結，應邀參加招待會的有

在加爾各答舉辦的中華美食節

許多是當地少數族裔的代表，卻沒有華人。我心想，在加爾各答的華人大多已加入印籍，按理說，他們也是印度的少數民族啊。過後，我向華人領袖問起此事，回答是，華人從未被邀請過，華人自己也不覺得這是個事。其實，這正反映出華人在當地社會政治上不受重視。我感到，我或許有能力幫助華人改變這種狀態。

恰逢春節將至，為舉行春節招待會，我們要邀請一位印度官員作為主賓出席活動。我們決定邀請西孟邦政府的少數民族部長。我親自前往邀請，並向那位部長提起共和國日招待會華人沒被邀請的問題。我強調說，在加爾各答的華人遵紀守法，努力促進經濟發展，是優秀公民，理應受到重視。部長承諾過問此事。

半年過後，在八月十五日印度獨立節時，有兩名華人代表收到了來自邦長府的請柬，邀請他們出席慶祝招待會。這在歷史上是第一次。華人非常看重這件事，一個華人社團還把請柬照片放到了他們的網站上。

在加爾各答的華人傳統上從事製革業，但這個行業污染嚴重，發展受限制，華人經濟逐漸出現萎縮趨勢。近年來，華人改行開餐館的多了起來，其聚居的「塔壩」地區變成中餐館一條街。每到夜晚，紅燈籠明亮，印度人紛紛前來品嚐，生意相當紅火。為了支持華人的經濟發展，也為弘揚中華文化，總領館提議與中餐館一起在加爾各答舉辦大型

的「中華美食節」。結果，不僅是華人開的餐館積極響應，連印度人經營的中餐館也火熱參與。美食節一連搞了兩年，成為加爾各答頗有口碑的國際文化活動。

印共（馬）朋友

我在加爾各答任期三年，工作順利，心情愉快，其中一個重要原因是，當時西孟邦和加爾各答市都是由印度共產黨（馬克思主義者）執政，使我們不時感受到朋友的關照。

印共（馬）在西孟邦連續執政三十多年，是左翼政黨利用議會選舉獲得並鞏固執政地位的經典案例。印共（馬）是中國共產黨的老朋友，在上世紀六〇年代中印關係低潮時，兩黨仍然保持友好交往關係。中國實行改革開放後，印共（馬）對中國式的發展道路逐漸增加認同感，在我任期內，西孟邦政府也正在大力招商引資，我們之間共同語言很多。

我剛一上任，就接到駐印度使館交派的一個任務，要求在加爾各答舉辦一次北京奧運圖片展。首先是選址問題。我們想，北京奧運是件大事，這個圖片展一定要辦得莊嚴大氣。比較了若干選擇後，我們大膽提出要在加爾各答著名的維多利亞紀念堂舉辦。

維多利亞紀念堂是英國殖民時代留下的代表性

建築，是加爾各答的地標，又是旅遊勝地，如果能在這裡舉辦，當之無愧為最佳選擇，不僅有氣派，而且觀眾也多。

但要獲得在維多利亞紀念堂舉辦展覽的批準不是一件容易事，有很多官僚程序要走。依靠西孟邦政府對中國的友好態度，我們終於辦成了一般認為是難以辦成的事。而且，邦首席部長布達德布‧巴塔查吉還親自出席圖片展開幕式，活動取得圓滿成功。

印共（馬）政府對中印友好事業的支持是十分堅定的。二〇〇八年拉薩發生「3‧14」打砸搶燒事件後，在達賴集團操縱下，在印流亡藏民也紛紛舉行抗議集會和示威遊行，反對在北京舉行奧運會。四月初的一天，我接到一位印度記者朋友的電話，告訴我一批藏人將於近期在加爾各答市中心舉行大型的絕食抗議活動。我立即感到這是件大事，便馬上提出面見首席部長巴塔查吉的請求，希望邦政府控制事態。

我向首席部長通報了情況，並表示，印度中央政府早就明確承諾，不允許藏人在印度領土上開展任何反華政治活動，現在流亡藏人要舉行反對北京奧運的絕食活動，這顯然就是反華政治活動。首席部長表示贊同，當場拿起電話，指示警察局長取消對藏人活動的許可。結果，從印度東部和東北部若干地方彙集到加爾各答的數百名藏人未能如願，一場反華集會就這樣流產了。

中文學校

記得是剛到加爾各答不久的一天，我受邀去參加一所外語學校的結業典禮。這所外語學校是由一家宗教慈善機構經辦的業餘學校，規模不小，有很多語種。典禮的主要內容是由每一語種的一名優秀學生作一段演講。作中文演講的是一位長得蠻標緻的女青年，她聲情並茂地講了大約有五分鐘。但令我深感吃驚的是，她在講什麼我一句也沒聽懂！

我知道，這個問題就出在學校沒有母語教師。印度有一些年齡較大的中文教師，由於長期受到交流的侷限，他們自己也講不好中文，教出來的學生水平更是可想而知了。但當時中印關係在某些領域還不順暢，中國的漢語教師很難獲得印度簽證。

我在心裡為那位女青年感到難過，更為印度的漢語教育現狀感到焦急。正在這時，一位叫薩拉夫的印度商人願意開辦中文學校，尋求總領館的支

毛四維總領事為參加加爾各答圖書節的中文學校展台揭幕。

持。這位商人多年與中國做生意，賺了一些錢，知道培養漢語人才的重要性，也深知中文教育必須要有母語教師的道理。我們一拍即合。

於是，總領館想方設法為這家新成立的加爾各答中文學校聯繫中文教師，幫助他們與中國國內相關教育機構進行溝通，還提供中文教材，參加他們舉辦的各種活動。為了促進加爾各答更廣泛的中文熱，我們還和中文學校聯合舉辦「中文角」活動，每月一次，邀請更多的學過中文的人士來參加。

薩拉夫先生以其商人的務實精神，把學校越辦越好。一晃好幾年過去了，中文學校每年都有新的進步。前幾天，我還接到薩拉夫先生的電郵，告知加爾各答中文學校將舉辦中文演講比賽，並將開辦印度的第一家「孔子課堂」。我衷心祝願他們的事業興旺發達。

我與印度領導人的零距離接觸

馬加力

（中國現代國際關係研究院研究員、

中國改革開放論壇戰略研究中心常務副主任）

作為專門研究印度問題的學者，我曾到訪這個國家三十餘次。在這個過程中，我曾與許多印度的學者和官員有過接觸，也曾多次同印度領導人零距離接觸。由於與官員和學者的接觸十分頻繁，難以一一記述，這裡只是把我與印度領導人的若干接觸記錄下來。

做客宰爾‧辛格府邸

一九九一年一月，我作為訪問學者在印度開始進行為期一年的研究工作。八月的一天，我和幾位朋友一同去已經卸任的前總統宰爾‧辛格的府邸做客。他的府邸位於離中國駐印度大使館不遠處的一個廣場旁，那是一座擁有花園的建築。到達府邸以後，我們在他秘書的帶領下進入會客廳。賓主互致問候以後，我恭敬地向辛格遞上名片。他接過名片仔細地端詳了一會兒，問我名片是在哪裡印的，我告訴他說是在北京印的。他馬上拿出一支鋼筆，在

我的名片上寫了幾個字。席間,我和他談論起發展中印關係的前景,也談到了如何克服兩國民間的心理障礙問題。宰爾·辛格邀請我們飲用蜚聲世界的阿薩姆紅茶,同時讓侍者端出了剛剛出爐的印度茶點。最後,宰爾·辛格說,印度和中國曾有過二〇〇〇年的良好關係,但是不幸中斷,我們應該團結起來,像一家人一樣攜起手來,共同發展,共同繁榮。

三次與納拉亞南握手

一九九八年印度進行核試驗後,中印關係遭遇挫折,兩國官方的正式接觸十分有限。為打破僵局,印度政府的智囊機構——政策研究中心積極推動雙方的「二軌對話」,同時,中方也認為有必要通過非官方渠道促使雙邊關係重新走上正軌。在上述共識的推動下,雙方先後進行了四輪「二軌對

馬加力(左1)拜會印度前總統宰爾·辛格。

話」。一九九九年一月，我作為中印「二軌對話」的中方代表之一前往新德里。

第一輪「二軌對話」正值印度的共和國日。對話結束後，東道主送來了時任印度國防部長費爾南德斯的請束，邀請我們參觀閱兵式並參加國慶招待會。一月二十六日上午，中方代表觀看了聲勢浩大的閱兵式和群眾遊行。下午，我們又應邀來到總統府。品味著印度佳餚的同時，我也享受著與印度決策圈內的一些老朋友重逢的喜悅。更令人興奮的是，我們將有機會同印度領導人近距離接觸。

根據慣例，印度國家和政府的領導人將會見參加招待會的部分嘉賓。當印度總統、總理及重要部門和主要政黨的領袖出現的時候，人群變得十分激動。我也投身到人流當中，快步湧向會見區。

來到納拉亞南總統面前，我雙手合十向他表示節日的祝賀，然後作了自我介紹並告知此行的目的。總統非常高興地同我握了手。他說，「我知道此事，二軌對話是一件好事。」我說：「中國人民希望同印度發展建設性的夥伴關係，儘管兩國關係還存在一些障礙，但中印作為鄰國沒有理由不和睦相處。中國人民記得總統閣下曾作為中印恢復大使級外交關係後的首任駐華大使，為改善中印關係作出了重要貢獻，希望閣下繼續為改善兩國關係作出貢獻，中國人民將非常歡迎閣下再次到中國訪問。」納拉亞南簡要回顧了七〇年代中後期在中國度過的愉快時光，對熱情友好的中國人民給予了高

度評價，他還表示，「非常渴望再度訪問你們偉大
的國家」。我說：「那將是一件大好事，中國人民
一定歡迎閣下的到來。」回到賓館後，我馬上將納
拉亞南渴望再度訪問中國的意圖匯報給中國代表團
團長、前駐印大使程瑞聲，並將有關信息轉報給國
內有關部門。

　　二〇〇〇年納拉亞南訪華前夕，印度駐華大使
南威哲親自給我打了一個電話，向我透露了總統先
生訪華的初步安排，並想了解中國學者的看法。我
告訴他，中國人民高度重視此次訪問，認為這是兩
國關係重新走上正軌的標誌，對於改善和促進雙邊
關係將產生積極的影響。我對南威哲大使說，計劃
中的日程很好，中國主要的領導人都將與納拉亞南
總統會見和會談。同時我也提出，如果能夠安排中
國國家主席江澤民和印度總統一道參加文藝晚會，
那將具有特殊的意義，即不僅意味著兩國領導人之
間建立起個人友誼，而且意味著兩個東方文明古國
進一步改善關係的良好願望。

後來的事實證明，大使先生通過緊張的努力，確實安排了兩國最高領導人共同出席文藝演出的活動，贏得了輿論的廣泛好評。在印度大使館為納拉亞南總統訪華舉行答謝招待會時，南威哲大使還特意為我安排了一個與總統及總統夫人單獨會見的機會。幾年後，南威哲因其資深外交家的卓越功績進入聯合國工作，擔任聯合國秘書長潘基文的秘書長（即聯合國辦公廳主任）。南威哲任職聯合國期間，曾經到北京協調聯合國系統在中國各機構的工作。百忙之中，他盛情邀請了幾位中國朋友和在中國工作的外國朋友歡宴，席間他又與我談起納拉亞南訪華時的臨時安排，感謝我當時所提的建議。

二〇〇四年四月，中國外交學會在釣魚台舉行了紀念和平共處五項原則五十週年研討會。會議邀請了印度前總統納拉亞南、美國前國務卿基辛格、澳大利亞前總理霍克等世界著名政治家和學者參加。我本人作為本次會議的倡議者也在會上作了演講。會議休息時，我走到納拉亞南面前，向這位為中印關係的發展作出卓越貢獻的印度領導人致敬。如今，這位出身於賤民種姓的偉大政治家雖已溘然長逝，但他關於「中印互不構成威脅」的戰略判斷，仍將對中印關係的長久發展具有重要意義。

四次與瓦傑帕伊會見

一九九三年，瓦傑帕伊作為印度議會黨團領袖

代表團團長訪問我所在的中國現代國際關係研究所。該團成員還包括後來成為印度總理的古傑拉爾、成為印度副總理的阿德瓦尼等人。席間，當主持座談的所長向印度客人介紹我曾在印度進行為期一年的研究時，瓦傑帕伊帶頭鼓掌，並詢問我在哪所大學進行訪問研究。我回答說是在尼赫魯大學。他馬上告訴在場的中方人員，尼赫魯大學是印度最好的大學之一，該校的國際關係學院擁有強大的教學和研究力量。

座談過程中，瓦傑帕伊一行與中方學者就南亞局勢、中印關係等問題進行了比較深入的交流。我本人則闡述了對中印關係的看法和解決邊界爭端的原則。座談結束後，瓦傑帕伊特意走到我的身邊，同我握手告別，並說希望中印兩個世界上人口最多的發展中國家加快改善關係的進程，在各個領域建立增加信任的措施。

第二次見到瓦傑帕伊是在一九九九年一月的印度國慶招待會上。當時已任總理的瓦傑帕伊見我來到他的面前，便熱情地同我握手。我對瓦傑帕伊說：「我還記得閣下一九九三年訪問我們研究所的情景，當時我們一起討論了如何促進中印兩國關係的問題。」他馬上回答：「我還記得那次訪問，我知道貴所是中國重要的思想庫，貴所的研究工作非常深入，我們對它給予高度的評價。」我接著說：「中印關係中還存在一些需要解決的重要難題，我們希望兩國共同努力，以便盡早解決這些難題。中

印應該建立建設性的夥伴關係，這是兩國的共同利益所在。」瓦傑帕伊回應：「我也有同感。」

一九九九年七月底，我應印度加爾各答亞洲研究所的邀請，前往新德里參加紀念世界著名東方學家加伏羅夫九十週年誕辰暨中印俄三邊關係研討會。研討會結束後，瓦傑帕伊總理在內閣會議廳接見與會的各國代表。當他神采奕奕地走到我面前的時候，我激動地迎上前去與他握手。陪同他的考希克教授介紹說：「馬先生是中國最知名的南亞問題專家，他比很多印度人還了解印度。」瓦傑帕伊則馬上說道：「我知道，我知道，我們見過，我們見過。」這時，早已站在一旁的記者們紛紛用照相機拍下了各種鏡頭。

二〇〇三年六月，瓦傑帕伊總理對中國進行正式訪問。在雙方領導人會談並簽署了《中印關係原則和全面合作宣言》之後，印方舉辦了大型答謝招待會。在燈火輝煌的禮堂中，瓦傑帕伊一出現，印度使館的許多官員和在華印僑及留學生等人便紛紛湧上前去。此時，我也走上前去。瓦傑帕伊在人群中發現了我，他馬上快行幾步，熱情地向我打招呼，「你好，馬先生！你好，馬先生！」我也馬上回敬了問候，並祝賀他此次訪華圓滿成功。

拜會古傑拉爾

二〇〇一年一月，第三次中印二軌對話在印度

舉行。經過前兩輪的對話，中印雙方代表已經對不少重要的問題達成了共識，但是雙方之間還有一些疑慮需要進行溝通。此次對話期間，雙方又達成了不少新的共識。對話結束以後，中方代表團提出希望會見印度前總理古傑拉爾，印方非常爽快地答應並迅速作出安排。在印度東道主的引領下，我們乘車來到古傑拉爾的宅邸。我們一下車，就受到等在門口的主人的迎接。賓主寒暄以後，古傑拉爾請他的夫人與我們見面。古傑拉爾是一位博學謙和的政治家，客廳中有兩面牆佇立著高大的書架，上面擺滿了各種書籍。令人十分有感觸的是，很多書籍都顯得很舊，甚至露出毛邊，說明主人肯定是經常翻閱和研讀這些讀物。在這些書籍中，還有幾部中文的圖書，那是中國使館和其他中國朋友贈送的。我清楚地記得，一九九三年古傑拉爾曾經作為議會黨

二〇〇三年，印度總理古傑拉爾（左6）在家中會見參加中印「二軌對話」的中國代表團。左7為馬加力。

團代表團的成員訪華。該團曾經到我當時工作的中國現代國際關係研究院訪問，賓主交談時，古傑拉爾表達了對中國的良好感情和對中印關係的殷切希望。後來，他在執政期間創造性地提出了一個重要的外交主張，即「多予少取」的「古傑拉爾主義」，贏得了南亞周邊國家的一致贊同，印度與其宿敵巴基斯坦的關係也取得了明顯的改善。席間，我們與古傑拉爾一同回顧了中印關係發展的歷程，雙方都表達了對改善兩國關係的良好願望。由於大家相談甚歡，時間遠遠超過了預定時間，大家在依依不捨中合影留念。我們幾位中國學者紛紛拿出自己的相機拍照。拍照中，古傑拉爾又特意把我叫到他的身邊，說咱們認識已經有整整十年了，接著與我緊緊拉手，我的同事趕緊拍下了這一鏡頭。至今，我都保存著這一珍貴的照片。

見證曼莫漢·辛格訪華

二〇〇八年一月，印度總理曼莫汗·辛格訪問北京。溫家寶總理與他在誠摯友好的氣氛中進行了會談，並簽署了一個重要的政治文件——《中印關於二十一世紀的共同展望》。會談結束後，雙方在人民大會堂舉行紀念柯棣華醫療隊出發的儀式，我和另外一些嘉賓出席了由兩國總理共同主持的儀式。當晚，我應中央電視台的邀請對印度總理的中國之行進行評論，並對未來中印關係的發展發表看

法，向全國和國際社會闡述中國對相關問題的態度。

　　第二天，辛格總理到中國社會科學院發表演講。本來我也收到邀請去現場聆聽辛格的宏論，但是不巧，中央電視台臨時決定現場轉播這場演講，約請我和中國前駐印大使周剛在電視台的演播廳作評論。儘管錯過了與辛格直接見面的機會，但是我在演播廳卻能看到演講現場的各個畫面，可以全方位、大視野地觀察現場的情況。以這種形式進行思想對思想的交匯，或許比面對面的接觸更有意義吧。

聆聽莫迪總理的演講

　　二〇一五年五月十五日，莫迪總理在清華大學發表演講。這是他在中國進行國事訪問的一場重要安排。我十分榮幸地受邀出席，並被安排在第一排中間的座位上。在現場，大約三百名清華大學的學子和教授與應邀出席的各國使節和部分中國學者認真聆聽了這位傑出政治家的演講。莫迪抵達會場之後，十分興奮地向聽眾們招手問候。莫迪開始發表演講時，首先用中文向大家問好，接著又用中文講了大約一分鐘的時間。聽到外國領導人講中文，現場的聽眾頓時感到驚喜和激動，會場響起了一陣又一陣的掌聲和歡笑聲。莫迪說，印中兩國擁有相同的願景，也面臨著相似的挑戰和機遇，希望中印攜

手並進，共同推動亞洲的崛起。他還鄭重宣布，印度將向中國公民發放電子簽證，以便促使更多中國公民更方便地前往印度。對於莫迪總理的這一友好表示，王毅外長在接下來的致辭中給予了高度評價，認為這是友好的印度給予中國人民的一份厚重的禮物。對此，我也感到十分高興。因為我知道，中印關係面臨的諸多困難中，簽證難始終是影響人民交往的一個重要原因。莫迪總理對兩國關係的期待和加強雙邊關係的舉措，必將使中印兩個山水相依的鄰國進一步改善關係。

文化 篇

「好船伕」

——聖雄甘地揚帆來到中國

鄧俊秉

（中國前駐印度使館參贊，

《我的祖父聖雄甘地》中文版譯者）

二〇一〇年是中印兩國建交六十週年，也是從未涉足我國的印度國父聖雄甘地誕辰一百四十一週年。作為一個退休十四年的外交老兵，值得欣慰的是，我的譯作——甘地嫡孫拉吉莫漢・甘地教授撰寫的 The Good Boatman: A Portrait of Gandhi（中文譯名為《我的祖父聖雄甘地》）中文版歷經七年的時間，二〇〇九年終於在北京面世。由此，我不僅完成了個人多年來的夙願，而且為推動中印兩國人民之間的了解和友誼盡了自己的一點微力。更令我驚喜的是，二〇一〇年三月，國務院新聞辦公室的中國網請我和丈夫周剛大使用雙語（華語和英語）將這本譯作有關的故事製作成一個精緻的光盤，作為中印兩國建交花甲之年的獻禮。本文將如實地向讀者介紹有關聖雄甘地這個好船伕是如何「駕船」來到中國的鮮為人知的故事。

與聖雄甘地三位晚輩的不解之緣

一九九八年四月下旬，我隨丈夫周剛（新任中國駐印度大使）抵達新德里履新。不久，我有幸結識了聖雄甘地的孫子戈帕爾克里什納·甘地。六月一日，在印度總統府為周剛舉行的國書遞交儀式時，我認識了他。他是印度總統納拉亞南的首席秘書，英俊瀟灑、彬彬有禮，對我們十分熱情友好。此後，他為協助我們同納拉亞南總統和夫人烏莎建立親密的關係發揮了不可替代的重要作用。後來，他出任印度駐斯里蘭卡高級專員（即大使）。幾年後回國，出任西孟加拉邦邦長，成為一名重要地方大員。二○○九年秋季，當他收到我的這本譯作後，非常興奮地回信說：「欣接來信，愉快地回憶起在現已作古的納拉亞南總統手下工作時有幸結識你們的時光。感謝將我兄長拉吉莫漢·甘地著作的中文譯本贈送於我。我們在北京的使館為你的譯作舉行了發行式，確是一大喜事。請接受我的衷心感謝和良好祝願。對於加強我們兩個偉大國家之間的關係，我充滿信心。」

二○○○年十二月十九日，聖雄甘地的孫女塔娜甘地·巴塔恰爾吉（「甘地宣傳紀念委員會」副主席，一位知名的社會活動家）特地來到中國大使館拜訪我。我們一見如故，相聚甚歡。臨別前，她將聖雄的另一個孫子、她的兄長拉吉莫漢·甘地撰寫的這本書贈送給我。我非常感謝她為了增進中國

朋友對印度國父的了解而送書的好意,並向她表示我一定仔細閱讀此書,以增加對聖雄甘地偉大的一生和他領導的印度獨立運動的認識。光陰似箭,當我們分別長達九年後,她收到我回贈給她的該書中文譯作後,熱情洋溢地回信說:「非常非常感謝!我無法想像好船伕竟同你一起航行到中國。你們偉大的國家始終令我神往,希望有朝一日訪問貴國。」

二○○一年六月下旬,周剛和我從印度離任,回到北京。真正退休以來,我才有空閒時間仔細閱讀此書。在閱讀過程中,鑒於先前翻譯了英國前首相愛德華‧希斯撰寫的《音樂,我終身的樂趣》和巴基斯坦政府新聞秘書阿爾塔夫‧高哈撰寫的《阿尤布‧汗──巴基斯坦首位軍人統治者》等書,我心中又燃起了新的夙願:將它譯成中文,介紹給中國讀者,以便他們更好地了解聖雄甘地和他的祖國。我雖然了解此書作者拉吉莫漢‧甘地教授是位知名學者、傳記作家和媒體評論家,撰寫了印度政要和南亞事務的知名著作,如《報復與妥協──了解南亞歷史》和《帕特爾的一生》等書,卻與他素昧平生,更不知他身在何處。若是得不到作者的首肯,我是無權翻譯此書並請我國出版社出版其中文版本的。終於,這個難題在我丈夫周剛的朋友、印度駐華大使謝夫尚卡爾‧梅農的熱情幫助下順利解決。我們結識梅農是在上世紀八○年代中期他出任印度駐中國大使館副館長期間。二○○一年一月,李鵬委員長和夫人朱琳訪問印度時,周剛和我以及

梅農大使夫婦陪同訪問。在他的幫助下，我於二〇〇三年初同在美國伊利諾斯大學任客座教授的該書作者拉吉莫漢·甘地取得了聯繫。他非常樂意幫助我實現我的願望，將其祖父和當時的印度介紹給中國人民，欣然同意我作為他的全權代表，負責翻譯和推動出版等具體事宜。在翻譯和出版的漫長過程中，我經常同他通信聯絡，告知有關的進展情況，他衷心感謝我為此書中文版的問世所付出的巨大努力和辛勤勞動。此後，他為該書的光盤寫了以下的感言：「對於我們世界的未來來說，沒有多少事情比中印這兩個人口大國之間真正的相互理解更為重要的了。鄧俊秉教授將我的 The Good Boatman: A Portrait of Gandhi 譯成中文版，為深化這一必要的理解邁出了有意義的一步。」

譯作面世背後的故事

回顧此書中文版經歷了長達七年的歲月才得以問世，雖很坎坷，卻更有意義。我從二〇〇三年開始筆耕（當時還不懂如何用電腦打字），花了約三年的時間，完成了八百頁中文譯稿。由於該書不僅僅是一本刻畫聖雄甘地一生、他的思想和主張的著作，更是一本涉及印度社會和其現代歷史的巨作，我請老伴周剛大使花了大半年的工夫，仔細核閱了我的中文手稿。他早年畢業於莫斯科國際關係學院南亞專業，大半輩子外交生涯與南亞事務有關。一

九八八年至二〇〇一年，他先後出任中國駐馬來西亞、巴基斯坦、印度尼西亞和印度大使；退休後，作為資深南亞問題專家，一直從事民間外交。鑒於中國書市商業化的影響，該書出版社遲遲未能推出其中文版，我又花了三年時間儘力推動，最後在有關領導的幫助下，該書中文版《我的祖父聖雄甘地》終於在二〇〇九年八月初面世了。

在此書艱辛而漫長的翻譯和出版過程中，梅農大使的兩位後任更是給予了真誠而熱情的幫助。二〇〇三至二〇〇六年在任的蘇里寧大使和夫人普娜不僅十分關心我的翻譯進展，並且主動提出為此書中文版舉行發行式，作為慶祝二〇〇六年印中友好年的一次活動。然而，蘇里寧大使於當年十月初調回新德里就任印度外交部秘書（副部長）。回國後不久，他就在十月下旬專門為此書中文版寫了感人的前言：「……鄧俊秉教授的譯作將給中國讀者提供一個難得的機會觀察現代印度歷史最為關鍵的階段。這將有助於他們理解、領會、吸收並且希望他們應用聖雄推崇的和平、非暴力和社會友愛……」拉奧琪大使於二〇〇六年十月到北京就任後，始終關心此書中文版的出版。她熱情提出作為開啟使館文化中心的首次活動，她將親自為該書舉行發行式。然而，直到她離任前，該書也未能出版。二〇〇九年六月二十九日，應中國網的邀請，我、周剛和拉奧琪大使共同為此書作了一個專訪。事後，該網站將此專訪製成光盤特地贈送給中印雙方。拉

奧琪大使於七月中旬離京前，明確向其副館長馬宗達公使交代，一旦該書面世，由他來主持發行式。

二〇〇九年八月四日，作為印度駐華大使館的臨時代辦，馬宗達公使在位於建國門外雙子座大廈的該館文化中心隆重地主持了《我的祖父聖雄甘地》中文版的發行式。這是一次洋溢著中印友誼的難以忘懷的活動。賓主歡聚一堂，中方與會的有資深的前副外長、原國務院外辦主任和外交學會前會長劉述卿，前副總理和前人大副委員長黃華的夫人何理良和外交部、外交學會、貿促會等部門的有關官員，媒體和學術界的朋友，還有我幾十年前教的學生；印方出席的有使館主要外交官，駐京的學術、媒體和工商界人士。臨時代辦發表了熱情洋溢的講話後，邀請我和周剛先後發言。在講話中，我首先代表前全國人大常委會副委員長顧秀蓮轉達她的熱情祝願，然後講述了翻譯此書前後同聖雄甘地三位晚輩結下的不解之緣，以及得到三位印度駐華大使的鼎力相助，最後引用聖雄的話語表達了我的願望，希望中印兩國人民攜起手來共創美好的明天。周剛一改慣有的嚴謹風格，滿懷感情地既說英語又說印地語發表感想，贏得了陣陣掌聲。沒有料到儀式結束後，竟有許多中、印與會者熱情邀請我倆同他們合影。接著，我不得不坐下來為排在我面前每人手中都拿著我的譯作的長長隊伍逐個簽名。臨時代辦一直陪著我，等我簽完名後天色已晚，他堅持請周剛和我品嚐印度自助餐後，才將我們送

走。

　　事後，令人驚喜的是，該書發行式引起了中印兩國媒體的關注。當晚，《人民日報》資深記者吳迎春在該報網站上發表了圖文並茂的報導，次日又在該報上刊登了簡短報導。中國網不僅在網站上發表了文章，而且將在活動時拍攝的照片製作成光盤。《印度教徒報》駐京記者克里希納為該報寫了一篇動人的文章，他寫道：「坐在桌後，手握鋼筆，一位年過花甲的中國女士正耐心地為等候她簽字留念的與會者簽名……」，這篇報導還刊登在該報的網站上。《印度斯坦時報》駐京女記者帕蒂爾特地來到我家對我進行採訪。甚至在千里之外的印度《班加羅爾日報》，也通過印度使館文化中心向我表達了採訪的意願。我譯此書的初衷只是希望中國讀者通過閱讀聖雄甘地的一生，增進對印度的了解，從而加強兩國人民的友誼。令我始料不及和欣慰的是，該書中文版發行儀式竟能使一些原本沒有多少共同語言的中印媒體攜起手來共同報導。因而，我期盼兩國媒體今後以中印友好大局為重，多報導促進兩國關係和民間交流的事件，為提升中印關係和增進兩國人民友誼添磚加瓦。

　　意外之事接踵而至。發行式後一個多月，印度駐上海總領館邀請我和周剛參加九月二十五日下午由該館、上海國際問題研究院和上海市對外友協共同舉辦的紀念聖雄甘地的中印兩國研討會。與會者除來自上述三個單位之外，還有印度工商界和學術

界人士。會上，首先放映了有關聖雄生平以及聯合國宣布甘地生日十月二日為「非暴力國際日」決定的感人錄像。然後，印度駐上海總領事達斯女士、上海友協副會長汪小澍、上海國際問題研究院院長楊潔勉和我作了主旨發言。接著，舉行了有關中印在全球經濟蕭條期間的合作以及兩國增加文化交流和促進相互了解的兩個小型研討會。周剛和我同印度工業聯合會的商務論壇主席韓德和總領事達斯一道先後主持了這兩個討論會。這次活動雖只有半天，卻內容豐富，發言精彩，組織有序。傍晚，上海友協汪副會長設宴招待所有與會者，席散後還贈送中秋月餅給中外賓客。當天上午，周剛和我忙裡偷閒，由上海友協前副會長孫錫遠陪同參觀了上海世博會工地。我們有幸受到中國政府總代表華君鐸大使（曾接替周剛任中國駐印度大使）的關照，有機會進入中國館，登上館頂，鳥瞰工地全景。華大使非常熱情友好，百忙中抽空設午宴款待我們，還邀請我們在次年世博開幕後前來參觀。為了感謝他對我們的款待以及對印度的友好情誼，我們將此書贈送給了華大使。

為了增進友誼和了解，我主動向中印外交界、學術界、媒體和有關部門的領導和朋友贈送了這本譯作。他們之中有：前全國人大常委會副委員長、前國務院副總理黃華和夫人何理良，前全國人大常委會副委員長顧秀蓮，前全國人大常委會副委員長、中印友協會長蔣正華，時任國務委員戴秉國，

人大外委會主任、前外長李肇星和夫人秦曉梅，外長楊潔篪和夫人樂小妹，中國人民對外友好協會會長陳昊蘇，中印名人論壇主席、前副外長、原國務院外辦主任、前外交學會會長劉述卿等；印度朋友有印度前駐華三對大使夫婦——印度國家安全顧問梅農夫婦、外秘拉奧琪和丈夫、印度駐英國高專蘇里寧夫婦，以及印中名人論壇主席任嘉德大使和印度駐華大使蘇傑生夫婦，聖雄甘地的三位晚輩——本書作者拉吉莫漢‧甘地、前西孟邦邦長戈帕爾克里什納‧甘地、塔娜甘地‧巴塔恰爾吉等人。

為了將這本書背後的故事以更生動和形象的方式介紹給中印兩國，中國網決定製作一張精緻的雙語光盤，由我和周剛來講述這些故事。具體負責這一任務的是中國發展門戶網的劉宇明副主任。他工作認真，多次向我徵求意見，擬定出詳細的計畫，然後不辭辛勞地帶著網站工作人員幾次前來我家錄像和錄音，前後花了好幾個月才完成了這一光榮的任務，製作出一張中文名叫「中國外交伉儷與印度聖雄甘地的不解之緣」、英文名叫「The Good Boatman Sails to China」的雙語光盤。這個難得的作品共分四大部分：第一部分，我和周剛講述在印度工作的經歷，以及我怎樣產生了翻譯此書的想法，同時用視頻介紹了甘地；第二部分，我介紹了翻譯此書的過程；第三部分，介紹在印度駐華大使館文化中心舉行的該書中文版的發行儀式，以及中印雙方政要和外交界領導為此書發表的感言。後者是我

個人承擔的光榮任務，有幸請到了中方黃華夫婦、李肇星、劉述卿等領導，印方拉奧琪、蘇里寧夫婦、任嘉德及作者三兄妹。特別要提及的是，已作古的中印文化交流先驅者、中國著名的東方學家、印度「蓮花獎」中國唯一獲獎者季羨林教授病重期間曾為此書寫了簡短的寄語，也出現在光盤中。季老的題詞是：學習聖雄甘地的愛國主義和國際主義精神。第四部分，介紹了中印媒體對此書發行的關注。最後，我十分感謝我的好友、黃華夫人何理良和前印度駐華大使蘇里寧夫人普娜為此光盤親自錄了兩對夫婦的感言，還要感謝我的年輕朋友、CCTV 9 的 James Chau 的熱情相助，他為這個光盤作了精彩地道的英文配音。

二〇一〇年三月三十日，為慶祝中印建交六十週年，中國外文局在中印名人論壇和印度駐華使館的合作下，舉辦了中印發展論壇。有幸的是，周剛和我是此次活動的倡議者，並在主辦方籌備過程中多次提出建議，給予具體幫助。論壇辦得非常成功。中印雙方與會者約一百名，包括來自外交、媒體、學術和工商各界的代表。中方有國務院新聞辦公室主任王晨、外文局局長周明偉、黃華夫人何理良、外交部亞洲司副司長孫衛東等人，印方有蘇傑生大使和駐京大報記者、專家及留學生。周剛和我先後發言。值得一提的是，論壇開始前，在會場的兩塊大屏幕上放映了這張雙語光盤，並將此光盤作為對中印建交六十週年的獻禮贈送給每一位與會

者。

　二〇一〇年四月六日，專程來京的印度外交部長克里希納參加中國對外友協和印度大使館在北京飯店舉行的慶祝活動時，我親自將光盤分別贈給了他和戴秉國國務委員。五月二十八日，周剛和我應邀參加中國對外友協和印度大使館在北京飯店舉行的盛大招待會，見到了印度總統普拉蒂巴·帕蒂爾和中國國家副主席習近平，我們先將光盤送給了印度總統的首席秘書和其他官員，然後托印度大使蘇傑生夫人代我們將光盤贈給總統本人（因為當時帕蒂爾總統和習近平副主席端坐在講台上）。此外，借周剛受外交部派遣前往印度等國作政策宣講的機會，捎去許多光盤請我們的好朋友、印度外秘拉奧

二〇一〇年五月二十八日，中國國家副主席習近平、印度總統帕蒂爾出席中印建交六十週年招待會，與中印藝術家合影。（供圖：涂莉麗）

琪代我們轉送給國大黨領導人索尼婭‧甘地及印度外交、學術和工商界的不少朋友。凡是我已贈送了譯作的上述中印人士，我也給他們贈送了這個光盤。此外，在參加當年有關中印關係的其他活動時，我們也將此光盤送給了中印各界朋友。作為一個年逾古稀的退休老人，花了好幾年時間翻譯並推動出版了這本書，但這本譯作及其光盤在問世後竟能發揮如此作用，還是深可欣慰的！

二○一○年十月二日，是聖雄甘地一百四十一週年誕辰紀念日。應印度大使館的邀請，周剛和我前往金台藝術館參加慶祝活動。該館館長袁熙坤教授是全國政協常委，熱心於公共外交。他親自雕刻了一座栩栩如生的甘地雕像，印度大使館已在該館舉行過上述活動。這次活動短小而精彩，印度駐華大使館公使查臘祜主持講話，袁教授也即興發了言，還請印中兩國兒童表演了歌頌聖雄的歌曲，朗誦了甘地寫的詩歌。作為《我的祖父聖雄甘地》一書中文版的譯者，我作了專題發言，在講話結束時，我引用了聖雄甘地的原話：「我渴望這一天終將到來，自由的印度和自由的中國為了兩國的福祉、亞洲和世界的福祉，將開展友好和兄弟般的合作。」我相信，在今後的世界舞台上，中印兩個偉大國家將攜手共創和諧的龍象共舞新景象！

印度國際文化研究院對中印文化交流的貢獻

李兆乾

（中國前駐印度使館文化參贊）

　　印度國際文化研究院是由印度著名學者拉吉·維拉博士於一九三三年創建的。一九五六年，印度第一任總統拉金德·普拉沙德為其辦公大樓奠基。它坐落在新德里南部林蔭大道旁邊，為三層建築，面積約三千五百平方米。各層樓擺滿書架，藏有印度及外國著名書籍，其中有季羨林翻譯出版的中文版《羅摩衍那》及中國外文出版社出版的印地文《西遊記》等中國著名作品。

　　維拉博士曾任印度獨立後第一屆議會的議員，

一九九一年初版和二〇一四年重印的印地文《大唐西域記》

參與了建設新印度的大政方針的制定工作。同時，
他還積極從事印中友好活動，協助泰戈爾在加爾各
答國際大學內建立了「中國學院」。

印度國際文化研究院從一九三七年開始研究中
國文化和印中關係史，並與我國進行學術交流。起
初，維拉博士研究印度史詩在中國的翻譯和普及情
況，一九三八年寫成了《「羅摩衍那」在中國》一
書。此後，他又探索了中國文學藝術，撰寫了許多
有關中國詩歌和繪畫的書籍。

新中國成立後，印度國際文化研究院與我國交
往更加密切。一九五四年，宋慶齡副主席訪印時參
觀了該院，對其在促進中印文化交流中取得的成就
給予了高度評價。一九五五年，維拉博士應邀訪
華，受到周恩來總理親切接見，周總理稱讚他是
「印中文化使者」，對兩國文化交流作出了卓越貢
獻。訪華期間，他還會見了郭沫若等許多著名學
者，參觀了一些文化、學術機構和寺廟等，並考察

了西安印中文化交流的遺跡大雁塔等。

維拉博士結束訪華回國時，帶回了我國有關單位和學者贈送的圖書、敦煌微縮膠卷和石刻、木雕佛像及畫卷玄奘像等約十噸重的物品。同年，他在新德里舉辦了「印中文化藝術交流展覽」，展出了自己多年收藏的印中文化交流史料及訪華贈品。這個展覽向印度觀眾展現了印中兩國源遠流長的友好交往的歷史畫卷，謳歌了先驅們開創兩國文化交流的豐功偉績。該展覽曾轟動新德里，參觀者讚揚它是印中友好的生動教材，對推動印中友好事業起到了承前啟後的作用。不幸的是，一九六三年，正當維拉博士熱心研究印中友好交往史，並準備撰寫更多這方面著作的時候，卻遭遇車禍而逝世，時年六十一歲。

維拉博士去世後，由他的兒子羅凱希·錢德拉教授接任印度國際文化研究院院長。錢德拉教授於上世紀七〇和八〇年代曾兩度擔任議會議員，還擔任印度文化關係委員會副主席（主席由總統兼任）、印度歷史研究委員會主席和印中協會副主席等職務。

錢德拉教授繼承父親遺志，積極從事其父親未竟的事業。錢德拉教授自幼就對中國懷有深厚的感情。十一歲時，他從父親的第一個學生那裡聽到了毛澤東的名字，知道了許多中國的社會情況。讀書期間，他便開始學習中國文化和印中文化交流史。特別是在父親指導下，經過自己多年刻苦鑽研，他

在這方面的研究工作取得了豐碩成果。他撰寫了《北京故宮的梵文經句》《千手觀音》和《中國木刻中的佛陀》等三十多部著作。

一九八三年，錢德拉教授應邀訪華。他沿著兩國古代高僧的足跡，去西安、敦煌等地考察了印中交往的遺址，並與我國學者探討了雙方學術合作的途徑。訪華後，他認為印度的歷史沒有中國的史料是不完整的，倡議中印學者將兩國高僧的遊記譯為印度文字，以補充印度的歷史，使其更加完整。

近二十年來，錢德拉教授積極開闢研究印中文化交流史的新領域，其中一項是關於我國唐朝一行法師（683-727）與印度高僧在長安共同發明機械手錶的專題，還計劃舉辦「一行法師國際座談會」。他想以這些活動說明佛教與科學在古代對人類的貢獻。他還積極協助我國有關研究單位，慷慨提供所需的研究資料，對我國學術研究工作給予了有力支持。

維拉博士和錢德拉教授不僅是蜚聲印度的文化歷史學者，還是著名的社會活動家。他們父子積極推動中印兩國的友好來往和文化交流，對中印友好事業作出了可貴的貢獻，受到印中兩國人民的一致稱讚。他們是名副其實的「印中文化使者」。

從泰戈爾到印度文化

——我的印度研究之路

劉　建

（中國社會科學院研究員）

　　一九七八年金秋十月，我考入設在北京大學六院的南亞研究所，開始正式踏上印度研究之途。我選擇的切入點是泰戈爾研究。在「文革」結束、改革開放的全新局面下，學子們的求知熱情高漲，賦閒多年的教授先生們則意氣風發。季羨林先生除給研究生上課和指導外，自己也煥發了學術青春，不斷有書籍出版，不時有文章發表，形成一種學術井噴現象，令人目不暇接。他的言傳身教對我們這些學生產生了巨大的激勵作用。除上專業課外，我還開始追隨我國著名的孟加拉語專家李緣山先生學習孟加拉語。因為泰戈爾用孟加拉文和英文寫作，不懂孟加拉語，泰戈爾研究就無從談起。在那些宿師鴻儒面前，在印度研究的汪洋大海面前，我感到了自己的渺小和淺薄。謙卑成為我在未名湖畔學到的一門重要人生課程。

　　儘管我在印度研究領域幾近白手起家，但在早

年沒有專業、自由讀書的情況下，也接觸過一些印度文學作品。除普列姆昌德的短篇小說外，泰戈爾的作品給我留下至為深刻的印象。算來，我從初次接觸泰戈爾的作品至今，已有半個世紀。

一九六五年秋，我考入高中，心氣甚高。在我的青少年時期，社會上瀰漫著一股崇尚文史哲的風氣。我的課餘讀書興趣主要在中國古典文學和英語。我理想的大學和專業是北京大學中文系或北京外國語學院（今北京外國語大學）英語系，志在成為一名作家或翻譯家。那時，高考並不像今天這樣容易，甚至就連升入高中也很難。我初中同班近五十個同學中，進入高中的僅有九名。我是從進入初中起就開始苦讀的。我們那一代人，衷心相信讀書可以改變命運，可以為國家作出更大貢獻。

一天，我們幾個在文科方面表現出優勢的同學，在語文老師關鴻昌先生的安排下進入學校圖書館瀏覽學校藏書。一個大教室一般的書庫，對於我來說就是書山。沒走幾個書架，我就看到了日本作家小林多喜二的《黨生活者》，薄薄的一本書，但由於其中篇章曾入選初中語文教材，因而為我所熟悉。接著，我就看到了冰心翻譯的泰戈爾的宗教抒情詩集《吉檀迦利》。「你已經使我永生，這樣做是你的歡樂。這脆薄的杯兒，你不斷地把它倒空，又不斷地以新生命來充滿。/這小小的葦笛，你攜帶著它逾山越谷，從笛管裡吹出永新的音樂。……」這是我第一次讀到泰戈爾的詩歌。第一

首詩就緊緊攫住了我的心。那些清新雋永而又略帶神祕色彩的詩句立刻深深地吸引了我。我當時已經讀過中國新文化運動以來的幾乎所有新詩，也讀過俄國詩人普希金、萊蒙托夫，英國詩人雪萊、拜倫、濟慈，德國詩人海涅乃至阿爾巴尼亞詩人弗拉舍裡等人的詩歌。儘管如此，我還是覺得，泰戈爾的詩歌與我已經讀過的任何中外詩歌都迥然不同，具有一種非常獨特的韻味和魅力。可惜，「文化大革命」很快全面爆發，學校停課，圖書館被關閉。沒有人讀書了，也幾乎無書可讀。我少年的夢想猝然中斷。

　　一九六六年六月初，音樂老師王凌雲先生將自己珍藏的一些中國古籍擺放到校門口的毛澤東大像前，表明他與「封資修」貨色徹底決裂的決心。由於王先生的示範作用，由於形勢所迫，不少老師將個人藏書交出，包括一些家傳的線裝書。我開始留意和蒐集被散亂丟棄的可讀書籍。我後來離校插隊前意外獲得鄭振鐸翻譯的泰戈爾詩集《新月集》，封面是深藍色的天空中的一彎新月。我愛不釋手，如飢似渴，將那些奇特而優美的詩句銘記心中。在那荒誕的歲月中，閱讀泰戈爾的詩歌使我荒蕪的青春得到些許慰藉。我從未想到，多年後我會為人民文學出版社出版的教育部《普通高中語文課程標準》推薦書目編選《泰戈爾詩選》並為之撰寫前言，為該社出版的鄭振鐸譯《新月集・飛鳥集》撰寫導讀性文字。

一九七〇年秋季，我在太行山區插隊時被選入「毛澤東思想宣傳隊」工作。我的主要任務是講解文件和整理材料。不過，我卻在到農戶家吃派飯時「巧遇」泰戈爾。我看到一本五〇年代的文學教材，裡面收錄了我國第一位孟加拉語專家石真先生翻譯的泰戈爾的長詩《兩畝地》。我如獲至寶，將此書借到手，將全詩抄錄下來。那時沒有複印機，所以讀書必須抄錄或記筆記。《兩畝地》是一首敘事詩，卻具有濃郁的抒情氣息。詩人筆下的孟加拉鄉村生活和自然風情深深地打動了我年輕而寂寞的心。

　　一九七四年十月，在進入山西大學外語系英語專業學習後，我的興趣轉向集中到英語和英國文學。英語之外，讀書很雜。一九七七年夏季畢業留校任教後，我在歲暮出版的一期《參考消息》上看到中國將恢復研究生招生的消息。我敏銳地感覺到，一個新的時代即將來臨。幾經權衡，我報考了中國社會科學院語言研究所呂叔湘先生的英漢比較語法專業。來北京參加語言研究所複試時，獲悉這一專業並非冷門，報考者竟達八百人。十二人複試，通過者六名，而呂先生僅招收兩名學生。辭書專家閔家驥先生建議我投身語言所詞典室《現代漢語詞典》的編輯工作。此時，剛剛成立尚來不及單獨招生的南亞研究所梵文學者趙國華先生找到了我，說南亞研究所繫中國社會科學院與北京大學合辦的一個新研究所，由季羨林先生出任所長，力勸我投身印度研究，攻讀該所的印度文學專業。他告

訴我，印度具有異常豐富的文學傳統，我可以研究英語文學，也可以研究泰戈爾。於是，我在不經意之間進入南亞研究領域，獲得在北京大學讀書三年的寶貴機會。此舉將我的學業與泰戈爾密切聯繫起來，決定了我後半生的命運。在有幸親聆季羨林先生教誨之餘，在學習與專業有關的課程之外，我還憑著興趣選修了一些別的名師的課程。我那時的心志尚未完全轉向南亞研究。然而，一旦確定專業方向，我就很快開始學習孟加拉語。李玉潔老師設法延請我國孟加拉語教學的開創者、中國國際廣播電台孟加拉語部譯審李緣山先生做我的老師。我在一兩年內讀完了北大圖書館、國家圖書館、中國科學院圖書館以及北京師範大學圖書館所藏泰戈爾的所有英文著作以及相關文獻，並隨李緣山先生學習和閱讀了孟加拉文版的《泰戈爾短篇小說集》。我的碩士論文《試論泰戈爾的短篇小說創作》，可能是我國以泰戈爾研究為題的第一篇學位論文。

　　二十世紀八〇年代後期至九〇年代初期，我在美國威斯康星大學南亞學系做訪問學者數年。我不僅學習了諸多相關專業課程，如我的導師戴維·奈普教授的「世界宗教」、喬·艾爾德教授的「印度文明」、烏莎·尼爾森的「印度文學」及「印度電影」等十數門課程，學習了納拉亞那·拉奧教授親自參與授課的南印度語言泰盧固語，而且蒐集了大量中文、英文和孟加拉文圖書資料。我曾在該校南亞研究中心主辦的南亞研究年會上發表《泰戈爾在中國》

英文論文，並數次應邀發表關於中國文化的演講。我發現，僅研究泰戈爾的文獻目錄就構成一本很厚的書。其間，我還曾到芝加哥大學、西雅圖華盛頓大學以及國會圖書館查閱圖書或學習。我逐漸打好了自己的研究基礎，也拓寬了自己的學術視野。研究印度文學，離不開印度歷史、宗教、哲學、文化等學科的支撐。此外，泰戈爾主要用自己的母語孟加拉文創作，但也用英文寫過一些詩歌和大量演說詞。因此，一個人只有具備豐厚的基礎知識、專業知識和全面的理論素養，同時熟練掌握英文和孟加拉文，才有可能從事泰戈爾研究和泰戈爾作品翻譯。我雖寫過多篇與泰戈爾有關的中英文論文，翻譯過他的《孟加拉掠影》《人的宗教》以及一些短篇小說（收在人民文學出版社「世界中短篇小說藏本」叢書《泰戈爾》卷中，二○一三）等，但在這位偉人面前，我覺得自己的學力還遠遠不夠。

泰戈爾在六十年的創作生涯中筆耕不輟，在詩歌、小說、戲劇和散文等領域都取得了卓著的成就，給後世留下數量驚人、種類繁多的藝術珍品。他的作品主要收在多卷本的《泰戈爾文集》之中。此外，他還創作了兩千餘首歌曲和大量繪畫作品。隨著歲月的流逝，他的作品愈益放射出璀璨的思想光芒，顯示出永恆的藝術魅力。他的作品不但屬於印度，也屬於世界。他不但屬於二十世紀，也屬於未來的所有時代。只要高山常在水常流，他的作品就會不斷有人閱讀和欣賞並從中受益。

二〇一〇年十二月，我應邀參加在加爾各答舉行的紀念泰戈爾誕辰一百五十週年國際學術研討會。我在到達加城的當天即前往聖蒂尼克坦參觀詩人創辦的國際大學。這是傾注了他後半生心血的地方，是他為自己的教育理想樹立的一座豐碑。我有一種來到聖地朝覲的感覺。我心中潛藏已久的想望終於實現。

　　我們一行首先前往一九九八年諾貝爾經濟學獎得主阿馬蒂亞·森教授家中拜訪。他出生在這裡，現在還不斷抽時間返回自己的鄉居。他的房子面臨公路，卻無車馬的喧囂。前面花園門口的水泥門柱上並不耀目的「A. T. SEN」字樣，告訴我們這裡生活著一位名震天下的非凡學者和思想家。他是泰戈爾之後印度向世界奉獻的又一位思想鉅子。

　　穿過門廊和花園，我們進入阿馬蒂亞·森家的大廳。主人在這裡等候客人。當時，他雖已年近八旬，卻精神矍鑠。他站著迎接客人，微笑著與大家一一握手。我們隨主人穿堂而過，到後花園就座。椅子在濃蔭覆蓋的草坪上圍成一圈。主人談笑風生，興致很高。我在二〇〇七年翻譯了他的《慣於爭鳴的印度人》，但我們作為作者和譯者卻是首次見面。由於客人不少，我不想過多占用他的時間，只是簡略向他介紹了他的著作在中國的翻譯情況，特別是《慣於爭鳴的印度人》在中國的接受和影響。我告訴他，有位三十多歲的青年，由於對生活失望已多年不再讀書，但在偶然讀過此書之後，又

二〇一〇年十二月，
諾貝爾經濟學獎得主
阿馬蒂亞・森教授在
其位於聖蒂尼克坦的
住宅後院草坪上與劉
建交談。

重新燃起了生活的希望。阿馬蒂亞・森似乎為此感
到欣慰。我還告訴他，台灣在二〇〇八年七月出了
該書第二個中文譯本。他說自己並不知道這個譯本
的存在。我還轉達了上海三聯書店希冀繼續出版他
的新著的願望，他欣然表示同意。

　　阿馬蒂亞・森的房子是一座二層的乳白色樓
房，約有幾十個房間。後花園大於前花園，後花園
草坪盡處是一片茂密的樹林。主人散步踏出的小徑
一直通到林子深處，看不到邊緣。我不能造次，也
不願離開和藹可親的主人逕自探尋林子的盡頭。目
測之下，他的宅邸占地至少有十餘畝，是一處具有
田園風情的清靜的住地。一代大家就是在這樣的環

境裡度過自己的童年和少年時代的。

　　泰戈爾在功成名就之後，在長期資金短缺的情況下，堅持創辦和發展國際大學，體現了他偉大的實踐精神和崇高的公益精神。他沒有將自己關在象牙之塔，而是胸懷天下；他沒有獨善其身，而是力圖為印度民族啟蒙。他不斷外出，為自己的學校募集經費。他將自己的諾貝爾獎獎金和在各國講演所得的報酬全部投入學校的運營之中。印度大導演薩特亞吉特‧拉伊和後來出任印度總理的英迪拉‧甘地，都曾是國際大學的學生。阿馬蒂亞‧森幼年時亦曾在隨家人與泰戈爾的往還過程中耳濡目染，親沐詩人的教澤。他的名字就是泰戈爾親自給他取的。我國的文化名人譚雲山、徐悲鴻、吳曉鈴、徐梵澄、常任俠等曾先後在國際大學執教。如今，詩哲雖邈，遺訓尚存，遺跡猶在，令人緬懷。兩天的會議結束後，我又擇機造訪了詩人在加城的故居。我認識到，無論在印度還是在世界範圍內，泰戈爾都是一個罕見的全面的天才，很少有人像他那樣同時精通那樣多的藝術門類；泰戈爾所以能夠成為一個非凡的詩人和作家，他的不斷創新和嫻熟技巧固然發揮了重要作用，但他博大的人道主義精神和深刻的哲學思想更是功不可沒。一個無法洞悉歷史走向同時缺乏真知灼見的詩人或作家，是不可能寫出可以永遠流傳並不斷影響世界的偉大作品的。泰戈爾是文學王國的一座高峰，是思想天空的一顆恆星。隨著歲月的流逝，我對詩人的敬仰有增無已。

二

　　在威斯康星大學期間（1988-1991），我與系裡的教授及來自印度的多名學者過從甚密，結下了深厚的友誼，以至彼此可以敞開心扉，無話不談。秋天，我們一道前往校園林區漫步，欣賞那些美得令人心醉的各色樹葉。來自印渡海德拉巴大學泰盧固語系的羅摩克里希納辛哈教授、來自安得拉大學宗教哲學系的克里希納亞教授等不僅是我的泰盧固語教師，也是我終生的朋友。還有一位梵文學者普拉薩德教授，寫了一部厚重的梵語文學史。我在幫他將打印好的書稿搬往系辦公室時，發現這部書稿竟裝滿了整整一個紙箱。十月下旬，威斯康星初雪，他們當即穿上厚厚的羽絨服。我笑著對他們說，現在天還不算太冷，只是有點涼而已。普拉薩德教授回答說：「我們印度人雖然怕冷，但不怕熱。你在熱季來我們南印度試試，恐怕你受不了，而我們卻可安之若素。」雖然是家常聊天，我卻從中悟出，中國人和印度人都有自己的長處，相互之間的學習和合作會使雙方受益。一九九九年，我與薛克翹教授出訪印度，分別在海德拉巴和維沙卡帕特南拜會了海德拉巴大學泰盧固語系主任羅摩克里希納辛哈、安得拉大學宗教哲學系主任克里希納亞等老師和朋友。他們為我們分別安排了講座和座談會等活動。我和薛克翹分別發表了「中國的傳統文化與現代化」和「經濟全球化與中國文化」的演講。當地

的報紙和電視報導了我們的學術交流活動。後來，兩篇文章均發表在印度的《亞洲研究》學刊上，產生了一定的影響。我們應邀到這些教授家中做客，看到雖然這個國家從未實行計劃生育政策，但他們大多只有一兩個子女。安得拉大學社會學系教授塔塔吉只有一個兒子，而且身有殘疾，但他們夫婦沒再生育，全家卻充溢著歡樂的生活氛圍。印度教授地位崇高，收入不菲，所以他們都有自建的花園別墅和小轎車，生活分外舒適愜意。羅摩克里希納辛哈教授的三層洋樓掩映在熱帶的扶疏花木之下。他告訴我們，他建這套房子花費了約六年的工資。他還讓我們參觀了他家開闢在一樓的神堂。印度教是多神教，他指認了他們夫婦和女兒分別敬奉的不同神明。不是出於相互的信任和友誼，印度人一般不會讓外人參觀自己家裡的神堂。此外，這些朋友還陪同我們參觀了當地的印度教神廟、穆斯林陵墓、古代軍事要塞等文化古蹟。我們在海德拉巴市的印度三大國家博物館之一薩拉爾‧忠格博物館目睹了九頭蛇銅雕等珍貴文物，也看到了大量中國宋元明清時期的瓷器。這些實物證明，在歷史上，中印兩國在佛教交流的主流之外，還長期存在頻繁的民間貿易，只不過史乘對後者記載不多而已。

經克里希納亞教授推薦，我隨後成為安得拉大學博士學位論文的國際評審人。根據印度大學規定，為了防止學術腐敗，博士論文不但要請校外專家把關，而且須有外國專家評審。我每年都評審中

國和印度的若干博士論文，從而了解了印度博士生的一些研究課題和他們的學術水平。我感到，在這一領域，印度人重視田野工作，關注重大的歷史和現實的理論問題，他們的博士論文參考文獻眾多，而英語水平則幾乎無懈可擊，完全達到了世界一流的水平。

隨著個人學術視野的拓寬和中國社會科學院的學科調整，我從上世紀九〇年代歸國以來，開始將主要精力集中於對印度文化和文明的研究，同時兼任中國南亞學會期刊《南亞研究》的常務副主編。我參加了所裡和院裡的若干重大課題研究，為「列國志」叢書之一《印度》（社科文獻出版社，2003，2010）、《簡明南亞中亞百科全書》（中國社會科學出版社，2004）、《二戰後南亞國家對外關係研究》（方志出版社，2007）等著述撰稿。

新世紀伊始，我應中國社會科學院世界文明大系編委會邀請，主持該大系之一《印度文明》（中

二〇一〇年十二月，劉建在印度著名漢學家沈納蘭家中做客。

國社會科學出版社，2004；福建教育出版社，
2008）的撰寫。我的研究生同窗朱明忠和葛維鈞兩
位研究員慨然加盟，戮力同心。我們在時間相對緊
張的情況下如期寫完全書，獲得學術界的好評。二
〇〇四年三月十四日，全國哲學社會科學規劃辦公
室、中國社會科學院科研局和中國社會科學出版社
邀集院內外碩學之士，聯合召開由汝信先生主持的
國家社科基金重點項目成果「世界文明大系」出版
座談會，本書受到與會前輩師長的好評。此外，本
書甫一問世，中印文化關係史專家薛克翹研究員即
在當年的《南亞研究》第一期發表書評《開啟神祕
之門—讀〈印度文明〉》，由衷稱讚它為「我國在
該領域到目前為止最好的書」。他認為，三位作者
「以其一貫的嚴肅、認真、負責的態度，以其豐富
的學識和對印度文化的總體認知鍛造出該書的權威
性」。他還認為，「這部書好，好就好在它新。將
前人的成果拿來參考，加進自己的研究心得，重新
編寫，這是一新。整理舊的研究資料，進行綜合和
對比分析，提出新的觀點，這是二新。介紹別人沒
有介紹過的內容，翻譯別人沒有翻譯的作品，將它
們運用於本書，這是三新。這個新不是花樣翻新，
而是創新，是進步。就憑這點進步，後人要想寫一
部趕上或者超過此書的書，恐怕也得付出幾十年的
努力」。後來，我將此書先後贈送印度駐華大使館
和印度社會科學理事會。印度駐華大使館文化參贊
羅國棟先生通曉漢語，他有一次在家中設宴招待我

們時說：「你們的《印度文明》寫得很好，一些內容連我也不知道或不熟悉。」二〇〇七年，該書獲得中國社會科學院優秀成果獎。目前，第三版已修訂完畢，即將由中國大百科全書出版社付梓。全書近六十萬字，但我們依然覺得有遺珠之憾。如果再有時機，我們將繼續增補一些重要內容。

我們在長期的研究過程中認識到，印度文明在世界上占有極其重要的地位。作為我們最重要的鄰國，印度與我國文明的交流至少已有二千餘年的歷史。在所有外來文化中，只有印度文化對中國文化的影響最為久遠和廣泛。印度文明的許多成果，已在漫長的歲月中逐漸融入中華文明之中。因此，要釐清中國文化的來龍去脈，就必須學習和研究印度文化；要弘揚優秀的傳統文化和建設現代文化，也應以印度文化為有益的借鑑。這是我國不止一代學者的共識。研究印度文明的意義，不僅在於認識歷史上的印度，也在於悟往知來，從宏觀上了解它的走向，以為我們自己的參照。我們在追趕西方發達國家的同時，也應不斷了解我們的偉大鄰邦在不聲不響之中發生的變化，俾能取長補短，使我們的民族復興大業從中受益。

二〇〇三年歲暮，在完成《印度文明》書稿後，我前往雲南西雙版納傣族自治州考察。在景洪市的街頭，我看到店鋪門臉上的傣族文字竟然與泰盧固語字母完全相同。傣族是一個跨境民族，也是中國少數民族之一。在中國，傣族主要分布於雲南

德宏傣族景頗族自治州、西雙版納傣族自治州，以及耿馬、景谷、孟連、新平、金平、雙江等地的河谷平壩地區，金沙江流域亦有分布，總人口約一百二十六萬（2006）。歷史上有德宏傣文、西雙版納傣文（又稱傣泐文）、傣繃文、金平傣文四種拼音文字，所用字母均源於印度婆羅謎字母。約從西元前八世紀起，傣族先民即開始在滇南近兩萬平方公里的主聚居區繁衍生息，並逐漸形成自己的文化。傣族在發展民族文化時，非常善於學習和借鑑外來文化。據傣族文獻記載，西元紀年初期，南傳佛教上座部（小乘佛教）經斯里蘭卡、泰國和緬甸傳入西雙版納。隨後，佛教對傣族人民的文化發展和精神信仰產生了深刻影響。

在佛教傳入之前，傣族曾有自己的原始字母。隨著佛教傳入，小乘佛經所用文字巴利文的字母體系被傣族接受。約在六至八世紀期間，傣族照單借用了巴利文的全部四十一個字母，發音和順序也與巴利文字母一致，從而使傣族文字表現能力獲得長足進步。十三世紀時，傣族高僧呵雅坦孫洛又創造了十五個傣泐文輔音字母和十一個元音符號，傣族文字遂趨於完備並固定下來，傣族豐富的文化由是得以保存、積累和傳承。傣族以貝葉經的形式保存了大量早期佛教典籍，也保留了不少涉及法律、天文、曆法、醫藥、文學等學科的其他文獻。傣文也從巴利文佛經中吸收了一定數量的梵文巴利文語詞。傣文貝葉經中有一部天文方面的著作《蘇力

牙》（Surya，太陽），很可能就是從同名印度著作翻譯過來的。傣族史詩《蘭嘎西賀》與印度史詩《羅摩衍那》也存在淵源關係。西雙版納與印度的文字文化因緣，是中印文化交流史上的一個重要側面。《西雙版納傣族自治州志》記載了這一史蹟。我們不難發現，傣文借用了巴利文字母，而又與泰盧固文字母相同。這就說明，雖然泰盧固語深受梵語影響，但作為達羅毗荼語系中的一種古典語言，其字母卻與屬於印歐語系的巴利文字母同源。

我們對中國與印度文化交流的研究，歷來以印度與中國漢地的文化交流為主體。顯然，如果要完全釐清中華民族與印度的文化互動和關係，還必須考慮印度宗教文化在西藏的影響和流變、對傣族文化積累的作用及其經由西藏對蒙古文化的輻射作用。例如，梵語抒情詩人迦梨陀娑的抒情長詩《云使》，在十四世紀即已被譯成藏文。這一譯本比漢譯本早了約六百年。再如，印度古代梵語故事集《殭屍鬼故事二十五則》（簡稱《殭屍鬼故事》）是一部傳遍世界的名著，這部故事集傳入中國後，對中國故事文學產生了長期而深遠的影響。由於地緣、文化、宗教和經貿等方面的密切聯繫，這部十一世紀編定於迦濕彌羅（今克什米爾）的故事集幾乎同步傳入今中國西藏，在口傳和成書過程中不斷脫胎換骨，增強了佛教色彩和地域特色，成為《屍語故事》（又譯《說不完的故事》），受到藏民的普遍喜愛，因而得以廣泛流傳。數百年後，《屍語故

事》從西藏傳入蒙古地區。《殭屍鬼故事》在現代始為中國漢地學者知悉，而漢文譯本則問世於二〇〇一年，比藏文和蒙文譯本晚了不短時間。因此，要完成一部全景式的中印文化交流史，尚需中國學者付出艱苦的努力。

我從一九九六年至二〇〇九年兼任《南亞研究》常務副主編。其間，約獨力編發五百篇論文，總字數在五百萬以上。這些文章涉及印度研究的諸多主要方面，對於中國各界了解印度作出一定貢獻。我為該刊花費了不少時間和精力，雖看似在「為他人作嫁衣裳」，但自己也從中學到不少東西。撰稿人

以大陸漢族學者為主，但也包括藏族學者、台灣學者和香港學者以及別的少數民族學者，同時也包括一定數量的印度學者。例如，我在二〇〇八年訪問印度瓦拉納西甘地研究所所長迪帕克·馬立克教授時，向他約稿一篇。他隨後寄來論述甘地思想的英文論文《非暴力不合作百年祭》，刊發於《南亞研究》二〇〇九年第三期。與此同時，我與馬立克教授結下深厚友誼，彼此不斷有書信往還。

二〇〇九年退休以來，在完成在職期間承擔的所有課題（如「列國志」之一《孟加拉國》，2010）外，我還做了一項比較重要的工作，即與一批中國和印度學者一道，編寫了《中印文化交流百科全書》。這是中印兩國總理商定的一項重要的政府間合作項目。除撰稿外，我負責文學和藝術兩個欄目的編輯工作，此外還承擔了印方學者所撰詞條的翻譯和審訂工作。這部兩卷本的大書，涵蓋了中印文化交流的主要方面，也記錄了中印兩國的外交往來。中國外交部和印度外交部對這項課題的完成均提供了寶貴的支持。在合作過程中，我們與印度學者邵葆麗、瑪妲玉、卡馬爾·希爾、那濟世等多次在北京和新德里見面、交流、商談，既保證了這部百科全書的質量，也與這些印度學者建立了密切的學術聯繫和友誼。可以說，這部百科全書既是中印兩國二千餘年文化交流的歷史記錄，也是當代中印學者合作的碩果和見證。

西諺云：「生活始於四十。」孔子曰：「四十而

不惑。」隨著現代人生命的延長，我們可以對未來
更為樂觀。因此，我在退休之後覺得，自己的學術
生命剛剛開始。我願在餘生繼續致力於泰戈爾及印
度其他重要作家作品的翻譯研究、對印度文化和文
明的探索介紹，為促進中印兩大民族的友誼、理解
與合作再盡綿薄。

中印文化的共性

N・恰拉姆

（印度學者，

曾任中國國際廣播電台泰米爾語部專家）

趙　江　譯

　　中國和印度都是世界上擁有最古老文明的大國，也是世界文化寶庫的典範。中國文化有長達五千年的歷史，印度泰米爾文化也同樣歷史悠久。泰米爾納德邦是印度南部大省，泰米爾語是該邦的通用語言。在中印文化中能看到很多共性。我曾經長期在中國工作，就對這個問題發生了濃厚的興趣，並進行了研究。下面舉一些例子來說明中印文化的共性。

　　中國文明與泰米爾文化，和他們的語言一樣古老。中國禮儀和美食聞名天下，泰米爾納德邦的人民也熱情好客，和中國一樣，這裡也是禮儀之邦。有二千多年歷史的泰米爾《古臘箴言》裡，就有一個專門的章節來講述待人接物的禮節。

語言：漢語和泰米爾語

　　漢語是和希臘語、拉丁語、梵語一樣古老的語

言。同樣，泰米爾語被認為是達羅毗荼語系裡最古老、最豐富的語言，古老而富有生命力。它在二千五百多年前就產生了泰米爾文學，涉及自然、音樂與戲劇。如今，在科技與計算機方面，泰米爾語言詞彙也在不斷發展。

文學：經典詩集

漢語和泰米爾語在經典語言中都占有一席之地。桑迦姆詩歌是最早的泰米爾文學作品，由孔子選編整理的《詩經》則是最早的漢語言文學作品。

時至今日，值得一提的是，漢語和泰米爾語都不僅僅侷限於文學寫作，更應用於日常對話。在泰米爾的桑迦姆詩歌和中國的《詩經》中，不少優秀作品都有共通之處。尤其是這兩部作品中關於愛情的詩歌，雖然使用的語言不同，卻都表達了相近的內涵和情感。

節日

節日是反映文化的重要方面。中國和泰米爾納德邦都有許多傳統節慶。我們可以對比了解其中重要的幾個。

新年

「團聚」，是兩國人民慶祝新年共同的關鍵詞。

中國人的新年，被稱作「春節」。按太陽曆來

說，它通常在每年一月二十一日到二月二十日之間到來。對中國人來說，春節是一年裡最隆重的節日。春節期間，中國人要提前清掃房間，家人團聚，歡享美食。除夕的晚飯是全年最重要的一餐，通常飯桌上一定會有魚，寓意「年年有餘」。家家戶戶都會貼大紅窗花和春聯，祈求來年好運。

泰米爾人的新年，也是一樣的熱鬧喜慶。其蒂萊是泰米爾年曆的頭一個月，這個月的第一天就是新年。一般來說，打掃房間、身著新裝、備好美食是泰米爾人迎接新年的習俗。孩子們歡喜雀躍，這一天下午，家長們會安排全家到海邊嬉戲等娛樂活動。在泰米爾人看來，全家團聚在一起欣賞一部新電影，也是慶祝新年的一個重要部分。

在泰米爾納德邦，電視裡播放的新年特別節目中，詩會和辯論也必不可少。新年期間，各電視頻道一大早就開始播放喜慶的特別節目，一直到夜幕降臨，人們都可以盡情欣賞綜藝節目或觀賞電影。無獨有偶，在中國，春節聯歡晚會當屬全球收視率最高的電視節目。

燈節

在中國，農曆正月十五是燈節，也叫元宵節。節慶會持續十五天。用彩紙或絲綢做成的綵燈會把大街小巷都裝點得非常漂亮。元宵是這一天必須要吃的傳統食品，芝麻或紅豆餡寓意來年的甜蜜生活。我在中國工作的時候曾去過洛陽，在那裡欣賞

過中國原汁原味的元宵燈會，令我畢生難忘。孩子們提著精緻的手工燈籠，街上舉行大型的綵燈巡遊，整個城市都成為燈的海洋。

在泰米爾納德邦，八月的燈節和中國的元宵節非常相似。特別是蒂魯文納默萊和韋洛爾地區最有特色。傍晚時分，蒂魯文納默萊山頂的燈被點亮之後，家家戶戶都會點亮油燈以帶來光明，驅散黑暗。

清明節

清明時節要掃墓祭祖，是中國沿襲了二千五百年的傳統。最初，為祭祀祖先，有錢人會舉行盛大的儀式。後來，唐玄宗下詔在清明當日掃墓祭祖，歷代沿襲成為固定習俗。在這一天，大人小孩一起前往先人墓地，掃墓祭祀，供奉酒水茶點。農村裡，大多數人會在自家前門掛上柳條。他們相信這樣可以闢邪。

泰米爾人也祭拜祖先。在新月日，人們會在水邊用飯糰祭祀祖先。有些人會前往陵園，在先人的墓前敬獻花環、供奉食物。泰米爾人也會在家裡擺放先人喜愛的衣服和食物，寄託哀思，表示對逝者的尊敬。

戲劇

京劇是舉世聞名的中國傳統戲曲藝術。它通過

五彩戲服與臉譜來展現演員功力，講究唱念做打。
過去，京劇大多在寺院、茶館等開闊的場所上演，
表演者雄渾的嗓音最引人入勝。毫無疑問，京劇是
中國文化中一顆璀璨的珍珠。

　　在泰米爾納德邦，有一種叫作「巷劇」的藝術
形式。和京劇一樣，它大多在露天演出。在農村的
紅白喜事中，常常可見它的身影。以表演者高亢的
念白與演唱為特色的巷劇，由於傳承不力，如今已
是瀕臨絕跡的藝術形式。

絲綢

　　說到絲綢就會想到中國。絲綢是中國古老文化
的代表之一。西元前三世紀，中國的絲綢一經傳入
西亞與歐洲就引起了人們的讚歎。

　　中國的蘇州被稱為「絲綢之鄉」。根據歷史記
載，蘇州在二千多年前就製作出了絲綢。直到今
天，中國女性仍對絲綢服飾情有獨鍾。

　　泰米爾納德邦的甘吉布勒姆，像蘇州一樣以絲
綢而聞名。從印度的一句俗語──「沒有甘吉布勒
姆的絲綢就不能成婚」的說法中，就可以看出絲綢
在泰米爾文明中的重要地位。絲綢腰布和紗麗，都
是泰米爾人的吉祥服飾。在泰米爾納德邦，給女孩
子們過耳環節時，穿絲綢衣裙是習俗。

　　因此，在泰米爾和中國的文化中，絲綢的地位
都是不容忽視的。

茶與竹

　　茶與竹，都是中國文化的寶貴財富，中國茶更是舉世聞名。在泰米爾文化中，它們同樣具有重要地位。

　　泰米爾納德邦盛產茶葉，有飲茶的習慣。一些村莊的農民甚至有在黎明時分就飲茶的習慣。同時，和中國一樣，泰米爾地區的竹製手工藝品也一直是遊客鍾愛的紀念品之一。

我和印度的不解情緣

唐遠貴

（中國國際廣播電台印地語部副主任）

生活在古城西安的我，從小就喜歡遊覽大慈恩寺，在那裡膜拜高僧玄奘的豐功偉績。當我拜讀古典名著《西遊記》的時候，也未曾料想到自己有一天能夠沿著三藏法師的足跡遠赴天竺，沐浴佛教聖地的光輝。二十多年前，我懵懵懂懂地選擇學習印地語。慢慢地，我戀上了這個國度，為神祕的古老文明而陶醉，為美麗的自然風光而迷戀，為泰姬陵的纏綿愛情而流淚，為樸實善良的人民而感動……印度成為我生命的羈絆和心靈的港灣。

踏遍千山萬水——我愛這裡古老文明的魅力

從迷人優雅的泰姬陵，到端莊大氣的阿格拉堡；從瓦拉納西的聖地和恆河，到佛陀悟道的菩提伽耶；從繁華孟買的藍色海濱，到比哈爾邦的廣闊農田；從文豪泰戈爾的故里，到現代班加羅爾的硅谷……曾經住過高大上的星級賓館，也睡過小縣城裡十幾人的通鋪；見識過有保安守衛的高級一等車廂，也搭乘過傳說中車門、車頂都擠滿人的普通列

車；享受過星級餐廳的美食，也品嚐過 3 盧比一份
的路邊攤小吃……在遊歷中，我感受著這裡古老的
文明和現代的繁華，在和印度人的交往中體味著這
個民族的質樸和善良。不知不覺中，我愛上這個國
度。她的身影在我心中縈繞，久久留駐。

　　曾經因為留學、採訪和交流訪問等機會，我多
次到訪印度。一九九八到一九九九年，我在德里大
學印地語繫留學一年。感受印度文化、學習印地語
口語、了解印度民生是當時留學的主要目標。一年
的印度生涯，我由初始的不適、逐漸樂在其中，到
後來流連忘返。讀萬卷書，行萬里路。遊歷，成為
我了解印度的最佳途徑。新德里、阿格拉、孟買、
加爾各答、西姆拉……很多地方留下了我的足跡。
其中，對於印度佛教聖地的朝拜之旅印象尤為深
刻。

　　一九九九年的四月中旬，印度全境籠罩在高溫
酷暑中，很多地方的氣溫都超過四十度。炎炎的烈
日沒有阻擋我對佛教聖地的朝拜熱情。

　　鹿野苑——佛陀法輪初轉之地。我們靜靜聆聽
來自廟宇的聖潔佛音，感悟佛陀初次傳道的神聖。
在這裡，我們也走訪了當地的泰國佛教寺廟，聆聽
泰國和尚講經論道。

　　瓦拉納西——印度教和佛教的聖地。我們租船
在恆河中徜徉，清晨的朝陽撒在河面上，波光粼
粼；兩岸五彩繽紛的各式建築倒映河中，一頭神牛
的屍體漂浮在河面上，兩隻烏鴉落於牛身。不遠處

的岸邊，當地的民眾就著河水有刷牙的，也有擦拭身體的。幾個印度教徒在岸邊虔誠地祈禱，也看到和尚在喃喃地誦經。河岸邊的焚屍架上冒著滾滾的黑煙……在外人的眼中，這一切讓人覺得匪夷所思且無法理解。但這就是印度！Incredible India！世間的一切在這裡得到包容，哪怕是在前往天國的路上！恆河聖地，包容著眾生。聖河水沖刷著人們的身體，也洗滌著他們的心靈，它詮釋了眾生平等的概念。在那一刻，我的心靈感到前所未有的寧靜，感受著當地人的信仰，感動於他們的虔誠。

菩提伽耶——佛陀在此悟道。我專門來到佛陀悟道的那棵大菩提樹下，靜靜打坐。在陣陣的佛香中感受自然，耳畔有微風拂過，放鬆心情，放飛心靈。雖然沒有領悟天道，但在繁華塵世中也能感受一份出塵的寧靜。

拘屍那迦——佛陀涅槃之地。在寂靜的樹林之間，至善的人間心靈導師——佛陀在此涅槃。人們聚集在涅槃臥佛像的旁邊，虔誠地誦讀經文，以淨化自己的心靈。一隊來自寶島台灣的佛教徒，從佛陀臥佛像一公里開外，三步一叩首地前行，用自己最樸素的行為，慢慢接近心中的聖地。

那爛陀——玄奘曾經學習的地方。穿過一座座房舍的廢墟，我找尋著昔日大唐高僧的足跡，腦海中描繪著盛世中那爛陀大學的繁榮。夢迴大唐，夢遊天竺，那一刻，我感受著兩個古老文明的碰撞與交融。

遊歷在印度，我走訪著一個個古老而帶有濃重宗教韻味的聖地，感受著時間賦予這個國度的財富，嚮往著這個民族的平和。每一次來到這裡，都有著不同的感觸，而多次探訪同一個地方，都會獲得不同的感悟。這就是印度，讓我迷戀的國度！

在電波中傳遞中印友誼 —— 我和印度受眾的親密情緣

　　在中國國際廣播電台（簡稱 CRI，下同）印地語廣播部工作將近二十年的時間，通過電波，我們把來自中國的聲音傳到印度的四面八方。印度聽眾的質樸和熱情是我熱愛印度的又一緣由。雖然在國內我們默默無名，但在印度的很多地方，CRI 的主播們擁有很多粉絲，聽眾打來的每一通電話，包含著他們對我深深的期望；每一封郵件和來信，表達著他們對我的殷切鼓勵；每年五月，當收到來自聽眾的生日卡片和電子賀信的時候，我的內心總是心潮澎湃。電波把我們和印度民眾間的距離拉近、再拉近，彼此間的友誼是我工作的原動力。

　　二〇〇六年，在「中印友好年」期間，國際台記者團赴印度採訪。我們的飛機在凌晨二點多鐘才抵達新德里機場。五月中旬，在四十五度的炎熱中，歡迎我們的聽眾一直在機場外面等候了四個小時！走出機場，一股熱浪迎面襲來，全身上下頓時就被汗水濕透了。連續十多個小時旅途的疲憊、飛

機莫名其妙的延誤和酷熱的天氣讓我心情煩躁。在接機大廳，友好聽眾夏希德‧阿茲米和他的同伴們熱情地朝我揮手，用不是很純熟的漢語向我們大聲喊著「歡迎你們」。他們積極地幫我們搬運行李，黝黑的臉上流淌著大滴的汗珠，拿手一抹，衝著我們歡快而憨厚地笑笑，露出潔白的牙齒。看著他們疲憊的身影，感受著他們的熱情，我心中的煩躁一掃而空，只剩下滿滿的感動。

當天一大早，阿茲米和幾個聽眾朋友們就來到駐印記者站等候我們。天氣非常炎熱，在空調和電扇雙管齊下的屋子裡依然是汗流浹背。阿茲米跑前跑後地為初來乍到的我們服務，給我們打開冰鎮的礦泉水。閒暇下來，他就拉著我詢問印地語部自己熟悉的主播們的近況，嘰裡呱啦地、飛快而激動地訴說著對每個人的想念和問候。看著興奮而激動的阿茲米，我彷彿覺得自己就是他闊別已久的親人，在這個炎炎的夏日裡，阿茲米的熱情把我融化了！

從新德里到孟買，從科欽到班加羅爾，從波特那到菩提伽耶，每到一處，都受到當地聽眾朋友的熱情擁抱和誠摯歡迎。他們紛紛說，每天在廣播中都能聽到我的聲音，總是在心中描繪「小唐姐姐」的形象，今天終於見到了姐姐，能夠近距離地和姐姐談話，是值得驕傲的事情，回去一定要和朋友們炫耀一下。

二〇一〇年，我作為中國百名青年團的成員訪問印度。在新德里訪問期間，中國青年代表被組織

參加當地的一個商品博覽會。結束後，同行的幾個代表紛紛詢問我：你在印度很出名吧？我滿頭問號：你們怎麼知道的？他們告訴我說，在博覽會期間，遇到了好幾個印度人，當看到中國青年代表胸牌的時候，就會熱情地上前打招呼，並詢問是否看到「小唐姐姐」。然後他們推測，我在印度應該有點名氣。原來如此！在中國青年團訪問印度期間，我和德里的一些聽眾舉辦了見面會。在會上，大家聊起博覽會的情形，熱心聽眾阿米爾·艾哈邁德說，自己從 CRI 的節目中得知小唐姐姐會隨中國青年團訪問印度，所以在博覽會期間看到中國青年代表時特別激動，渴望能夠和小唐姐姐早日相見。印度朋友的關心溫暖著我，看著他們臉上洋溢的微笑，我開心著，也感動著，為自己的工作而驕傲。

在工作期間，我總是收到很多熱心的印度聽眾的來信。他們經常自己創作詩歌來表達對中國的熱

二〇一〇年，唐遠貴（右 2）與訪華的印度青年合影。

愛和對主播們的支持。印度比哈爾邦沙巴裡聽眾俱樂部主席賀南‧艾哈邁德先生曾經在來信中說：「我們全家這些年來一直堅持收聽 CRI 印地語節目，是您忠實的粉絲。CRI 的節目帶給了我們知識和快樂，從節目中領略中國的風采。聽了那些獻身於中印兩國友好的人士的故事，我們熱血沸騰。真希望自己也成為他們中的一員，為中國和印度的友誼貢獻力量。但平凡的我們只能把這份願望深深埋藏在心底，我們能做的就是更好地收聽節目，更多地了解中國，更深地熱愛中國。」賀南‧艾哈邁德先生在來信中賦詩寫道：

距離是那麼遙遠
心靈卻如此接近
在廣播的世界中
你是歡樂的源泉
在知識的海洋裡
你是揚帆的航船
講述的每個故事
把我深深地吸引
心靈是如此接近
不在乎距離遙遠

印度拉賈斯坦邦的聽眾普列姆辛格‧巴爾瓦勒先生在來信中曾賦詩表達自己對 CRI 的喜愛之情，給予我真心的支持。他寫道：

真心的愛人不會在記憶中消散
萬物變遷不會把你我聯繫阻斷
在友愛的海洋中我們揚起風帆
你是我心中的選擇將永不改變
每一段話語、每一個字裡行間
都帶給我們如此的豐富和多彩
讓生活的煩惱、憂傷統統消散
讓生命的喜悅、歡樂常常出現
皎潔的月亮在群星中閃爍光芒
美麗的玫瑰在花叢中吐露芬芳
在我的心中你是最知心的朋友
伴你身旁是我永遠不變的渴望

　　這就是可愛的印度聽眾朋友！他們用質樸的語言訴說著對中印友好的渴望，用濃濃的情誼編織著溝通彼此的橋樑。

　　隨著時間的推移，昔日的聽眾朋友阿茲米和阿米爾等和我逐漸成為好朋友，大家彼此間的情意越來越深厚。他們來信和我們分享戀愛的甜蜜、結婚的快樂和初為人父的徬徨；每一個印度的和中國的節日，總會收到來自他們的祝福；有時候他們寄來照片，孩子們拿著收音機傾聽國際台的節目，我們的聽眾將在下一代延續！當拆開一封封熱情洋溢的來信，接聽一個個國際長途的時候，聽眾朋友們熱情的行動和質樸的話語深深地打動了我，也激勵著我。他們的支持和鼓勵時刻鞭策著我：希望自己能

夠做出更優質、更動聽的節目，通過電波，傳送中國聲音，傳頌中印友誼。我的朋友遍天下，我自豪著，也快樂著！

和印度青年朋友交往 ── 感受中印傳統情義

　　二〇〇六年十一月，中國國家主席胡錦濤訪問印度期間，中印兩國領導人商定未來五年內邀請對方五百名青年互訪，以增進相互了解和友誼。中印兩國青年互訪形成機制。青年人之間的交往與互動，讓兩個古老文明之間的交流和對話煥發新的色彩。

　　二〇一一年九月，印度五百名青年訪問中國。在北京人民大會堂舉辦了主題為「古老文明，青春輝映」的中印青年傳統文化交流大舞台活動，溫家寶總理出席並發表講話。我有幸成為在現場為總理與印度青年交流服務的臨時翻譯。當溫總理發表講

二〇一〇年，唐遠貴（中）與印度聽眾阿米爾‧艾哈邁德（右1）等合影。

話後從主席台來到印度青年中間的時候，他頓時被包圍在熱情洋溢的印度青年之間。有印度女青年給總理表演自己拿手的小魔術，也有幾個印度青年雙手高舉印地文「हिन्दी चीनी, भाई भाई（中國印度，兄弟兄弟）」的標語大聲向總理呼喊口號。總理與一名錫克青年親切地交談了幾句。跟隨總理的步伐，我深切地感受到印度青年朋友們的熱情和奔放，他們簇擁著總理從前台走到離開大會堂的大門，依依不捨。總理離開之後，我依然留在會場繼續接待印度青年朋友。這時，一位印度青年代表走到我身邊，靦腆地把一個木製小神像放到我的手裡。他說，這是自己送給溫總理的禮物，讓我一定為他轉交。拿著那份還帶著印度朋友手中餘溫的小禮物，我有一種想流淚的衝動。他也許知道，這份禮物不一定能夠送到總理的身邊，但他還是希望把自己對中國的友誼、對中國總理的敬愛表達出來。我鄭重地把這份禮物帶給共青團中央的工作人員，希望他們能轉交總理。真心盼望印度青年的這份情誼能夠送到溫總理的身邊，讓他感受到一位印度普通青年對中國的美好情懷。

　　我曾經和訪華的印度青年代表們一起奔赴中國各地進行訪問。他們經常驚嘆於中國的發展，感動於中國人民的熱情。一路上，很多青年朋友紛紛寫下自己的感悟和訪問心得，送給我，希望我能夠通過電波，把他們的心情傳送出去，讓更多的印度人了解中國，來中國看看。有一次，代表團乘坐高鐵

二〇一二年，唐遠貴
（左 2）在印度訪問期
間與當地婦女交流。

從南京前往上海。在兩個多小時的行程中，印度青
年們的驚嘆聲不絕於耳。代表團分團長和幾位高層
領導之間也是感慨萬千，他們羨慕中國現代化的高
鐵和便利的交通，在交談中期望印度也能夠獲得如
此巨大的發展。當時我就想，這也許就是組織雙邊
青年訪問的目的之一吧。讓彼此的民眾到各個國家
走訪、交流，大家能夠學習對方的先進之處，體會
自己的不足。未來，這些青年們或將成為國家發展
的棟梁，大家在交流中增進了友誼，對於「龍象共
舞」和中印共同發展將發揮不可估量的作用。

我和印度電影的「親密」接觸

每當說起印度，就會想到載歌載舞的印度電
影、悅耳動聽的印度歌曲以及電影中熱辣的美女和
英俊的帥哥，大名鼎鼎的「寶萊塢」立馬浮現在眼

前。我對印度的愛，有很大一部分源自印度電影，也曾經與印度電影人和「寶萊塢」有過親密的接觸。

　　第一次「親密」接觸印度電影，是在印度留學期間。由於語言的優勢，我比其他同學更容易理解印地語電影。喜愛印度電影的我每天都要拿出當地報紙，搜索附近電影院新片上映的消息，終於被我發現規律：每週五新德里各大影院都會推出新影片。所以每到週五，我就殺到電影院，沉浸在美妙的電影世界中。

　　煽情動人的故事、載歌載舞的場景、優美迷人的風景、華麗漂亮的服裝和賞心悅目的俊男美女……在印度看電影是一種享受。每部新片上市以前，大街小巷會播放其中的插曲，等電影播放的時候，觀眾已經是耳熟能詳了。在看電影的時候，一首歌曲前奏飄出來，影院的印度人會異口同聲地和著音樂一起唱歌。印度電影每部大約有七八首歌曲，一場電影看下來，如同欣賞了一部大眾音樂會。這才是真正的大眾娛樂吧。

　　第一次和印度電影人的「親密」接觸，是在一九九八年的冬天。當時參加印度政府組織的留學生團到孟買訪問。一位印度導演找我們做電影《愛你無悔》（Main）的群眾演員，配合女主角曼尼莎‧柯伊拉在新加坡的一個電影場景。在傳說中的「寶萊塢」和印度美女一起拍電影，多麼令人激動！雖然電影中只有我一兩秒鐘的鏡頭，但已是我和印度

電影最「親密」的接觸了。

　　第一次翻譯印度電影是在二○○四年。當時為央視電影頻道翻譯電影《寶萊塢生死戀》（Davdas），這是非常經典的愛情影片，有「印度的《羅密歐與朱麗葉》」之稱。電影中演員們華麗的服飾、美妙的歌舞、恰到好處的表演和精彩絕倫的對白，讓我深陷其中。翻譯的時候，我彷彿置身於電影中，常常為劇中人物的愛情悲劇痛哭，一邊看片，一邊流淚，一邊翻譯。我的電影翻譯處女作就在這樣的情況下完成。

　　第一次探訪孟買寶萊塢是在二○○六年。在「中印友好年」之際，中國國際廣播電台派遣記者團深入印度採訪。在孟買，我們走訪了盛產電影的傳說中的「寶萊塢」。當地的朋友告訴我，所謂的「寶萊塢」是孟買遠郊山區的電影城，「寶萊塢」只是一個稱謂而已。有點受到打擊，但興奮不減的我們還是積極前往電影城，尋找心目中渴望已久的「寶萊塢」的倩影。來到電影城，山上的樹不是很茂密，偶爾看到一些亭台樓閣坐落其中，還有正在拍片子的零星隊伍。我們在一個攝製組旁邊停留下來，參觀他們的實地拍攝。一位印度美女懷抱小嬰兒，旁邊有個印度帥哥在打電話，說話的同時帥哥的臉色凝重起來，美女開始默默垂淚。旁邊湊熱鬧觀看的我們聽不清演員們具體在說些什麼，不過可以想像導演一定又在煽情賺取觀眾的眼淚了。當時的表演沒有過關，需要重新再來一遍，導演一聲

「Action」，重複的場景再次上演。在炎熱的天氣下，演員們絲毫沒有抱怨，敬業地說著台詞，一遍遍地重複，希望把最好的表演留給觀眾。女演員淚水流乾了，不用著急，旁邊有一個人專門拿著眼藥水候著呢！

第一次和印度導演「親密」接觸，是在孟買經朋友介紹採訪青年導演伊迪亞茲・阿里。當時，他和妻子、女兒與幾個朋友正在酒吧裡慶祝結婚十週年。為了採訪效果，他把我們帶到自己的辦公室。我們為打斷他的結婚紀念而惴惴不安，阿里導演卻安慰我們說，自己很喜歡中國導演和演員，中國和印度都有著深厚的文化底蘊和古老文明，雙方在電影方面進行合作一定會充滿前景。採訪的時候，導演的妻子和女兒在一旁耐心地等候。他的女兒長得非常可愛，小姑娘不怕生，和我開心地做遊戲，還為我演唱幼兒園裡的小童謠。

孟買、印度美女、寶萊塢、電影導演……我的印度電影夢終於圓滿。印度，成就了我的「觸電」情緣。

在採訪中不斷加深的印度情結

在中國國際廣播電台印地語部工作將近二十年，我不僅是一名印地語的翻譯，也是一個活躍在中印友好與交流方面的記者。從普通的印度民眾，到印度總統或外長，從普通的國人，到致力於中印

友好的官員，採訪中一次次的感動加深著我和印度的情結。

二〇一二年，印度前總統阿卜杜勒・卡拉姆訪華。在印度駐華使館的招待會上，我有幸聆聽了卡拉姆總統的演講並採訪他。在演講中，他不僅展示了自己的博學，還帶領現場的中國學生一字一句地念印度詩歌。平易近人的前總統閣下在招待會期間和每一位要求與他合影的中國朋友友好留影，在我們的訪問中非常和藹可親。卡拉姆總統的親民形象深深打動了我。二〇一五年七月，卡拉姆總統與世長辭，我禁不住黯然淚下，為印度人民失去這位偉大的「導彈之父」哀悼不已，並專門製作了特別節目來悼念他。

在近二十年的記者生涯中，我也曾經採訪過很多普通印度人。他們有的雖然不知道中國到底在哪兒，中國的發展到底怎麼樣，但他們會很友好地和我們交流，嚮往著能夠到中國來，看看自己的近鄰和友邦。而一些印度小朋友總是「Didi Didi」（姐姐，姐姐）地甜甜地叫我，問我很多幼稚而好笑的問題，他們渴望了解另一個令他們好奇的國度。我的心常常軟化在印度小朋友們那純真的眼神和甜美的童聲裡。

其實，隨著中印兩國間的友好交往不斷加強，中國人也在不斷加深著對印度的了解。而泰戈爾是兩國人民交往中永恆的話題。

二〇一五年八月初，我有幸參加了《泰戈爾落

在中國的心》新書發布會並進行採訪，一位中國姑娘的經歷讓我再一次感動不已。

《泰戈爾落在中國的心》收錄了由深圳大學印度研究中心聯合北京大學和印度尼赫魯大學等主辦的二〇一四年「泰戈爾在我心中」徵文比賽的優秀獲獎作品。來自中國各界的專家、學者、教授以及大中小學學生、文學愛好者、普通老百姓都紛紛投稿，踴躍參與徵文活動。每一篇文章，都飽含了國人對泰戈爾的深厚感情。

來自華中師範大學比較文學與世界文學專業研究生二年級的學生孫鳳玲是本屆徵文比賽一等獎的獲得者。由於家庭貧困，孫鳳玲十六歲初中畢業後就輟學了，開始打工為家裡掙錢。之後她隨父母來到武漢，在當地的一個菜市場賣菜。偶然的機會，孫鳳玲走進菜市場附近的書店，邂逅了泰戈爾的詩歌，從此就迷上了這位偉大的印度詩人。

孫鳳玲說，自己從小就喜歡詩歌，在菜市場賣菜的間歇，拿著省吃儉用買下來的泰戈爾詩集念呀、讀呀、背呀。當時的她對泰戈爾並不是很了解，很多詩也看不懂，但心中莫名地對泰戈爾詩歌非常喜歡。詩中優美的語言，讓她徜徉在文學的殿堂難以自拔。孫鳳玲一直在武漢打工、自學，學習詩歌、寫作。二〇一四年九月，當她看到深圳大學有關泰戈爾徵文活動的啟事後，用自己滿腔的衝動和寫作的熱情，一個晚上一氣呵成了徵文稿件。

在徵文作品裡，孫鳳玲講述了自己輟學、打

工、賣菜、自學、成才的故事。她說，泰戈爾的詩歌給予了自己極大的精神寄託。在一首首優美的詩篇裡，她感受著生活的美好。她參加了四次大學入學考試，在一次次的失敗中，她用泰戈爾的詩歌來鼓勵自己，最終通過考試，進入大學學習。後來，她考上研究生，選擇了自己鍾愛的文學專業。

在採訪中，孫鳳玲幾次潸然淚下，而我也深深感動於她和泰戈爾的情緣，感動於中國人民對印度的這份質樸情懷。其實，在我和印度之間的深厚感情中，經歷過、也聆聽過很多感人的故事。因為這些人和事，讓我難以割捨自己與印度的情緣，深陷其中不願自拔。

印度──成就我今生的情與緣

髒亂的胡同、混亂的交通、滿街跑的神牛，還有呼啦啦一群湧上來的乞討團……印度有著這樣那樣的不足。但在我的眼裡，隨著對這個國度的不斷了解、與印度人的交往逐漸加深，對她的愛戀也日益厚重。還記得房東太太邀請我品嚐的家常菜餚，和她手把手教我製作的印式酸奶；還記得，和小區的人力車伕混得很熟，他們雖然精瘦，卻很有力量，奮力拉車的同時還能分心和我快樂地聊天；還記得，曾經因為好奇，冒失地走進印度人的婚禮現場，卻受到主人貴賓般的熱情招待；還記得在旅途中迷路時，熱情幫我指路或領路的陌生人；也還記

得，賣菜小商販每次見到我就笑嘻嘻地打招呼，大聲對我說：**हिन्दी चीनी，भाई भाई**！（中國印度，兄弟兄弟）

　　印度，雖然和我距離遙遠，但我們的心靈卻常常在彼此呼喚。每天說著印地語，把中文翻成印地文；經常欣賞印度電影，哼唱婉轉的印度歌曲；額頭貼著吉祥痣，穿上飄逸的紗麗；煮著香甜的印度奶茶，學做美味的咖喱飯……對印度的愛，已經深入我的骨髓！我愛她，希望她變得更加美好；我愛她，希望她和我們一起共同進步；我愛她，希望她和我們手牽手，彼此間沒有隔閡與疏離。

　　使用印地語，已不僅僅是我的工作。深沉的愛啊，讓我願意去親近她，用自己的力量來拉近彼此的距離。我的愛如影隨形，直到永遠。

印度的「鬍子爺爺」和他的中國文學夢

趙 江

（中國國際廣播電台泰米爾語部主任）

　　來自印度泰米爾納德邦的 N・恰拉姆（N.
Ghadiga Chalam）博士出生於一九四七年，是中印
文化資深的研究學者，也是中國國際廣播電台泰米
爾語廣播發展的大功臣。他，留著修剪講究的白鬍
子，走路不緊不慢，一說話就伴著爽朗的笑聲。中
國朋友都親暱地叫他「鬍子爺爺」。距離北京五千
公里以外的印度泰米爾納德邦首府金奈，是個美麗
的海濱城市，也是恰拉姆的家鄉。當時，在印度很
少能得到關於中國的信息。恰拉姆還記得，「一個
經歷風霜卻依然生機勃勃的國家」，這是大學的歷
史課本中關於中國的描述在他心裡留下的第一印
象。從那時開始，這個與印度同樣古老神祕的國家
就深深吸引了他。什麼時候才能有機會到中國去看
一看，成為恰拉姆心裡一個小小的夢想。

　　博士畢業以後，對歷史文化頗感興趣的恰拉姆
選擇在金奈世界泰米爾語研究院從事語言文化研究
工作。一個偶然的機會，他從好朋友尼瑪亞・庫什
先生（Nimai Ghosh，時任印中友好協會副主席）

那裡聽說中國國際廣播電台正在招聘印度籍專家，他心裡一下子樂開了花，這不正是自己夢寐以求的機會嗎？！一定不能錯過。也許那時候他還不知道，他與中國、與國際台幾十年的不解之緣就這樣默默地開始了。

一九八三年，恰拉姆第一次來北京。他說：「這是我人生的一次重要轉折。我忘不了當時情同手足的中國同事們，忘不了那時候大家共同努力一點一點開拓泰米爾語廣播的事業，忘不了堆滿了辦公室的聽眾來信，更忘不了一九八六年帶著小兒子到四川看熊貓……在國際台工作十二年的收穫足夠寫一本書。」

憑藉自己多年研究古老的泰米爾語的經驗，加上對中印兩國傳統文化的濃厚興趣，恰拉姆將中國人耳熟能詳的《聊齋誌異》《阿凡提的故事》《中國寓言故事》《中國當代小說》等十多部中國文學作品翻譯成泰米爾文，並在印度出版。他還撰寫了

恰拉姆博士在山東曲阜參觀孔府。

《我眼中的中國》《中國國際廣播電台的泰米爾語廣播研究及傳播能力》等多篇論文,「鬍子爺爺」正用自己的努力,一步步編織著他大學時代就萌芽的中國文學夢。

有一次,記者採訪時詢問恰拉姆,在他翻譯出版的泰米爾文中國文學作品中,他本人最滿意和喜愛的是哪一部?原以為答案會是最暢銷的《中國神話故事》,誰知恰拉姆的回答卻是中國著名作家老舍先生的短篇小說《月牙兒》,這真是出乎大家的意料之外。《月牙兒》講述的是一位母親和她的女兒所經歷的故事,描繪了二十世紀三〇年代中國女性的狀況。在翻譯的時候,恰拉姆找來幾個不同的英文版本,反覆閱讀,一字一句推敲,生怕破壞了原著的美感。二十年來,他翻譯的中國文學作品在泰米爾地區暢銷不衰,給恰拉姆博士帶來極高的聲譽和榮耀,而對於他來說,一切如浮雲,只有中國文學的魅力才讓他情有獨鍾。二〇一二年,中國作家莫言獲得了諾貝爾文學獎,恰拉姆博士表示,得知這個消息,他不僅為中國作家驕傲,也想儘快將莫言的作品翻譯成泰米爾文,帶給印度讀者。後來,他又翻譯出版了《中國著名作家》一書,這也是目前唯一一本以泰米爾文介紹中國作家的讀物。

為了將自己心儀的中國優秀作家和文學作品介紹給印度讀者,恰拉姆可謂不遺餘力。甚至在六十六歲高齡的時候,他還特地自費來華訪問,只為探訪孔子的故鄉,研究一下這位六十九歲還堅持從事

教育和整理文獻工作的孔聖人。

　　那是二〇一三年三月，N·恰拉姆博士來到北京，這已經不知道是他第幾次踏上中國的土地了。大家都以為這一次他是來旅行的，可一看到行程，都是北京大學、北京師範大學、曲阜、孔廟、孔子博物館等，誰也摸不著頭腦。看著中國朋友疑惑的樣子，「鬍子爺爺」忍不住標誌性地哈哈大笑起來。原來，這一次他是特地為了解孔子和《詩經》而來。恰拉姆告訴我們，在孔夫子堅持「學而不厭、誨人不倦」的年紀，他也要繼續在印度推廣中國文學，因為他對中國文化的熱愛從未改變過。除了介紹中國作家和作品以外，深入了解中印文化和文學作品並加以對比，使中印兩國人民能更加了解對方的歷史和文化，也是他心裡的一個願望。恰拉姆說，桑迦姆詩歌是泰米爾文學史上最古老的文學著作，《詩經》是中國漢文學史上最早的詩歌總

集，特別是《詩經》獨特的文學體裁，以及其內容裡蘊含的豐富的文化背景，具有很高的研究價值。接下來，他將出版一本書來對比印度的桑迦姆詩歌和中國的《詩經》，這個想法也得到了印度文學會的大力支持。可見，扎根在他心中的「中國文學夢」還在延續著。

恰拉姆博士說，上世紀八〇年代初，當大量外國文學經過翻譯進入印度的時候，鮮有中國的作品。一九八二年，當他來到中國國際廣播電台工作後，不僅看到了一個令人耳目一新的中國，同時，電波中也接觸到了大量優秀的中國文學。工作之餘，他最大的愛好便是去書店，一則為做節目搜尋素材，二則也滿足了自己閱讀中國文學作品的願望。「看到這麼多精彩的作品，我迫不及待地想推薦給我的印度朋友們！」於是他萌生了把這些作品由英文翻譯成泰米爾文的想法，希望在印度推廣，讓更多印度人能領略中國文化的魅力。

在恰拉姆心裡，關於中國，有兩件事一提起來就有說不完的話，那就是國際台和中國文學。每逢聊到這些，他眼裡總是煥發著熠熠光彩，眉飛色舞地滔滔不絕。他說：「在三十年以前，當時印度人對於中國的了解真是很少，我到了中國，看到了中國作品，深深愛上了她。覺得它們如果不能在印度被推廣，簡直太可惜了！」現在，儘管恰拉姆博士早已退休，但與國際台結下的深厚情誼，讓他始終熱愛著跟中國有關的一切。回到印度後，他就利用

自己的各種關係，開始向印度媒體廣發文章、照片
來介紹中國。在他的學生和朋友的共同努力下，這
些文章都得到了很好的讀者反饋，漸漸地，出版社
也更多地向他邀約關於中國的稿件。

　　每一次來到中國，我們都能看見恰拉姆博士的
雙鬢增添了一分歲月的雪白，但流逝的歲月只會讓
他對自己的中國文學夢追得更快。每一次離開，他
依依不捨和盼望再來的心情也愈發強烈。他借用
《詩經》裡的一句話——「求之不得，寤寐思服」
告訴我們，優美的中國文學正如一位窈窕淑女，讓
人魂牽夢繞。當看到自己的中國文學夢一天一天慢
慢實現，恰拉姆覺得「將中國的文學作品翻譯成泰
米爾文出版，正是我熱愛中國的獨特方式」。

會見拉茲

詹得雄

（新華社世界問題研究中心研究員，

曾任新華社新德里分社社長）

印度電影《流浪者》曾於上世紀五〇年代和八〇年代在我國兩次熱播，其盛況非親歷者難以想像。我少年時親眼看到，街旁一放它的插曲，一位騎車者剎車停下，聽完了再走，一時滿街都是「到處流浪……」的歌聲。這首歌歌詞的翻譯者是我大學的老師金鼎漢先生。

拉茲，是我國觀眾十分熟悉、同情和喜愛的電影人物，他在《流浪者》裡的坎坷遭遇，曾撥動過千百萬觀眾的心弦。會見扮演拉茲的拉傑·卡布爾先生，是我多年的夙願，沒想到，這個願望就在一九八〇年的春節實現了。

二月十六日這一天，正是我國歡慶大年初一的日子，這一天又恰好有多年不遇的日全食。印度是個信教的國家，一般人覺得這個日子不大吉利，因此不出門、不見客，甚至不工作。政府也特別下令全國放假。可是，拉傑·卡布爾先生聽說我們這幾個素昧平生的中國客人想拜訪他，欣然同意，把我們請到了他家裡。

剛走進他的會客室，一眼就看見一位精神矍鑠的老人和善地望著我們。呵，他就是拉茲！當然，他已不是二十多年前衣衫襤褸、瘦骨伶仃的拉茲了，而是一位身體健壯、和藹可親的中年人，當時五十七歲。雖然歲月已使他兩鬢斑白，但他那張生動的臉和傳神的雙眼，使人還能依稀辨認出當年身手不凡的拉茲的風采。

握手之後，他邀我們一起席地盤腿而坐。大家坐得非常近，彼此伸手可及。他那天身穿印色寬大的白布襯衣、赤著腿，顯得很隨便，沒有絲毫名人矜持的派頭。就這樣，我們開始了促膝談心。

一開始，我們就想告訴他，他的《流浪者》在中國是多麼受歡迎，以致於二十多年後重演時，仍贏得了廣大觀眾特別是青年的喜愛。我們話剛出口，他馬上接過了話頭，爽朗歡快地說：「我知道，我知道。去年我國前外長瓦傑帕伊先生訪華歸來，給我寫了一封信，講到了這些，我收到信後心裡非常感動。我告訴你們，二十多年來，一直有中國觀眾給我寫信，我都看了，當然是請人翻譯給我聽的。」

他接著告訴我們：二十多年前，中國有一個大型代表團訪問了印度，他那時曾出面款待過。代表團送給他一幅用上千種絲線織成的已故印度總理尼赫魯的像，他一直珍藏著。他還告訴我們，他的父親、印度影界元老帕裡特維拉傑先生在五〇年代曾率領印度電影代表團訪華，同中國朋友結下了深厚

的友情。可惜當時他手頭有一部電影在拍，脫不開身，未能同行。說到這裡，他臉上流露出十分遺憾的神情。

由於提到了他的父親，我們就請他談談，他是怎樣走上電影銀幕的。

他略略低頭沉思了一下，彷彿在尋找他生活道路上的最初幾步腳印……

他出生在電影世家。父親在影界成名之後，為了推動印度的話劇事業，又把精力集中在舞台藝術上。卡布爾十八歲那一年，作為一名上不了舞台的場記員在藝壇上邁出了第一步。後來，他在幾部電影裡演一些不顯眼的配角。他父親聲名顯赫，如果存心提攜，讓他一開始就當主角，也是不難辦到的，但他父親沒有這樣做。卡布爾告訴我們：「父親有一次在吃飯時對我說：在我的屋子裡，好，你是我的兒子，你可以同我一起吃飯，一起說話。只要一出這個屋子，你就是一個普普通通的人。你要同許許多多普普通通的演員一樣自己去走生活的道路。」卡布爾開始工作時，每月工資只有十個盧比。他父親出門有汽車，但不讓他坐。父親說：你在步行和坐公共汽車時，可以了解社會，可以觀察形形色色的人。你會看到富人怎樣擺架子（說到這裡他做了一個擺架子的動作）、窮人怎樣受苦。你會體會出他們的喜怒哀樂，記住他們的音容笑貌。到你演電影時，才能從內心裡表達出他們的情感來。

父親嚴格的家教，果然對年輕的卡布爾產生了良好的影響。一九四七年他開始主演第一部電影《火》，到他第二部電影《雨》開拍時，他才二十一歲，成了印度當時最年輕的導演。《流浪者》是他的第三部電影，也是他一舉成名的得意之作，在國際上也頗得好評。

談到這裡，我插話說：「那麼，你成功的祕密是不是應歸功於你父親的家教？」

他又略略低頭沉思了片刻，然後以十分肯定的語氣說：「不，我成功的祕密是永遠同人民在一起。」

卡布爾先生認為，電影是印度人民最便宜的娛樂。勞動人民辛苦了一天，晚上花一點錢買張票，從中得到一些快樂和啟示。但一部電影要使人民愛看，就必須說出他們想說的話，在他們的內心引起共鳴。他說：就拿《流浪者》來說吧，它所表達的正是當時人民強烈流露的感情。拉茲本來是個好孩子，他的誤入歧途是社會逼迫的結果。我反對那種「好人的兒子是好人，壞人的兒子是壞人」的理論。我曾見過許多從農村來到大城市找工作的老老實實的青年，但是他們找不到工作，有的人被生活所迫犯了罪。其實，真正犯罪的是那些逼迫他們犯罪的人，而不是這些純樸的農村青年。

他告訴我們，繼《流浪者》之後，他又拍了一部《覺醒》。情節是這樣的：一名一身土氣的農村青年到大城市找工作，奔波了一天，飢腸轆轆，兩手

空空。夜深了，他忽然看見一隻狗從一扇鐵門下的狗洞裡鑽進一個花園，到一個池子邊去喝水。他為了解渴，也掙扎著從狗洞裡鑽了進去，剛想喝水就被人發現了。人們高喊：「賊！賊！」他慌慌張張地跑進樓裡，從這一層逃到那一層，從這個房間逃到那個房間。無意中，他看見這一間裡丈夫在偷妻子的首飾，那一間裡兒子在暗算父親……最後，他被抓住了，同時也覺醒了。他自己並不是賊，而那些道貌岸然、高喊抓賊的人才是真正的賊。這部電影曾在一九五七年捷克國際電影節上榮獲頭等獎。

卡布爾先生除了拍攝反映社會生活的電影外，還對人民生活中的美作過探索。接著，他又給我們講了他拍的這樣一部電影：一位青年經常聽見鄰近的一位姑娘唱歌，歌聲委婉，優美動聽。這悅耳的歌聲在青年的腦海裡塑造了一位美麗的姑娘的形象，但是他們從來沒有見過面。那位青年決定娶姑娘為妻。新婚之夜，當他掀開新娘的面紗時，才發現她的半邊臉是燒傷過的，覺得自己上了當。但在共同生活了一段時間之後，他從她身上發現了種種美德，這時他才明白：美，不僅僅是人的外表，更寶貴的是內心。

為了使觀眾快樂，卡布爾先生演過不少滑稽的角色，但他對我們說：「我引大家笑，自己暗自掉眼淚。」

卡布爾先生的談興很濃。為了進一步向我們吐露他「成功的祕密」，他又激動地講起了《流浪者》

的插曲作者謝倫德拉先生的生平。謝倫德拉先生不是專業作曲家，他是鐵路上的一名電焊工，作曲是他的業餘愛好。每當他譜了一首新歌，就帶著它到孟買窮人聚居的貧民窟去演唱。他在那裡有許多窮朋友。如果他的朋友聽了搖頭，他就回去重改，一直改到大家聽了滿意為止。優美動聽、激情洋溢的《流浪者》插曲就是這樣創作出來的。卡布爾先生十分惋惜地說，很不幸，謝倫德拉先生在兩年前就去世了。他滿懷對亡友的深情說：「一部電影成功了，這不光是一個明星的功勞，它是大家心血的結晶啊！」

　　卡布爾先生真摯的感情也感動了我們。以前我們只熟悉轟動影壇的一個拉茲，現在我們才知道，正是因為有了千千萬萬個拉茲──編劇的、作曲的、銀幕上的、生活中的，才使《流浪者》成了譽滿全球的傑作。

　　談到這裡，時間已經不短了。為了了解一下卡布爾先生的家庭情況，我在他十分友好而又幽默的態度鼓舞下，同他開了一個玩笑。我說：「卡布爾先生，你在《流浪者》裡反對『好人的兒子是好人，壞人的兒子是壞人』的舊觀念，我很贊成。不過，在您的家庭裡，我能不能這麼說：「名演員的兒子還是名演員？」

　　他聽後哈哈大笑，告訴我他有三個兒子，都已上了銀幕。特別是二兒子裡希·卡布爾頗有才華，已經成了明星。他還有一個孫子也已在他的電影公

司工作。他說：「當年父親怎麼教育我，我也怎麼教育他們。我從孟買去德里坐飛機，但我只准他們坐火車，在火車上他們可以見到各種各樣的人，這是書本上看不到的。」

由於時間關係，我們戀戀不捨地站起來同卡布爾告別，對他破例在不見客的日子親切接見我們，同我們一同歡度了大年初一表示衷心的感謝。他拉著我們的手說：「我將來一定要去中國，親自向看過我的電影、給我寫過信的中國朋友表示感謝。我還要帶上五〇年代為中國代表團拍攝的紀錄片，親自放給老朋友和新朋友看，這一天不會太遠了。」

我們去的時候，只帶了一點薄禮——一本全是中國國畫的一九八〇年的年曆——送給他。他打開後十分高興，一頁頁地欣賞。臨走時，他把年曆翻到二月份。二月份那一張是我國名畫家蕭淑芳畫的水墨畫，畫面上丁香花開、彩蝶翩翩，題了「迎春」二字。他把年曆掛在他的許多劇照中間，然後送我們出門，並約我們過兩天去參觀他的攝影棚，看看《流浪者》是在哪裡拍攝出來的。

我見證中印關係成長

唐　璐

（新華社駐孟買首席記者）

　　你怎麼能見證中印關係成長？我在這裡真的不是故弄玄虛。二十多年來，雖然工作和學習環境經常變換，但我對印度的關注從來沒有間斷。作為一個中國國家通訊社的記者，我一直在撰寫各種關於印度的報導；作為一個嚴肅的學者，我一直在對印度進行深入的研究和思考。一九九六到一九九七年，我曾經在新德里尼赫魯大學國際關係學院學習國際關係；二〇〇四到二〇〇五年，我曾經在隸屬古吉拉特邦阿南德區下面一個鄉村的薩達爾・帕特爾大學政治系研究印度政治與社會。回想起來，兩次在印度的學習和研究經歷對於我比較客觀地了解印度起到很大作用。而從二〇一五年一月起，作為新華社記者再次重返闊別多年的印度，讓我再次得到機會從一個更新和更深的視角觀察印度並見證中印關係發展。

媒體成為了解中國和印度的重要窗口，中印媒體人終於坐在一起交談

　　二十年前，如果我們想研究中印關係，只需看

看兩個國家的官方表態即可，因為兩國媒體上都沒有更多關於彼此的報導。那時，想在印度媒體上找到關於中國的文章，還真需要下苦功去查詢。但是現在，假如一天沒有讀印度報紙，我就會覺得自己遺漏了很多關於中國的報導。來印度工作後，和其他同行相比，我覺得自己在閱讀印度媒體方面應該算是非常努力了。每天早上，我都會認真地把自己訂閱的十幾份印度報紙瀏覽一遍並對重點文章進行分析，可是有時看國內報紙或者其他中印朋友分享在社交媒體上的文章，依然經常發現自己遺漏了一些涉及中國與印度的重要文章。

中印是世界上兩個最重要的鄰國，每天兩國都在互相凝視，渴望獲得有關對方的一切資訊。由於能直接造訪彼此國家的民眾畢竟是少數，因此生活在對方國家的中印記者便理所當然地成為兩國普通民眾了解彼此的最重要橋樑。目前，中國在印度的常駐記者大約有十幾個。印度新聞業雖然十分發達，不過考慮到印度受眾更為關心國內新聞，而在國外建立記者站需要投入相當大的經濟成本，通常印度媒體對於在國外建立記者站並沒有太高的積極性，只有為數不多的印度主流英文媒體向包括中國在內的幾個最重要國家派遣了常駐記者。

令人難以置信的是，從一九九六年到二〇〇五年，我的印度朋友約瑟夫・阿尼爾一直是作為全印度甚至全南亞唯一的常駐記者在北京工作。那時他常常自嘲地告訴我：「我一人代表全印度。」現在，

印度向中國派出常駐記者的媒體已經壯大到五家。別看人數少，但他們的能量都不小，印度駐華記者的報導領域不僅僅涉及中印關係，很多採訪已經深入到中國政治、經濟、文化、社會的方方面面。可以說，印度駐華記者的報導正在潛移默化地影響印度公眾。其中阿南特供職的「今日印度」集團旗下不僅有雜誌，還有在當地獲得很高收視率的「今日印度」電視台。到印度後，每當遇到涉及中國的大事，我便會習慣性地等待著收看阿南特發自中國各地的連線報導。而與我工作性質最為接近的莫康達供職的印度報業托拉斯屬於通訊社，他採寫的關於中國的新聞影響面更大，因為幾乎每篇報導都會被印度多家媒體採用。

雖然住在中國和印度的記者都在很用心地積極報導對方，不過畢竟我們的力量十分有限。我們常常聽到很多人在抱怨，也常常在自己思考，為什麼中印兩國媒體都會很習慣性地報導在對方國家看來屬於細枝末節的問題，卻忽略了許多重要或者說是正能量方面的問題。我覺得這恐怕與兩國之間依然缺乏對於彼此的了解有關。例如，一直以來兩國媒體都不斷受到詬病，但中印媒體人卻很少有機會真正坐在一起就彼此媒體的報導坦誠交換看法。可喜的是，目前中印兩國媒體每年都會派出一些代表團到對方國家參觀採訪，從二〇一三年起，中印媒體之間也已經有了分別代表民間和官方等級的定期媒體論壇。

我曾經有幸參加過不少中印媒體對話，印象最深的是二〇一三年八月在北京由環球時報和印度觀察家基金會組織的那次中印媒體首次對話。為充分體現出交流的意味，主辦方特意安排來自兩國的媒體人交叉落座，而沒有像通常開會那種類似談判似地各坐一側。就在這次媒體對話會召開前夕，《環球時報》輿論中心還公布了一組調查數據：中國媒體對印度的報導 16.2% 屬於積極信息，消極報導只占 1%；而印度媒體涉華報導 9.5% 為消極，4.2% 是積極報導。雖然中印兩國對於涉及彼此新聞的所謂「積極」與「消極」定義存在不同認知，但這個頗有意思的調查結果還是引起印度媒體人的關注。印方主持人考爾小姐表示：「謝天謝地，印度對華負面報導的比例比起中國對印度負面報導 1% 要高出不少，但它還是一個可以接受的數字。」正當我在思考為什麼感覺中印度媒體對華負面報導似乎比 9.5% 這個數字要高時，來自《印度時報》的記者、也是印度著名專欄作家阿紹克・馬利克對此進行了一番解讀：「雖然印度媒體對華報導中積極的和中性的將近 90%，但是它們大多都被放在報紙的不顯著版面，而消極報導比例不多，卻總是占據印度報紙頭版，因為媒體要取悅市場和讀者。」

同樣是在這次中印媒體對話會上，印方多位代表談到了印度媒體報導的一種傾向——負面主義。「中國媒體基本上屬於國家，而印度 99% 的媒體屬於私人控制。因此印度媒體與西方媒體一樣，負面

主義是一種傾向，它要求記者的報導對政府所做的一切進行審視和反對。」

　　不僅僅是負面主義和選擇性在影響著印度媒體對華報導，語言障礙以及缺乏常識也常常造成印度對華報導出現以訛傳訛的現象。一位印度記者曾經給我講過一個幾年前在印度發生的事情：當時一家印度通訊社記者從拉達克發出信息說，有個印中邊界警察部隊的士兵在與中國「入侵」的士兵交火中被打死。這件事情立刻被全印度各種語言的媒體轉發，但是最終人們發現這個士兵並非被中國士兵打死，而是因為凍傷而死。

　　「儘管目前中印媒體對於彼此的報導都有不準確和比較負面的傾向，但是問題並非都是媒體造成的，媒體有時不過是把問題誇大。因此媒體在中印關係中的責任不應被放大」。雖然中印媒體人都同時表達了這樣的看法，但是雙方也都在強調自己所肩負的責任。不過，相較而言，印度媒體人所強調

唐璐在訪問孟買的中國海軍導彈驅逐艦上。

的責任更多是體現在記者的職業道德方面。在那次中印媒體對話會上，曾經擔任多年記者但目前供職於印度觀察家基金會的安全問題專家馬諾伊·喬希表示：「我們不能以中印文化上的巨大差異作為報導不準確的一個藉口，作為一個記者，不編造新聞，尊重事實，尊重價值觀，這是一個最基本的要求。」喬希隨手拿起手邊上的《環球時報》說：「剛才有個中國專家問我這份報紙上刊登的一則有關傳美國要在印度建立基地的新聞，這是根本不可能的。看到這篇文章我首先想到新聞來源，結果發現它是來自印度的加爾各答《電訊報》，所以我們不能譴責《環球時報》。這件事充分體現出在引用消息時一定要準確，只有這樣才不會產生誤解。」

參加了幾次中印媒體論壇會後，我想到很多問題。其實中印媒體人之間的對話不可能解決所有問題，但是媒體人畢竟坐在了一起，這種交流雖然不能改變對方的看法，但是可以增進彼此了解，至少是明白對方為什麼會這樣想、這樣報導。

中印關係的未來取決於年輕人的認知，兩國青年的交流日益頻繁

一九九七年我在尼赫魯大學時，中國在印度的留學生只有十幾個，印度在中國的留學生數量也大致如此。而現在兩國在對方國家的留學生數量都有幾何級增長。前兩年，我在北京大學見到了三四十

位印度留學生，他們的中文水平之高讓我感到非常吃驚，已經遠遠超過他們的師長。同樣也是在北京大學，我曾經見過分布在中國各個大學學習印地語的中國學生。記得以前只有北京的幾所大學有印地語專業，而目前中國的印地語教學已經分布到幾個省份的十幾所大學。

我一直認定，年輕人對中印的認知關乎兩國關係未來，正因為如此，我非常樂於了解中印兩國青年對於各自國家的認識。二〇一三年，在北大舉行的第二屆中印大學生論壇讓我有了一次近距離觀察的機會。那次論壇主題是「書寫中印（Cindustan）未來：我們的機遇與挑戰」。來自中國和印度的大學生們討論的話題廣泛而專業：軍事實力增長對中印雙邊關係的影響有哪些？為什麼中印媒體更偏向

唐璐（前排右2）二〇一五年在孟買參加霍利節慶祝活動。

於對對方進行負面報導？金融危機下中印經濟面臨的挑戰與機遇是什麼？中印經濟發展模式有何異同？中印兩國對對方國家婦女形象的認知是否符合實際情況？全球化對中印兩國生活方式有何影響？……

我注意到兩國學生們最為關注的一個話題就是媒體的作用。印度媒體為何熱衷炒作？西方媒體對印度媒體報導中國有哪些影響？來自東北師範大學教育系的印度學生拉吉夫告訴聽眾，最近幾年媒體在中印關係中所起的作用備受質疑，但是必須要注意媒體在中印兩國所發揮的不同作用，「媒體在印度是作為民主的第四根支柱，而在中國是屬於中國社會主義制度的一部分」。

「中印地理上是近鄰，但我們的心理距離挺遠，雖然經常從媒體上看到對方的很多信息，可是走近對方才發現，我們對彼此的了解不僅十分有限，有些看法還是誤解。」這是中印學生在這次兩天的交流之後告訴我最多的感受。

我的印度朋友希曼舒曾經講述了一個他親身經歷的故事。有一次，他偶遇一個中國高中生，這位學生得知希曼舒是印度人後非常好奇。「你印象中的印度是什麼樣的？」希曼舒問。這位高中生講了三個英文詞：「dirty，slums，povery（髒、貧民窟、貧窮）。」希曼舒表示，「當時我並沒有對此感到沮喪，只是在想中國人為何那麼不了解印度呢？」

儘管許多中國學生承認自己對印度的看法存在

誤解，但他們同樣發現，很多印度學生對中國其實也不太了解。正如一位印度學生所描述的那樣，「在沒有來中國之前，我以為中國人『都很矮，會留辮子、留鬍子，吃的東西很雜』，到這裡後才意識到中國以及中國人完全不是自己所想像的那樣」。

二〇一五年初到印度工作之後，關注印度年輕人對中國的態度繼續成為我的一個經常行為，每次到那些偏遠的印度學校，我都會詢問生活在那裡的孩子對中國的看法。「中國是一個很大的國家」「中國人口很多」，儘管孩子們並不能說出更多內容，但是從他們對我那種好奇的態度上，我能夠感到，中國是一個讓他們感到十分有興趣的國家。還有一點讓我感到欣慰，印度人特別是年輕人對於學習中文的熱情正在逐漸升溫，因為我經常被問到，哪裡可以找到學習中文的課堂或者老師？雖然每個人學習中文的動機不同，但至少表明印度年輕人比以往更加願意了解中國和接觸中國。

中印經貿關係發展迅猛，印度市場前景讓越來越多的中國企業動心

常常有人問我，你觀察了中印關係二十多年，中印關係哪些方面發展最快？就我個人感覺，除了兩國高層來往的頻率越來越高之外，中印關係發展最快的還要數經貿合作領域。中印貿易額發展速度更是驚人。記得一九九七年初我在新德里 FICCI 就

中印貿易問題作調研，看到印度專家拿出十年後中印貿易額將達到一百億美元的預測報告時，我曾經認為印度朋友的想法太過天方夜譚，要知道那時中印貿易額每年不超過十億美元。然而，雄辯的事實證明我的判斷過於保守，其實到二〇〇七年中印經貿額已經接近四百億美元，二〇一四年則突破七百億美元。

一九九六年，我第一次到印度時，在印度市場上幾乎找不到中國商品。但十年前來印度時，已經感到有所變化，即便在我所居住的古吉拉特小鎮，也會看到中國聯想和 TCL 的廣告。二〇一五年來

唐璐（左3）在即將開工的浦那中國工業園採訪。

到印度後，發現中國商品在印度已經是無處不在。從日用商品到五金電器，從手機到大型家電，還有很多我們平時不太關注的醫療器械設備、機電產品、電廠等，都有中國製造的身影。

雖然印度人經常抱怨中國商品價格便宜但是質量也不太靠得住，但是由於「印度製造」尚未形成風氣，因此印度人依然大量採購中國商品。換句話說，印度人其實離不開中國商品。不久前，我在孟買尼赫魯科學中心參加一個活動，偶爾發現那裡有一個辦公用品和禮品高端展覽會，走進一看方知，那其實是一個採購大會。原本在想，那些看上去做工精良的高大上名牌產品一定出自某些國家的著名製造商，然而，不少商家坦誠地告訴我，這些樣品都是他們從中國義烏採購而來。

中國企業在印度的經濟活動也在向縱深方向發展。記得最初中國進駐印度的企業不過十幾家，經營的項目主要侷限於採礦、鋼鐵、電力、家電等。但現在，除了幾十家中國大型國有企業在印度開闢了市場，還有數百傢俬營企業在印度打拚，其所涉及的行業範圍已經非常寬廣，其中最扎堆的是能源和電力企業、大型機械設備、電信以及手機製造商等。隨著莫迪政府上台後大力推進「印度製造」，並許諾將會採取對外資特別是中國企業的寬鬆政策，越來越多的中國企業都在摩拳擦掌，準備到印度市場上大顯身手。

或許是因為自己對印度太情有獨鍾，我對身邊

的印度因素總是會不由自主地予以關注，我會為兩國之間相互了解出現的些許進步感到由衷的高興。例如我注意到，二〇〇一年，由著名影星阿米爾‧汗主演的《印度往事》在中國上映時幾乎沒有任何反饋，而二〇一一年，還是由他主演的《三個傻瓜》卻獲得中國觀眾的極大肯定。這部電影喚起許多中國年輕朋友對印度的興趣。再如，當我的朋友、來自孟買的 M. H. Pastakia 一九九八年鼓足勇氣在北京創辦第一家泰姬樓印度餐館時，當時並沒有那麼多生意。隨著中印關係發展，從印度到中國來的人數以及中國人對印度飲食的興趣劇增，不僅 Pastakia 已經在北京擴展了三個分店，印度餐館這些年來在北京、上海、成都等地都有顯著增加。

老實說，儘管二十多年來眼看著中印關係有突飛猛進的發展，但是我依然感到兩國之間還存在諸多不信任。我覺得靠官方接觸繼續推進中印關係是非常必要的，但如果能從以下幾方面促進民間交往，或許會起到更好的效果。第一，應該把媒體人之間的交流做得更加細緻，因為媒體在構建一個健康的中印關係大環境中起著至關重要的作用。一個媒體人對於彼此的認知有可能會影響更多普通人，建議多推薦有影響的印度媒體人訪華，同時可以定期為三十五歲以下的兩國記者舉辦培訓班；第二，加強兩國大學之間的交流與合作。目前中印大學之間鮮有校際合作，如果能開拓這方面合作，將可以為兩國年輕人相互了解創造一個廣闊的交流平台；

第三，在所有民間交往中，電影恐怕是最直接、最方便也是影響面最廣的一種方式。中國政府應出面每年多引進一些講述當代印度的寶萊塢電影，為取得良好效果，一定要重視上映之前媒體對電影的宣傳；第四，採取更多宣傳手段，鼓勵中國人特別是知識分子到印度旅遊，因為印度的旅遊條件並不一定非常舒適，但到印度旅遊可以淨化心靈並提升對於人本身的認識。

　　二〇一五年是中印建交六十五週年。我很欣喜能夠在這一年重新返回我所熟悉的印度。作為新華社駐孟買分社首席記者，我希望見證在莫迪總理領導下的印度變革，同時更期望繼續見證在莫迪總理和習近平主席領導下的中印關係能有新的跨越。

　　為配合周邊外交和公共外交，五洲傳播出版社和外交筆會合作策劃出版「我們和你們」系列叢書，《中國和印度的故事》是其中之一。二〇一五年是中印建交六十五週年，在這一年裡編輯和出版這本書更有現實意義。

　　中國和印度是亞洲兩大文明古國。中印兩國人民的傳統友誼源遠流長，有著二千多年友好交往的歷史。在近代，中印兩國都長期遭受西方殖民主義的侵略和統治。兩國人民在反對帝國主義、殖民主義和爭取民族獨立的鬥爭中相互同情，相互支持。最典型的例子就是在中國人民進行抗日戰爭的艱苦歲月裡，印度（國大黨）曾派出一支醫療隊來到中國援助抗戰，柯棣華大夫為中國人民的解放事業獻出了年輕的寶貴生命。

　　二十世紀中葉，印度和中國先後獲得獨立和解放。一九五〇年四月一日，兩國建立了外交關係。印度是與中國建交的第一個非社會主義國家。一九五四年，兩國共同倡導了舉世聞名的和平共處五項原則。和平共處五項原則為中印關係奠定了新的基礎，兩國迎來了友好合作的黃金時期。在一九五五年召開的第一次亞非會議（即萬隆會議）上，中印兩國共同努力，為會議成功作出了重要貢獻。和平共處五項原則得到發揚光大，為亞非國家廣泛接受，從處理中印雙邊關係的原則逐步發展成為公認的處理國際關係的準則。

　　關於上世紀五〇年代的中印友好關係，特別是和平共處五項原則的誕生和中印兩位開國總理周恩來和尼赫魯在一九五四年實現互訪的史實，中國外交部兩位離休老同志、資深外交官作了詳細的記述。他們是上述歷史事件的親歷者，為廣大讀者尤其是中青年讀者講述了新聞報導中所沒有詳細描寫的、塵封數十年的感人故事。

由於眾所周知的原因，中印友好關係在五〇年代末發生逆轉，直至一九七六年下半年，雙邊關係才開始恢復。一九七七年，兩國恢復直接貿易和人員互訪。一九七九年二月，印度外長瓦傑帕伊訪華，鄧小平副總理對他說，我們應該求同存異，邊界問題不應妨礙雙方在其他領域進行友好交往。中印關係出現轉機。一九八八年十二月，印度總理拉吉夫·甘地訪華，這是時隔三十四年後印度總理首次訪華。鄧小平與他進行了親切友好的談話，達成了中印關係要「向前看」的共識，雙方同意以「互諒互讓，相互調整」作為解決邊界問題的原則，邊界問題不應成為發展兩國友好合作關係的障礙。中印兩國輿論普遍認為，拉·甘地的成功訪問是中印關係中的「轉折點」和「里程碑」。中印關係正常化基本實現。

九〇年代，中印關係的發展進入快車道。一九九一年李鵬總理訪問印度，恢復了中斷數十年的中印高層互訪。一九九二年，印度總統文卡塔拉曼訪華，這是印度獨立以來總統首次訪華。一九九三年印度總理拉奧訪華，雙方簽訂了《關於在中印邊境實際控制線地區保持和平與安寧的協定》。一九九五年，中國全國人大常委會委員長喬石訪印。一九九六年，江澤民主席訪印，這是中印建交後中國國家元首首次訪印。雙方達成了構建「面向二十一世紀的建設性合作夥伴關係」的共識。二〇〇〇年五月，印度總統納拉亞南訪華，把中印建交五十週年的慶祝活動推向高潮。見證這一階段發生的重大事件的時任中國駐印度大使和外交部主管中印關係的官員作了詳細的實錄。

進入新世紀以來，中印關係進入了快速和全面發展的新時期。這方面的報導和評論很多，發生的時間也比較近，大家比較熟悉。特別要提一下的是以下幾件大事：二〇〇五年四月，

中國總理溫家寶訪印，兩國總理簽署聯合聲明，宣布建立中印「面向和平與繁榮的戰略合作夥伴關係」。二〇一三年五月，李克強總理對印度進行了正式訪問；十月，印度總理辛格訪華。這是一九五四年中印兩位開國總理周恩來和尼赫魯實現互訪以來五十九年裡中印總理的第二次互訪，意義重大。二〇一四年九月，習近平主席訪問印度。這是一次具有里程碑意義的訪問，兩國領導人同意構建更加緊密的發展夥伴關係。發展夥伴關係應成為兩國戰略合作夥伴關係的核心內容。二〇一五年五月，印度總理莫迪成功訪華。中印兩國領導人高度評價兩國關係，習主席說：「中印用一個聲音說話，全世界都會傾聽。中印攜手合作，全世界都會關注。」莫迪總理則形象地比喻中國和印度是「兩個身體，一種精神」。這些名言，已廣為傳頌，深入人心。

中印兩國領導人之間的交往和互動，無疑是兩國關係水平的最重要標誌。但是，牢固而長久的友誼是植根於兩國人民群眾之中的。因此，本書用大量的篇幅描寫中印人民之間的友好交往和友好合作的故事，追憶他們之間的深厚情誼。這些作者中有長期在印度工作的外交官，有長期研究印度和從事中印文化交流的專家學者、新聞工作者等，還有致力於中印友好工作和長期在中國工作的印度友人。

在書稿基本完成後，我們榮幸地邀請到中國駐印度大使樂玉成先生和印度駐華大使康特先生撥冗為本書作序。謹向他們表示誠摯的謝意。

此外，我要向所有作者表示衷心的感謝。這些作者中不少人是我的老領導、老前輩、老同事、老朋友，但也有通過約稿過程認識的新朋友。這些朋友們積極參與這本書的撰稿工作，

共同為建設中印友好大廈添磚加瓦。對此，我的心中充滿喜悅和感動。

這裡要特別感謝中國前駐印度大使周剛、外交筆會常務副會長劉新生大使及潘正秀參贊，他們為本書的圓滿完成付出了辛勤的勞動。還要感謝中國外交部亞洲司、對外友協亞非部、駐印度大使館、駐孟買總領館及印度駐華使館等單位的支持和協助。

還要感謝五洲傳播出版社的有關領導和編輯同志。正是在他們的支持和努力下，所有參與和支持這本書的朋友們的勞動成果才能付諸出版，奉獻給廣大關心印度和中印友好的讀者朋友。

鄭瑞祥

二〇一五年十二月

一帶一路研究叢刊　AA301007

中國和印度的故事

作　　　者	鄭瑞祥
版權策畫	李煥芹
責任編輯	呂玉姍
發　行　人	陳滿銘
總　經　理	梁錦興
總　編　輯	陳滿銘
副總編輯	張晏瑞
編　輯　所	萬卷樓圖書股份有限公司
排　　版	菩薩蠻數位文化有限公司
印　　刷	維中科技有限公司
封面設計	菩薩蠻數位文化有限公司

出　　版　昌明文化有限公司

桃園市龜山區中原街 32 號

電話　(02)23216565

發　　　行　萬卷樓圖書股份有限公司

臺北市羅斯福路二段 41 號 6 樓之 3

電話　(02)23216565

傳真　(02)23218698

電郵　SERVICE@WANJUAN.COM.TW

大陸經銷

廈門外圖臺灣書店有限公司

　　電郵　JKB188@188.COM

ISBN 978-986-496-454-3

2019 年 3 月初版

定價：新臺幣 500 元

如何購買本書：

1. 轉帳購書，請透過以下帳戶

　　合作金庫銀行　古亭分行

　　戶名：萬卷樓圖書股份有限公司

　　帳號：0877717092596

2. 網路購書，請透過萬卷樓網站

　　網址 WWW.WANJUAN.COM.TW

大量購書，請直接聯繫我們，將有專人為您

服務。客服：(02)23216565　分機 610

如有缺頁、破損或裝訂錯誤，請寄回更換

國家圖書館出版品預行編目資料

中國和印度的故事 / 鄭瑞祥著.-- 初版.-- 桃
園市：昌明文化出版；臺北市：萬卷樓發
行, 2019.03

　面；　公分

ISBN 978-986-496-454-3(平裝)

1.中國外交　2.中印關係

574.18371　　　　　　　　　　108003194